本书受到北京大学国家发展研究院腾讯基金资助

北京大学国家发展研究院智库丛书·中国乡村调查系列

云南省弥渡县牛街调研报告

Rural Survey in Niujie, Midu County, Yunnan Province

北京大学国家发展研究院《经济学社会实践》调研团　著

中国社会科学出版社

图书在版编目（CIP）数据

云南省弥渡县牛街调研报告／北京大学国家发展研究院《经济学社会实践》调研团著．—北京：中国社会科学出版社，2023.5

（北京大学国家发展研究院智库丛书．中国乡村调查系列）

ISBN 978-7-5227-0423-4

Ⅰ.①云… Ⅱ.①北… Ⅲ.①农村调查—调查报告—弥渡县 Ⅳ.①D668

中国版本图书馆 CIP 数据核字（2022）第 113179 号

出 版 人	赵剑英
责任编辑	侯聪睿
责任校对	周　昊
责任印制	王　超

出　　版	中国社会科学出版社
社　　址	北京鼓楼西大街甲 158 号
邮　　编	100720
网　　址	http://www.csspw.cn
发 行 部	010-84083685
门 市 部	010-84029450
经　　销	新华书店及其他书店
印　　刷	北京明恒达印务有限公司
装　　订	廊坊市广阳区广增装订厂
版　　次	2023 年 5 月第 1 版
印　　次	2023 年 5 月第 1 次印刷
开　　本	710×1000　1/16
印　　张	25
字　　数	268 千字
定　　价	129.00 元

凡购买中国社会科学出版社图书，如有质量问题请与本社营销中心联系调换
电话：010-84083683
版权所有　侵权必究

前　　言

　　中国农村社会，从费孝通先生所记述的20世纪30年代至今，虽然社会背景发生了剧烈的改变，但农村中的基本社会群体仍然是家庭。一切活动依旧围绕家庭这个核心展开。

　　本书基于对云南省弥渡县牛街乡牛街、康郎两村的实地调研，细致描述了中国农村的家庭结构、亲属网络、财产继承、日常生活、农业生产、非农就业等家庭基本特征，以及村办企业、贸易信贷、土地制度、乡村治理等乡村基础制度，它旨在向读者展示中国农村文化、经济和社会变迁的蛛丝马迹。恰如费孝通老先生在《江村经济》一书中所述，如果要实现社会制度的成功变革，对社会制度的细致观察是必需的，乡村调查就是这些细致观察和分析的重要组成部分。在《江村经济》成文时费老说，"中国越来越迫切地需要这种知识，因为这个国家再也承担不起因失误而损耗的任何财富和能量了"。今日的中国，虽然取得了巨大的经济成就，但仍面临着巨大的外部挑战和内部发展压力，仍需砥砺前行，所以今天我们依然承担不起失误所带来的损耗，我们仍需要通过细致观察来提供客观的知识。希冀本书可以丰富乡村调查的案例，并为中国农村的进一步发展贡献绵薄之力。

不同于《江村经济》时期，中国农村目前面临的最大挑战已不再是传统农业文明与西方文明之间的冲撞，而是城镇化背景下的人口流失与产业转型。对中国农村而言，当下或是最难的时代。伴随着人口由农村向城镇的不断迁移以及大量的外出务工潮，农村原有的社会网络和传统文化逐步瓦解，加速的人口老龄化抽离了农村的朝气，部分村庄面临着消亡的危险，农业生产也不再能独立维持农村家庭的生计。多重挑战下，许多农民失去了对未来的方向，变得无所适从。与此同时，对中国农村而言，当下又或是最好的时代。习近平总书记的精准扶贫战略给农村带来了大量的扶贫资金、扶贫技术与配套政策，这为中国农村的转型与再次繁荣奠定了物质基础和政策基础，广大农民可以轻装上阵，重塑中国农村的经济、生活、制度和文化。在这样一个充满挑战和机遇的时代，农村的真实需求、多种农村政策的政策效果、农民行为方式的转变以及整体社会变革的演进，都需要被认真地审视。

村庄，其表象是农户的聚集居住单位，其内涵是农户的经济合作单位、社交网络单位、血缘延续单位和文化传承单位。因此村庄也是乡村调查的基本单位。本书选择的调研地点是云南省弥渡县牛街乡，牛街彝族乡地处云南省大理自治州弥渡县南端，曾是集"老少边穷"于一身的省级重点扶贫攻坚乡。在过去数年里，牛街乡在北京大学国家发展研究院的大力对口扶持下，取得了脱贫攻坚伟大胜利。如今，这里民族团结，文化繁荣，是乡村振兴的主战场。结合牛街乡的地理环境和实际情况，实践团最终选取牛街村、康郎村两个行政村展开进行深度调查并完成调查报告，足迹遍布十余个自然村落，踏入百余家牛街农家的大门，具有十足的实践意义与调研价值。

调研期间，学生克服了艰苦的调研环境，并且坚持及时整理调研数据，每晚集中讨论调研体会，汇报调研成果，听取大家提出的建议，不断打磨完善实践报告。在实践期间与实践结束后，也不断查阅地方志与网上可得的相关资料，努力理清当地发展脉络，结合现状，分析研究这其中反映出的中国乡村的变迁。调研结束返校后，学生以费孝通先生的《乡土中国》为范式，以牛街的发展脉络为线索完成了调研报告，详尽讲述了以牛街村和康郎村为代表的中国典型村落的发展现状与其背后的经济学逻辑。

本报告为北京大学国家发展研究院2021年《经济学社会实践》课程的调查成果，北京大学国家发展研究院（NSD）是北京大学的一个以经济学为基础的多学科综合性学院，前身是林毅夫等六位海归经济学博士于1994年创立的北京大学中国经济研究中心（CCER），随着更多学者的加入以及科研和教学等方面的拓展，2008年改名为国家发展研究院（简称国发院）。从2017年秋季起，国发院开始招收国家发展方向的本科生，培养以经济学为基础，并通晓哲学、历史和政治学等人文社会科学基本原理的综合性人才。国发院非常注重学生在社会实践方面的投入，鼓励本科学生通过基层实践，对于中国的现实问题有自己的认识，因此，国发院为本科生开设经济学社会实践项目，希望在假期带领学生深入乡村，了解我国经济发展的现实情况。

参与课题组调研的同学及分工如下：胡歧山、杨益州、吴恒恺（第一章）；张煜率、何晨曦、张文德（第二章）；邱子莹、罗涵、张晓彤（第三章）；孙毅凡、李泓孛、朱珈毅（第四章）；王心媛、翟夏宇、王方瞳（第五章）；黄乐瑶、刘潇、裴天睿（第六章）；崔珺、岳旻昊、迟誉（第七章）；周雨琢、赵惠媛、吴裕（第八章）；丁煦宁、林轶凡、李袁颐（第九章）；吴奚添、何俊杰、孙启腾（第十章）。三十位同学分为十组，就家庭、亲属关系、财产与继承、乡村治理结构、乡村生活方式、农村产业结构、非农就业、商品流通/贸易/信贷，土地制度等课题分组，有针对性地研究中国乡村的变迁脉络，撰写出十余万字的实践报告，以小见大理解中国相关发展及其背后的经济学逻辑。

目　　录

第一章　家庭 ……………………………………………… （1）

　　1　概述 ……………………………………………… （1）

　　2　婚姻 ……………………………………………… （4）

　　3　生育 ……………………………………………… （14）

　　4　家庭的经济结构和经济联系 …………………… （21）

　　5　家庭内部的权责关系 …………………………… （26）

第二章　亲属关系的扩展 ………………………………… （30）

　　1　引言 ……………………………………………… （30）

　　2　亲属关系的基本内容 …………………………… （31）

　　3　亲属关系中的经济活动 ………………………… （39）

　　4　社会活动与亲属凝聚 …………………………… （43）

　　5　亲属关系的时代变迁 …………………………… （49）

　　6　亲属关系的展望 ………………………………… （55）

第三章　财产与继承 (57)
1. 财产的内容 (57)
2. 财产分配与赡养 (66)
3. 对财产分配制度的深入讨论 (77)

第四章　治理结构与社会资本 (88)
1. 自然村与行政村 (88)
2. 乡村的治理结构 (89)
3. 基层自治 (94)
4. "一肩挑"实施情况 (103)
5. 宗教、民俗节日与文娱活动 (111)
6. 小结 (127)

第五章　乡村生活方式 (129)
1. 乡村生活画像 (130)
2. 日常生活 (135)
3. 新时代，新生活 (154)
4. 结语 (161)

第六章　农村产业结构 (162)
1. 两村农业概况 (162)
2. 两村农业发展的不利条件和困境 (172)

3　新的尝试与改变 …………………………………………（182）

　　4　未来的方向 ………………………………………………（193）

　　5　结语 ………………………………………………………（195）

第七章　非农就业 …………………………………………………（196）

　　1　引言：内外互动视角下的非农就业 …………………（196）

　　2　乡内就业 …………………………………………………（199）

　　3　家庭 ………………………………………………………（208）

　　4　教育与技术 ………………………………………………（211）

　　5　政府 ………………………………………………………（216）

　　6　内外联系 …………………………………………………（218）

　　7　外出务工的保障 …………………………………………（220）

　　8　外部经济因素 ……………………………………………（224）

　　9　展望与总结 ………………………………………………（226）

第八章　土地之外的故事
　　　　——本地非农就业概况及因素分析 ……………………（232）

　　1　既窈窕以寻壑，亦崎岖而经丘
　　　　——本地非农就业状况概述 ……………………………（233）

　　2　人生在勤，不索何获？
　　　　——案例分析 ……………………………………………（237）

　　3　非农就业影响因素分析 …………………………………（247）

　　4　非农就业样本异质性分析 ………………………………（251）

5　潮平两岸阔，风正一帆悬
　　　　——小结与政策建议 ………………………………（259）

第九章　商品流通、贸易与信贷 …………………………（262）
　　1　贸易与商品流通 ………………………………………（263）
　　2　牛街乡信贷综论 ………………………………………（272）
　　3　信贷的影响 ……………………………………………（281）
　　4　牛街信贷余论：交易成本与制度
　　　　——以信用村制度为例 ………………………………（286）
　　5　小结 ……………………………………………………（289）

第十章　土地的发展启示：以牛街调研为例 ……………（291）
　　1　前言 ……………………………………………………（292）
　　2　历史沿革与土地概况 …………………………………（293）
　　3　土地使用与房屋建筑 …………………………………（299）
　　4　产权问题与相关政策 …………………………………（315）
　　5　现有结论与未来展望 …………………………………（324）

第十一章　考察感想 ………………………………………（333）

参考文献 ……………………………………………………（389）

第 一 章

家　　庭

◇ 1　概述

在中国农村，家庭历来是社会活动中的一个基本组成部分；时至今日，虽然由于农村家庭成员外出求学和务工等原因导致家庭成员间的联系减弱，但在我们调研的云南大理弥渡县牛街乡的牛街和康郎两村，家庭在养育下一代和赡养老人的过程中仍发挥着重要作用。

1.1　家庭与户口

由于年青一代外出务工现象的存在，村内家庭的户籍人口数和常住人口数通常不同，以 2017 年居家时间在半年以上定义的常住人口数量大多为 2—3 人（见表 1-1）。若以每 20 年为一代人度量，在我们调研的样本中，常住村内的大多为 40—60 岁的这一辈人，这一辈人承担起了村内种植田地，养殖牲畜等繁重的农村生活工作。而这从逻辑上也是容易理解的，20—40 岁的一辈人大多外出务工，相应的，他们的下一代也大多随父母在外地生活；同时，现年五十多岁的这一辈人出生时尚未有计划生育政策，他们大多有数位兄弟姐妹，因此村中常住的人口以这一代人为主。这种现象表明，村内外出务工的年青一辈基本已经形成了事实上的分家而居。

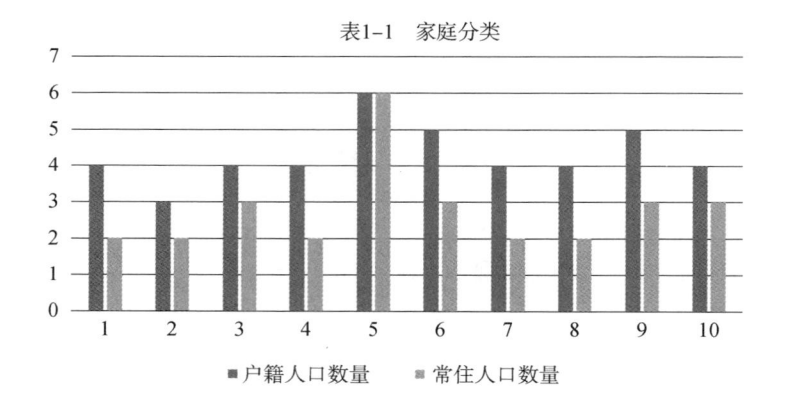

表1-1 家庭分类

家庭编号	户籍人口数量	常住人口数量
1	4	2
2	3	2
3	4	3
4	4	2
5	6	6
6	5	3
7	4	2
8	4	2
9	5	3
10	4	3

村中家庭的户籍人口规模大多为 4—5 人，从家庭结构上看，大多以 40—60 岁的男性为户主，包含 1—2 位年龄在 20—40 岁的年轻人，有少部分家庭由于承担赡养父母的责任，户口本上包含 60 岁以上的老一辈人，有少部分家庭的户口本上包含儿媳妇或者上门女婿，也有少部分家庭的户口本上包含刚出生不久的孙辈。总的来说，当地村民在户籍上的家庭呈现出分家晚的特征，部分家庭中，即使是三十多岁已经在外地结婚的年轻人，其户籍仍挂靠在以父亲为户主的大家庭户口本上。

1.2 家庭的民族构成

由于调研的两个村归属于牛街彝族乡，我们走访的家庭中有约 1/5 是彝汉通婚的家庭，约 1/5 是彝族家庭，其余为汉族家庭。在访谈中发现，部分相对年轻的彝族人坦诚自己这一辈人大多已不会彝语，并且他们的下一代也并未接受彝语的教育，只有老一辈人还会说彝语；而在对彝汉通婚家庭的访谈中，户主对自己的彝族女婿或者儿媳妇并未表示出偏见，认为他们和汉族并没有什么大的区别。村民大多对这种情况习以为常，并不将民族的差异作为组建家庭时的主要考虑因素。这既体现了当地的民族融合，也是民族融合对当地村民思想观念影响的结果。据我们了解到的有关当地的节日庆典等风俗习惯，当地村民普遍将少数民族的火把节作为一年中的几个主要节日之一；日常生活中也没有刻意的民族之分；这体现在家庭结构上，便是彝汉通婚家庭在当地的常见。

1.3 家庭人口结构的变迁

如前文所述，当地家庭大多为核心户或者联合户，前者即由一对已婚夫妻和数位未婚子女组成的家庭，后者为一对已婚夫妻和数对已婚子女组成的家庭。年龄在 40—60 岁的一辈人在事实上和户口上都早已分家，而他们的子女一辈大多在户口上尚未分家，却常年外出求学或者务工，在逢年过节时才回到家中与父母团聚；

同时，受限于计划生育政策和家庭经济条件，现在 20—40 岁的一辈人大多只有一个兄弟姐妹，还有大约三成是独生子女。也就是说，由于长期受计划生育政策和当地村民家里经济状况的影响，当地的家庭规模普遍不大。按照户籍人口制作的家庭年龄结构统计图见表 1-2。

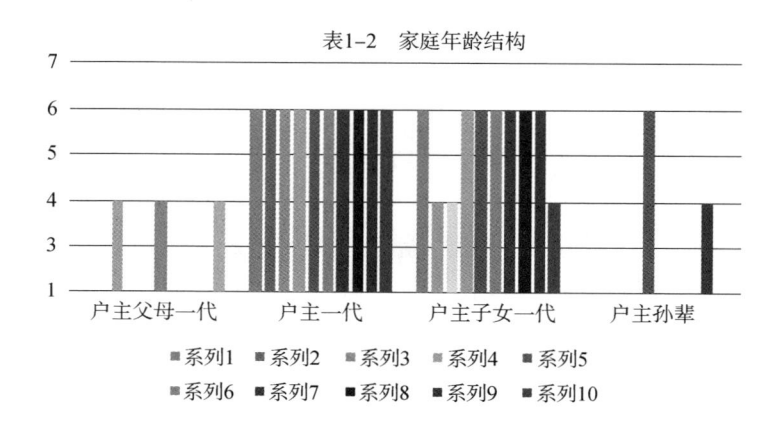

表1-2 家庭年龄结构

2 婚姻

2.1 婚姻嬗变

总体来说，牛街村和康郎村的婚姻类型都存在一个转折的过程，可用传统婚姻和新型婚姻来分别指称转折前后的两种婚姻类型。尽管这种类型学的称呼不能涵盖类型内部的差异和变种，却有利于揭示婚姻嬗变的核心线索。

第一章　家庭

　　传统婚姻是一个内涵丰富的概念，但我们可以从婚姻主体的角度把握这种婚姻类型，这其实也是传统婚姻最突出的特点，在这种婚姻中，男女当事人并不是婚姻的主角，而是由双方父母发挥主导作用。在我们访到的50—60岁的家户中，这种特点表现的相对突出，男方和女方在婚前可能心意并不相通，他们的意愿也不是婚姻能否形成的重点，只是因为双方父母觉得合意，便结成夫妻。

　　这种可以用"父母之命、媒妁之言"加以概括的传统婚姻类型扎根于特定的经济社会基础，相对于那些条件来说是具备合理性的。在我们采访到的具有传统婚姻特征的家户中，他们在结婚时往往还没有成家，这意味着从社会结构的角度上讲，他们还需要依附养育他们的父母，这种依附既是经济意义上的，也是关系网络上的，在这样的情况下，父母包办婚姻也就理所应当。对于这样的家户来说，恋爱在婚姻当中往往是缺失的，但又不会影响他们通过婚姻组建新的家庭，这是传统婚姻和新型婚姻的一个显著差异。

　　从统计上看，在我们采访到的十余个家户中，具有传统婚姻特征的家户并非多数，与之截然不同的新型婚姻则是主流。与父母占主导地位的传统婚姻相对，当事人在新型婚姻当中是真正的行为主体，这就使得他们和传统婚姻中的当事人表现出许多的不同。以我们采访到的多个40—45岁的家户为例，他们在婚前往往都有自由恋爱的经历，而不是根据父母的意愿去选择配偶。这种从被动到主动的变化和两类当事人的经济实力和社会位置不无关联，相对于在成家之前仍然依附于原生家庭的传统婚姻当事人，新型婚姻的当事人在婚配前往往已经有脱离家庭、自己谋生的经历，这种可以称之为从原生家庭中"脱嵌"的社会经历不仅使他们积累了一定的财富，也使得他们在观念上更倾向于根据自己的意愿去选择配偶，而不是轻易地接受父母的安排。当然，自由也并非绝对的，比如，访户中就有一位户主坚决不同意小儿子找打工时认识的外地人结婚，结果就没有结成，这说明哪怕是当事人主导的新型婚姻，家庭的影响也是不可忽视的。

从传统婚姻到新型婚姻，婚姻嬗变的背后是农村社会结构的系统性变迁。20 世纪 80 年代以来的农村经济改革极大地释放了康郎村、牛街村的剩余劳动力，使农村青年对原生家庭的脱嵌成为一种结构性现象，而伴随着后者或由后者催生的种种变化，最终导致了传统婚姻所对应的社会条件的瓦解和消失，新型婚姻也正是在这个意义上取代了传统婚姻，成为牛街村、康郎村的主流。

2.2　婚姻圈和择偶困境

上一部分我们从类型的角度来尝试解析牛街村、康郎村的婚姻嬗变，分析的重点是访户婚姻类型的差异和可能的原因。这一部分我们将把重点放在婚姻嬗变中的婚姻圈变化，并尝试对我们观察到的一个婚姻现象——"婚姻类型和婚姻圈的不对称"进行初步的解读。

结合第一部分关于婚姻嬗变的讨论，从传统婚姻到新型婚姻嬗变的一个重要线索是婚姻圈的变化，所谓婚姻圈是指适婚男女选择配偶的范围，这个范围包括多个维度，是涵盖空间、血缘、民族，乃至阶层的一个复合概念。而借助这个概念，我们可以说牛街、康郎地区新型婚姻区别于传统婚姻的一个重要特征就是婚姻圈的扩大。但一个有趣的现象在于，我们观察到新型婚姻的婚姻圈虽然远大于传统婚姻圈，但又并没有完全脱离传统婚姻圈，而且这种婚姻圈的变化在男女之间并不是对等的，这就意味着新型婚姻内部存在着择偶困境的问题。

相对于新型婚姻，传统婚姻圈往往局限于相对狭窄的地域范围，多是村内婚；在民族层面，大理是少数民族自治州，存在彝汉杂居的现象，但我们访问到的 50 岁以上的家户，没有一例是彝汉通婚，这在一定程度上说明传统婚姻圈的民族界限是相对严密的；在血缘层面，由于传统婚姻的主导者是当事人的父母，传统婚姻圈的范围表现出和父母的关系网络高度重合的现象，我们访到的一个具有传统婚姻特征的家户，两方父母甚至是亲戚关系。

新型婚姻的婚姻圈则表现出截然不同的特点，这仍然和所谓的脱嵌现象有关，在我们调查的访户中，上至 45 岁早已成婚的访户、下至 45—55 岁访户渐次成婚的子女，大多都有脱离原生家庭的经历。根据我们的调查，第一类新型婚姻群体中，脱嵌的主要方式就是外出务工，而第二类新型婚姻群体的脱嵌方式则包括外出求学、工作和外出务工，并且呈现出以务工为主变为以求学、工作为主的发展趋势，一些家户的孩子甚至在攻读博士、在省级机关当公务员或者在律所工作，婚姻圈也大大超越了传统的同村婚，更多的是打工时认识的外地人或者初中、高中的同学。然而，值得注意的一个现象是：不同于第二类新型婚姻群体往往超越传统婚姻圈的婚姻范围,第一类新型婚姻群体中相当部分家户的婚姻仍然局限于传统婚姻圈的范围之内,这意味着他们的婚姻虽然在类型上属于新型婚姻,在范围上却仍然依赖于传统婚姻圈。这种看似矛盾的现象背后是否存在着某种合理的解释呢?

我们仔细了解了第一类新型婚姻群体的家庭背景,发现了一个有趣的细节,即其中进行同村婚姻的几个男性户主所在村落都是经济条件较差的"穷村"且受教育程度较低,而我们采访到的进行跨村婚姻的家户中的女方来自经济条件较差的"穷村"、男方则居住在经济条件较好的"富村",两方结合后,女方便迁居到丈夫所在的村落。这个观察进一步引发了我们的好奇心。尽管我们的样本数量有限,但通过和其他家户、研究小组进行交叉印证、对比,我们最终认为"婚姻圈在性别、教育程度之间的不对等的变换和择偶困境"或许是一个可行的解释。

所谓的婚姻圈变化在性别、教育程度上的不对等具体是指这样一种逻辑,即较低的教育程度一方面使"穷村"男性青年失去了在进一步接受教育的过程中接触不同背景同龄人的机会;另一方面,也使他们在外出务工时往往只能从事劳动力相对密集的行业,而这种行业通常封闭性较强,且性别结构单一,这进一步限制了他们接触异性同龄人的机会。在这种关系网络和工作环境的限制下,这批外出务工的农村男性青年一旦到了适婚年龄,往往不得不回到他们的原生村落选择配偶,而村落较差的经济条件又抑制了外村女性嫁入的意愿,这就导致这部分农村男性青年的婚姻虽然在类型上属于新型婚姻,但却在婚姻范围上仍然依赖传统婚姻圈。这种解释逻辑同样适用于受教育程度较高的农村女性。一方面，较高的教育程度使她们具有更加广泛的关系网络和外出务工时良好的工作环境，另一方面，原生村落较差的经济条件也使她们更加有意愿通过跨村婚姻来改善自己的生活条件，从而她们在选择配偶时往往容易超越传统婚姻圈。这也就构成了婚姻圈变化在性别、教育程度上的不对等。

婚姻圈变化在性别、教育程度上的不对等问题可能会造成所谓的择偶困境，即会出现一部分婚龄男性由于所在地区婚龄男女性比例失衡而难以找到配偶的现象，这种现象在云南边境落后地区广泛存在。然而根据我们的观察，康郎、牛街地区虽然存在同村女性外嫁数量增加、村内婚龄男性找不到对象的问题，但比例非常小，每村只有两三个，所以择偶困境在牛街、康郎地区并不显著。

2.3 特殊婚姻关系

特殊婚姻关系是特定社会历史条件的产物，随着婚姻类型的变化，特殊婚姻关系并非固定不变。根据我们的访调经历，传统意义上相对普遍的姑表亲婚姻、买卖婚姻、童养媳等特殊婚姻形式在今天的牛街、康郎地区已非常罕见，几乎消失，而上门女婿这种古老的特殊婚姻关系虽仍然存在，但也随着婚姻类型的转变而被赋予了新的意涵；与此同时，一种新的特殊婚姻形式——"跨国婚"开始进入我们的视野，而如何结合婚姻嬗变理解特殊婚姻关系的变化也就成了一个新的问题。

2.3.1 姑表亲婚姻、买卖婚姻、童养媳

在同姓不婚的古老传统下，姑表亲婚姻是曾经广泛存在于农村地区的一种近亲通婚现象。需要注意的是，姑表亲婚姻的盛行不是因为同姓不婚的传统没有得到遵循，而是因为同姓不婚这一约束并不能有效地排除近亲通婚的可能性，因为当亲代不只是男性或者全为女性的时候，所生的子代尽管不同姓，但在生物意义上仍然属于近亲。以我们的访调经验为例，无论是传统婚姻还是新型婚姻的访户都有非常清晰的同姓不婚概念，即使有夫妇同姓的例子，但都属于同姓不同源。所以更准确地说，"同源同姓不婚"这一习俗在我们观察到的个别传统婚姻那里也得到了很好的遵守，尽管如此，我们还是访到了一个在类型上属于传统婚姻但双方父母有亲戚关系的家户，并从受访者那里了解到像他们这样的婚姻在过去盛行同村婚的时候比较多，后来就渐渐少了。虽然只是个例，且不是严格意义上的姑表亲，但这个例子间接说明具有近亲婚姻特征的特殊婚姻关系与相对狭窄的传统婚姻圈之间可能存在着某种关联。与此同时，在具有新型婚姻特征的婚姻个体中，我们没有观察到类似的现象，也没有从访户那里了解到相关的信息，两相对比，或可认为婚姻圈变化与姑表亲婚姻的衰微确有联系。

买卖婚姻和童养媳作为两种特殊婚姻形式，对其成因的描述总是和困窘的经济条件相关。根据我们的访调经历，并没有了解到牛街、康郎有买卖婚姻和童养媳现象的存在，即使有，也是20世纪

70年代，乃至更早以前的事了。

2.3.2 上门女婿和跨国婚姻

上门女婿或称倒插门是一种非常古老的特殊婚姻形式，区别于男娶女嫁的一般婚姻形式，上门婚姻中男性被娶到女方家，成为女方家族的一员。从传统婚姻到新型婚姻的嬗变中，上门婚姻保持了某些基本特征，但其内涵和意义却并非固定不变。

在传统婚姻中，女方父母是上门婚姻的主导者，招赘的目的是延续香火和为自己养老送终，这对没有生育儿子的传统农村家庭来说是一种非常现实的需要；而入赘的男方居于次要、被动的地位，且往往来自家境较差的家庭，从而入赘在客观上有帮助他们改善生活条件的功能。在上门婚姻中，被娶入的男性需要通过改姓，乃至更名的方式来表明其作为女家成员的身份，其在婚后生育的孩子也要随母姓。需要注意的是，招赘时这些近乎严苛的要求并不意味着男方在婚后仍然会受到不平等的对待，恰恰相反，这些要求实际上可以被视作入赘者在女家获得权利和财产的条件，男方一旦对这些条件照单全收往往就会得到田地或房产作为回报。我们访问到的一个五十余岁的男性户主当年就是上门女婿，入赘到隔壁村的一个生育了两个女儿的家庭里。我们询问他入赘的原因，他说主要就是家里兄弟太多，分不到田地和房产，也娶不到媳妇，所以就只能入赘。由于她媳妇的姐姐出嫁，家里的田地和房产都归他们所有，同时也由他们承担赡养女方父母的主要责任。

在新型婚姻当中，上门婚姻一方面保留了一些传统特征，另一方面也呈现出许多新的特点，这些变化中的一条重要线索是婚姻主体的变化，这和从传统婚姻到新型婚姻的嬗变是一致的。这些在类型上属于新型婚姻的上门婚姻在婚姻目的上有了显著的变化，虽然延续香火仍然是上门婚姻的重要内涵，但在养老送终方面，上门女婿赡养父母的责任和功能则有明显的弱化，尤其是在上文指出的第二类新型婚姻群体中，由于外出务工、脱离家庭成为常态，上门女婿赡养父母已经逐渐变得不再现实，反而是父母要更多地承担起抚养孙辈的责任，从而在事实上形成了对传统上门婚姻模式的倒置。以我们的访调经历为例，一个家户生了两个女儿，其中大女儿招了一个来自隔壁"穷村"的上门女婿，婚后，大女儿和女婿没有留在家里，而是到浙江的一个锁厂务工，只在过年的时候回家住几天，而他们生的孩子则在老家上学，平常就由祖父母照顾。除了赡养被养育取代，这个例子中另一个值得注意的细节是当事人在谈婚论嫁前并不相熟，而是通过共同的熟人介绍认识，然后男方同意入赘女家，这种介绍—婚嫁的模式明显不同于我们观察到的其他新型婚姻，而是具有更多的传统色彩，一定程度上体现出新型上门婚姻的某种混合特征。

跨国婚姻具体指的是云南某些地区日渐普遍的"缅甸媳妇"现象，这种现象在云南边境地区尤为普遍，实际上就是所谓的"边婚"。在我们的访调过程中，并没有直接观察到缅甸媳妇的例子，但我们从康郎村村委计生工作负责人那里了解到，整个康郎村大概有七八个缅甸媳妇，也就是平均到自然村一层，每两个村大概有一个，在数量上并不显著，而且不同于边婚中外籍女性主动到中国的情形，康郎村的缅甸媳妇主要是康郎村民到缅甸务工时带回来

第一章　家庭　**13**

的。值得注意的是，他们的子女均选择了中国国籍，和其他同龄人享受同等待遇。我们猜测，这种跨国婚姻发生的经济基础主要还是边境沿线两国居民生活条件的差异。值得注意的是他们的子女拥有中国国籍，和其他同龄人享受同等待遇。但对其具体实现办法村里的工作人员没有给出明确解释，我们猜测这可能与地方的某种"土政策"有关。

2.4　婚俗

访调时我们特别关注了婚姻习俗的流变问题，发现康郎、牛街地区的婚俗在保持许多传统特征的同时，也确实存在随婚姻类型变化而变化的现象。

在访谈过程中，我们了解到康郎、牛街地区的婚礼有一套相对固定的模式，可以称之为"三日席"，第一日是婚礼的准备阶段，叫作"请助"，是请人来帮助准备的意思。被请助者往往是当事人关系较好的朋友或亲戚，按照习俗他们要借家私给当事人并帮助后者准备第二天的婚席。第二日就是婚礼的正日子，这一天要举行两场婚席，早上在嫁方家里办，结束后，嫁方就到娶方家里，晚上在娶方家举办第二场，通常办得比第一场更加隆重一些。这两场婚席都要邀请全村人参加，外村关系较好的朋友和亲戚也要邀请，与席者要给份子钱，且根据关系的亲疏远近，对份子钱的数额也有要求。80年代时，份子钱普遍多则一两块，少则五毛；近年来则是关系一般的五十，关系较好的一两百。从五毛一块到五十一百，份子钱的额度变了，但作为农村社会人情网络的重要体现，份子钱亲疏有别的基本特征没有变。到婚礼的第三日，也就是最后一日，要举办所谓的"末席"，但参与者就没有第二天正席时那么多了，酒席也相对不那么丰盛，参加的人通常只限于和当事人关系最密的亲友，他们要帮助当事人打扫收拾、归还家私，待这些流程结束，婚礼也就正式走向了终点。

从传统婚姻到新型婚姻，三日席始终是婚俗的重要组成部分，但婚俗并不是一成不变的，它的流变主要体现在婚礼之前的提亲环节上。在我们访问到的几个具有传统婚姻特征的家户，提亲是其婚姻仪式中不可或缺的环节，实际上反映了双方父母对这桩婚姻的认同。在我们了解到的一个颇具典型性的例子中，夫妇双方在婚前甚至都不认识，但双方父母对这桩婚事满意，就由男方到女方家去提亲，然后成婚。而在我们观察到的具有新型婚姻特征的家户中，由于当事人是婚姻的主导者，他们在谈恋爱的过程中往往就确定了彼此的心意，虽然在他们的婚姻仪式中可能还有提亲这个环节，但后者更多只是一种单纯的仪式，失去了它在传统婚姻中的特殊意义。

◇◇3 生育

生育是家庭延续的方式。我们认为，家庭做出生育决策是出于主观偏好和约束条件的考虑，接下来我们分别讨论访谈中提到的两个主要生育约束条件，即家庭经济状况和计划生育政策，以及村民的主观生育偏好，由此推断当地的生育状况，之后给出当地关于生育的一般事实，从而验证我们的想法。

3.1 家庭经济情况对生育的约束

总的来说，家庭经济情况越差，养育多个子女的难度越高，这样的家庭更倾向于少生孩子；但另一种考虑是生育数量与生育质量的权衡，在家庭经济条件有限的情况下，可能会考虑多要孩子以期将来某个孩子能过得好并适当帮助其兄弟姊妹。老一辈人在生育时可能会出于后者的考虑，而现在的中年一代和年青一代则更多出于前者的考虑。

例如棉花村三台花的一户，在四五十年前，那里只有他父母和他叔叔两户人家，经济情况并不好，但他有兄弟姊妹六七人，有的外嫁到其他村，有的到镇上务工，还有些留在老宅，现在三台花那里已经有七八户人家，均是当年两户人家的后人。

在我们对村里主要常住人口，即现年五十岁左右这一辈人的访谈时发现，他们在生育孩子时大多会将家庭经济条件作为一个主要的考虑因素，大多数人表示"孩子太多养不起"，"即使没有计划生育政策，以我们的家庭条件，也不会要更多孩子"，这其中可能也存在老一辈和中年一辈在生育观念上的变迁，老一辈即使面临相对艰难的家庭条件，在生育上也不会太过节制；而现在农村务农主力的中年一辈在生育时会更多地考虑家庭经济状况；同时，这可能也表明了近年来生育成本的升高。

家庭条件只是一个相对抽象的约束，事实上，我们调查过的大多数经济条件中等的家庭都曾有过贷款补贴家用的情况，以收入衡量的家庭经济条件更像是一个预算软约束；但不可否认的是，近年来家庭在做出生育决策时，经济条件是一个重要的约束条件。

3.2　计划生育对生育的影响

计划生育政策对当地村民的生育状况存在一定的影响，总的来说，计划生育政策的影响可分为限制多生和独生补贴两部分。在三孩生育政策出台前，前者包含三胎的高额罚款和两胎间隔期的约束；后者包含直接金钱补贴、教育和医疗等方面。并且在受访者的主观回答中，对现在的中年人和年轻人来说，家庭经济状况相比于计划生育政策是一个更紧的约束。

根据我们对康郎村计生委主任的访谈，当地的计划生育政策经历了从松到紧再放松的过程。计划生育政策自 20 世纪 80 年代开始实施，在 90 年代实施程度最为严格，在 2015 年生育政策普遍放开二胎后，农村的计生政策执行力度也有所放宽。具体来看，2015 年之前的计划生育政策，其主要手段包含宣传监督、惩罚和补贴三方面。

在宣传监督上，村计生办在十几年前不仅经常入户宣讲相关政策，在村委会办公室免费提供相关避孕药物和工具，还会根据得到的消息到可能存在超生等问题的村民家中察看，我们甚至可以看到计生办工作室墙壁上张贴的入户宣传和追惩超生者的照片。但近年来，相关措施力度都有所减弱，村计生办仍负责登记村内婴幼儿出生信息并办理相关手续，还会承担一部分领导村内妇女活动的职责，然而由于近年来外出求学、务工的村民增多，村内每年的新生婴儿数量减少，例如到2021年7月，村内在本年度出生的婴儿只有3人，村计生办的工作量和重要程度不可避免地有所减弱。

在惩罚方面，在原先计划生育政策的规定中，农村居民原则上最多可有两个孩子，并且生育两个孩子存在生育间隔期的限制，违反生育间隔期限制或者超生的家庭，只要在技术上可行，计生办都会协助其打掉这个孩子，如果流产在技术上不可行，这样的家庭会面临高额罚款以及可能的信贷等方面的限制。

补贴指的是对独生子女的补贴。经村民上报且经过村计生办认证后的独生子女家庭会被发放独生证，并由此享有一系列相应的独生子女补贴。值得一提的是，如果领有独生证的家庭有了二胎，那么独生证会被收走，但以往已经领取的补贴不会被追回，这在理论上给予了套利空间，但在现实中，只要有一个孩子就去申领独生子女证的套利情况似乎并不多见，甚至还有些家庭虽然只有一个孩子，但是并没有去申领独生证，这背后的原因或许和我们在某一户访谈时，户主所言的"农村生活，便是多一事不如少一事"的观念有关，也可能和当地村民对政策的理解不到位有关。具体而言，独生子女的补贴包含以下几方面：每月固定数额的奖励金；教育方面的中高考加分；新农合的医疗保险等。其中，医保方面，父母可终生享受，子女可享受至18岁。

2015年之后计划生育政策调整，取消了独生子女补贴，对超生的罚款依然存在，但相比之前已大为减轻；村计生办工作减轻的同时，也兼顾领导妇女工作，关照留守儿童和留守老人，帮助协调村内妇女关系，等等。

宣传监管，惩罚和补贴相结合的计划生育政策对当地村民的生育意愿确实造成了一定的影响，从后文中关于当地生育情况的一般事实中可以略窥一二。

3.3 其他可能影响生育状况的因素

交通便利程度可能是生育状况的潜在影响因素之一。在交通不便的地方，由于农村日常生活所需繁重的体力劳动和男性在从事农业劳动时的体力优势，因而男性在种群演化过程中逐渐占据优势，也成为"重男轻女"现象的潜在成因之一。但这种现象会随着交通便利程度的提高而改善。据某位受访者所说，当年上山的路还没有修好，每户大多依靠男性下山挑水赶集等，待路修通之后，这个问题就不存在了。

3.4 生育偏好

从以往文献和研究中，我们了解到中国农村普遍有多生和生男孩的生育偏好，而经过我们的实地调研，发现这两个村的情况略有不同。准确地说，多生和生男孩的偏好更适用于现在60岁以上的老一辈人，年青一辈人对这两点的偏好均在减弱。

关于生育数量的偏好，大多数中年一代的受访者认为两个孩子是一个较优的数量，既在大多数家庭的经济承受范围之内，又可以满足诸如"养儿防老"等观念，也可以拥有将来子孙满堂的成就感；而村中60岁以上的老一辈人大多有四五个孩子，甚至有些有七八个孩子；而村里的新生代数量则较少。这体现出生育数量偏好的代际差异，村里居民的生育意愿在下降。

关于生育性别的偏好，调研的两个村并未表现出明显的"重男轻女"现象。据有些受访者回答，老一辈人还会有些重男轻女的想法，甚至有些家庭会由于儿媳妇没有生男孩而产生一些婆媳纠纷，但是对于现在40—60岁的中年一辈而言，这种现象已经大为减轻。在村内60岁以上的老人中，还存在因为是女孩所以没有上学的情况，但是村里的年青一代，这种情况很少，访户中，户主夫妻二人的学历通常相近，在家务承担方面，也基本遵循"谁有空谁做"的规则，并未体现出明显的男女歧视现象。即使有的家庭下一代均为女孩，父母做家庭决策时也更多地考虑她们的未来，例如我们访谈的一户家庭经济条件较差，年收入不到4万元，但家中仅有的两个女孩均被送到了大学，并且在我们提及养老问题时，受访者认为"她们在外面过得好就行"；每当在访谈中提及子女教育生活等问题，受访者都表现出对两个孩子懂事自立的骄傲。可以看出，在大多数家庭中，生育上的男女偏好已较大程度减弱。

综合考虑家庭经济条件和计划生育政策等约束条件以及主观生育偏好的影响，在生育数量方面，村民的生育状况应符合以下论述。家庭条件尚可的会倾向于规避罚款养育两个孩子，部分家庭条件较差的可能会出于独生补贴的原因养育一个孩子，少数家庭条件极好的可能会选择超生。因此，村内二胎数量会相对占优；在代际差异上，由于生育成本的逐渐上升和生育观念的转变，年青一代的生育数量会下降。

3.5　关于生育的一般事实

根据我们了解到的牛街村和康郎村的生育状况，在计生政策最严格的 20 世纪 90 年代，两个孩子的家庭居多，基本没有超生家庭和独生子女家庭增加；近年来，随着计划生育政策的逐步放开，新生婴儿数量减少，且新生儿中以二胎为主。后者的可能原因包含主观生育意愿的下跌和村内适龄夫妻数量的下降。这符合上文我们从家庭经济情况和计划生育两个约束条件出发，考虑居民的主观生育偏好后，从逻辑上得出的结论。

事实上，我们了解到，大多数自然村中，常住村中的人口数量大约只有户籍上村庄人口数量的 1/8 左右，这使得近年来留在村内成婚和生育的数量都很少，且出生婴儿大多为二胎。例如在户籍人口数量接近 2800 人的康郎村，2020 年全年仅有 13 个新生儿出生，其中只有 2 个是一胎，其他均为二胎；2021 年截至当年 7 月出生的 3 个小孩中，也仅有 1 个是一胎。

我们推测生育意愿下降的主要原因是现在生育和养育孩子的成本过高，事实上也是家庭经济条件的约束；新生婴儿大多为二胎的原因可能是未生育家庭的生育意愿相比已生育家庭更低，也与未生育家庭大多在外地求学或者务工有关。

同时，近年来，村里年轻人结婚年龄普遍比父辈大，村内中年人的结婚年龄大约在 20 岁，而近年来的结婚年龄普遍在二十五六岁，晚婚晚育成为村里新一代人的普遍规律，这种习惯的形成可能与国家的倡导有关，也可能和外出求学与务工者数量增加，村子变得更加开放，受到更多外地风俗习惯影响有关；而逐渐形成的晚婚晚育的习惯也可能会影响村内的生育状况，成为村民生育意愿下跌的潜在原因。

在生育之后对儿女的培养和教育方面，大多数家庭都支持子女读到大专及以上，鼓励子女在高中与大学阶段外出求学。但一个有意思的例子是：一户以卖猪和猪饲料起家的当地养殖大户的子女，读到高中就辍学回家帮助父母经营家业，甚至没有参加高考；而有不少家庭经济条件中下的家庭会支持子女外出求学至大学阶段，也鼓励他们在外地务工和成家立业。这样看来，在当地，教育可能对中等经济状况的家庭更有吸引力，原本就过着相对优越生活的村民可能并不会刻意追求高教育。

◇◇4 家庭的经济结构和经济联系

4.1 家庭经济结构

通过访谈和整理，我们从家庭产业结构和居住地两个因素综合考虑，将当地的家庭经济结构划分为三大类型。

一是全家都在当地务农。这种家庭结构的形成大多是被迫选择而非主观意愿，一般受家庭状况的限制，比如家里有老人卧病在床，家庭成员身患残疾。这类家庭的产业，结构极为单一，只是简单地种一些地，养几头猪，且家庭生产活动极易受到气候等因素的影响，在近年来气候干旱的情况下，农业收成更是一落千丈，家庭年收入普遍偏低，甚至入不敷出，需要借助贷款和低保，这类群体同时也是乡村振兴的主要帮扶对象。令人欣慰的是，随着扶贫工作的开展，他们的生活状况有了一定的提升。

二是务工务农兼顾，即平时会以种植玉米、水稻、烟草和养殖猪、牛、鸡为主业，农闲时节则会在居住地附近打打零工。这种经济结构在当地最为普遍，它的好处在于平时可以顾家，又可使收入来源多元化，增加家庭收入，降低风险。但由于经营规模较小，收入来源过于分散，效率不高，同时也难以获得大规模生产性贷款并进行生产性投资，因此难以致富。

三是全家外出务工。这种情况下受较发达地区（如昆明）劳动收益高的驱动，往往受到青壮年劳动力的青睐。通常情况是年轻的夫妻先行外出，等在打工地初步站稳脚跟，父母便会带着孙子孙女一同投奔自己，同时父母也可以在打工地从事一些相对轻松的工作。但由于当地劳动力学历背景不高，因此从事的多为劳动密集型产业，其收入难以支撑自己在务工地买房，并衍生出融入、子女教育等问题，因此，通常他们会退而求其次，选择在家乡的县城购买一套房产，待攒够一定积蓄后，回到县城居住。

另外，由于全家人都选择外出，老家就会出现大量土地闲置的情况。而农民的田产和地产是两种截然不同的财产，一方面体现在产出水平上，在当地，田地的水源条件更好，土壤也更肥沃，产出自然会更高；另一方面农田是有国家补贴的，坡地则没有，但补贴的前提是农田需要持续耕种。因此，出于以上原因，当地对于田地使用权的转让一般是会收取租金的，地则往往采取免租助耕的模式，因为这本身也会保持土壤肥力，对原地主也是有利的。

除以上三种类型之外，当地还有一些非典型的家庭经济结构。比如有一家访户，全家二十余年来都没有再种过一亩地，而是以大规模收购、养殖、贩卖生猪为业，并且成为当地数一数二的养殖大户，在去年行情好的时候已经获得了几百万的毛收入，同时他还颇具冒险精神，选择大规模借贷以扩大生产规模。但是，这些经济结构是由多种因素如初始资本、经营技能、思维方式等复合作用的结果，并不具有可复制性，在当地也很罕见。

4.2 代际间的经济联系

接下来，我们从赡养、务工、教育三方面考虑当地家庭内部代际间的经济往来和经济联系。

4.2.1 赡养

同全国大多数地方一样，赡养老人的义务一般由儿子承担，女儿则因为是"嫁出去"的，基本不承担赡养的义务。同时，由于当地渐次的成家—分家模式，最小的儿子的成家时间往往是最晚的，那么在一般情况下，赡养父母的义务理所应当地由他承担。父母会和他生活在一个屋檐下，一般共用一个锅灶，也就是说，他们是一个经济共同体，财产虽然有名义上的归属，但实际上一般不细致地进行分割。

但是，在考虑到其他因素时，情况会有所不同。比如在经济条件的约束下，可能幼弟只能赡养父母中的一方，另一方则由其他经济条件更好的兄弟赡养，或者干脆由兄弟中经济条件最好的同时赡养父母双亲。此外，在只有女儿的家庭，一般会为其中一位女儿招上门女婿，那么赡养老人的义务就由这对夫妻承担。

值得注意的是，近些年来，当地青壮年劳动力大量离开农村，外出务工，再加上年青一代有很大一部分是独生子女，这就有数量不少的留守老人，目前这些老人大多有一定的生活自理和劳动能力，子女对他们的赡养支出并不是很多。但随着时间推移，他们会逐渐老去，需要人照料，医疗费用也会大幅增加，这时候赡养问题将会变得尤为突出。

4.2.2 务工

当地的经济结构较为单一，以农业为主，务农的收入太低，且波动性又较大，当地的青壮年劳动力一般会离开老家，选择外出务工。根据我们的访谈和调查结果，成年子女外出务工，尤其是形成自己的小家庭后，与原生家庭基本就没有持续性的经济往来，双方的经济关系相对独立。具体来说，就是子女不再规律性地向原生家庭寄钱，父母也不再持续性地为孩子提供经济支持。但也有例外的情况，在原生家庭有较大的开支需求时，子女会提供经济支持。在我们的访谈中，就有父母需要盖房子，已经在外地成家的子女提供了六位数的经济支持。

4.2.3 教育

根据我们的调查，留在当地的中年人的学历背景一般为初中，具有一定的文化程度，但同时又由于学历不是很高，难以从事知识性的生产活动，而只能以务农或打零工为业，因此，他们都把自己的期待放在了子女的身上。在访谈中，他们都会说，"如果我当时多读点书就好了"。因此，大多数访户在子女教育的投入上都是不吝啬的。我们调查发现，子女教育支出已经成为家庭经济支出的大头，一年下来基本都达到几万元。他们的表述是，"只要娃娃读地上去，就会全力支持"，即使进行教育借贷。

我们访谈的一户家庭，作为低保户，家庭的年毛收入只有2万—3万，但还是把一个儿子一个女儿供到了大学。还有一户访户的女主人患有多种慢性疾病，家庭收入微薄，但对于儿子读博士的想法，还是没有表达出明显的反对意见。并且根据我们的调查结果，父母并没有在教育问题上对男孩和女孩做出明显的区别对待，当地也不存在系统性大规模的学生辍学情况。

除了学历期待外，父母对孩子的教育支出的另一大动因就是教育投资，他们一定程度上将子女接受教育作为一项家庭长期投资，期待子女通过教育背景获得更好的工作，在未来为自身和家庭带来更多的收益。

此外，当地教育支出的结构较为单一，受当地条件的限制，主要以全日制学校教育支出为主，而且教育以公立学校为主，很难见到各类课外辅导班和兴趣班。

4.3 小结

可以看出，当地家庭主要的经济来源还是以农业为主、非农业为辅，经济收入比较有限，家庭经济结构多样化程度较低。亲子代际间的经济流动更多地发生在未成年子女和父母以及成年子女和老人之间，而尚有劳动能力的父母和已成家子女间的经济往来则不常见。同时，男性和女性在经济上的地位具有一定的不对等性。

◇◇ 5 家庭内部的权责关系

一定程度上来说，家庭内部的权责关系是经济、历史、文化习惯等多种因素共同作用的结果。我们也试图以此为分析框架，剖析当地家庭内部的权责关系及其历史沿革。

5.1 亲代之间的权责关系

在过去，同中国大多数地区一样，当地的生产结构几乎全为农业，而农业社会对男性劳动力的要求更高，家庭收入也更依仗男性，同时在"男尊女卑"观念的主导下，夫妻间的关系很不对等。户主代表几乎全为男性，妻子很难在公共场合代表家庭发声，家庭大事基本也由丈夫决定。

随着"男女平等"观念的普及，加上当地交通条件改善带来的产业结构变迁，夫妻间的不对等关系逐渐改善，由原先的"绝对不平等"逐步转变为"平等意义上的相对分工"，即表面上看大多数夫妻间还是呈现出传统的"男主外，女主内"模式，但是妻子也成为重要的家庭经济支柱。一般来说，农活如种植、养殖由夫妻双方共同承担，丈夫平时还会在本地就近打零工，而妻子一般在家中操持家务，赡养老人。另外，值得注意的是，在遇到如建房、搬家、子女教育等家庭大事的情况下，夫妻双方需要共同协商、达成共识，一般不存在一方独断的情况。在当地的年青一代中，夫妻间的权责结构则更加多样化，已经基本不存在"男外女内"的形式。

5.2 亲子代际间的权责关系

从婚姻安排上最能清楚地洞悉父母与子女的权责关系变化。据现年60岁以上的老人回忆，当时他们的婚姻基本遵循"父母之命，媒妁之言"的原则，不存在真正意义上的自由恋爱，夫妻结婚前也没有频繁单独接触的机会。也就是说，父母的意志在子女婚嫁中起关键性作用。而据四十多岁的"70后"一代叙述，他们中间自由恋爱的比例已经大幅度上升，父母的意见只是指导性而非决定性的了。在二十多岁年青一代的终身大事问题上，他们的父母则表现得更为开放，普遍表示，"只要子女觉得合适就行，自己并不会干涉"。对于子代权利的这种演变趋势，我们认为，除了观念变更、教育普及、计划生育政策等驱动因素之外，经济因素起到了更大的作用。正是改革开放后经济的快速发展和交通条件的改善，为农村年轻人提供了大量的外出务工机会，使得他们不再依赖父母给予的一亩三分地，而是有了相对独立的谋生渠道，在家庭内部的话语权和地位自然大幅度提升了。但同时又是近十几年来，农村相对于城市经济发展的滞缓，使得农村的适龄青年尤其是男青年出现了较为严重的婚恋难的问题，这也在一定程度上导致了父母对子女结婚期望的降低，"只要能找到对象就好了"。

从子女成长历程的角度来看亲子间的权责关系，依旧具有历史承袭性，即未成年子女基本没有家庭内部的权力，而随着子女成年成家，同时拥有稳定的经济收入后，话语权逐渐上升，甚至可以决定一些家庭大事。从这个意义上我们可以认为，成家后的亲子代间的关系实质是"藕断丝连"的，即看似已经分家分居，但实际上在大事上依旧是整个大家庭的一分子，可以发表重要意见，参与家庭重大决策。

5.3 子代间的权责关系

之前已经提及，当地的分家和幼子赡养老人的模式，而由于老一辈人兄弟姐妹较多，长兄（姐）与幼弟（妹）甚至存在二十多岁的年龄差，因此长幼观念应当是较为突出的，对于弟弟妹妹的人生大事，长兄（姐）具有一定的话语权。但由于兄弟间很早就已经分家，加上彼此年龄差距过大，因此可能并非很亲近，只有逢年过节才会相互走动。

近几十年来，随着农村计划生育政策的推广，当地一般以独生子女家庭或者两孩家庭为主，但即便如此，兄弟姐妹间的长幼次序观念依旧存在。一个重要的原因是，当地的计划生育政策要求两孩之间的年龄间隔需要大于五岁，而正是这个年龄差，使得长兄（姐）在年少时有能力肩负起一些照顾弟弟妹妹的责任，以分担父母的负担。同时，在长兄（姐）成年找到工作，获得稳定的收入后，也一般会对仍在上学的弟弟或妹妹提供一定的经济支持。例如，有一家访户家庭条件并不好，但姐姐依旧坚定地支持弟弟读博士。

第 二 章

亲属关系的扩展

◇ 1 引言

　　费孝通先生在《乡土中国》一书中指出中西方"家"的含义的不同：在西洋，"家"的含义很清晰，就是指一对夫妇和他们未成年的孩子；而中国的"家"的含义却很模糊，小到仅指自己的配偶，大到可以包含所有伯叔侄，乃至仅仅想表示亲热的人物。费孝通先生对这一观念差异的解释是中西方社会组织逻辑的不同。西洋社会是通过个体组成一个个团体而形成的团体格局，而中国乡土社会是个体通过亲属关系与他人形成有层级的社会网络的差序格局，"好像是把一块石头丢在水面上所发生的一圈圈推出去的波纹"[1]。因此，所谓亲属关系的扩展，就是由夫妇及其子女组成的小家庭通过家庭成员的血缘关系和因缘关系与其他小家庭结合进而形成乡土社会的结构。

---

[1] 费孝通：《乡土中国·生育制度·乡土重建》，商务印书馆2011年版，第27页。

自然风光秀丽，历史底蕴深厚的牛街村、康郎村也不例外。云南山地的特殊环境、人口迁移的历史背景①，会给此地村民的亲属关系结构及亲属间的来往带来怎样的不同？现代化、城镇化的大潮，与近年来的扶贫政策，又会怎样影响这种社会关系的发展？

我们就这一主题的报告思路如下：首先，依据我们的访谈结果归纳总结当地村民亲属关系的层级结构；其次，从经济活动和社会联系两个角度考察亲属关系如何在人们的日常生活中发挥作用；再次，介绍村庄的历史沿革；最后对村庄的变迁做一简要讨论。

◇2　亲属关系的基本内容

前面提到，夫妇和他们的子女组成小家庭，对应西洋社会中的"家"。当这些子女长大时，就要与原来的家庭分家，和他人通过婚姻组成自己的新家，而这一新家则与原来的家庭通过血缘关系联系在一起。"家是一个未分家的、扩大的父系亲属群体，它不包括母亲方面的亲戚和已出嫁的女儿"②。牛街和康郎两村基本符合费孝通先生的这一描述，在当地，以父系亲属的扩展作为亲属关系

---

① 牛街村、康郎村位于牛街民族乡，除占主体的汉族外，还有彝族、白族、哈尼族、傈僳族、拉祜族、纳西族、布朗族、蒙古族等少数民族。不过就我们调研的两村而言，汉族占绝大多数，且不同民族倾向于聚居而非杂居；另外，两村下辖的少数民族聚居的自然村，如彝族聚居的棉花村，村民的亲属关系也受汉族传统影响颇深。整体而言，亲属关系的民族特色并不明显，我们的报告因此并不在这方面过多深入。

② 费孝通：《江村经济》，北京大学出版社2012年版，第75页。

的主要脉络，以母亲及妻子的近亲为主的母系亲属作为扩展，以及一些其他形式的亲属关系①。

2.1 父系亲属的扩展与层次

当地父系亲属关系根据血缘关系的亲疏远近也存在明显的圈层结构。为了简洁地描述不同层次的亲属关系，在这里我们参考了王跃生对中国家庭层级结构的研究，借用了他提出的描述不同层面亲属关系的术语，"同宗之家""同祖之家""同父之家"和"夫妻之家"②。不过，我们根据当地的实际情况给出我们自己的定义。这四个层次，从疏远到亲密，基本上可以理解为包含关系。

2.1.1 "同宗之家"

"同宗之家"，在当地其成员通常互称"本家"，成员认定有一个共同的祖先。与我们常说的"族"的概念不同的是，它并没有五代以内血亲的限制，只是基于共同祖先的故事③。不过，并非牛街村和康郎村里所有的姓都达到了族的规模。村里的大姓有潘、李、

---

① 对于中国传统父系亲属作为亲属关系扩展的主体的讨论，参见蔡华《汉族父系制度与中国亲属法的缺失》，《中南民族大学学报》（人文社会科学版）2008年第5期，第11—17页。
② 王跃生：《家和家人的范围、层级和功能分析》，《开放时代》2020年第2期，第76—98页。
③ 有关宗族中血缘关系和世系关系的作用，参见钱杭《宗族建构过程中的血缘与世系》，《历史研究》2009年第4期，第50—67页。

杨、鲁等，还有其他的一些小姓①。

村里人数较多的"同宗之家"，不少会有自己的族长。近年来，族长的职权几乎收缩至处理宗族事务，如修缮祠堂和组织祭祖等，并负责委托专门成员管理相关宗族礼仪事务；具体的利益纠纷则是由村主任、村委会、村小组等公共组织来解决。决定下任族长的依据是对家族的贡献，这主要体现在对宗族事务的精力、财力投入。因此，族长的人选常常是家族中较为富裕者，或者因为参与村里公共事务管理因而有较强办事能力者。具体的选举方式有所不同，如杨氏通过家族成员的选举，而潘姓通过家族成员声望"不约而同"地自然产生。

两个村大型的"同宗之家"每隔三年会进行一次家族的大型祭祀。牛街村大家族的祖上基本都是在明朝初年从东部沿海地区迁到这里，这些"垦荒者"便是每个家族祭祀的对象。因为近年来提倡勤俭节约以及新冠肺炎疫情的影响，大型祭祖活动暂时停止，清明节的祭祀限于下文所提的"同祖之家"的成员每年一次对已过世的祖父以及曾祖父的祭拜。

部分"同宗之家"会组织编撰自己的家谱，并印发给成员每户一本。不过与我国东南地区不同，这里的家谱修订并不公开且定期地进行，也没有隆重的仪式，而是由族中专门负责族谱修订者随时添加。族谱中只包含男性成员的子女。例如，潘氏、杨氏在2003

---

① 两个行政村下的自然村中不同姓的聚居形式也不同，比如在牛街村下属的牛街上村、牛街下村、棉花村以及康郎村下属的半村为大姓主导，而康郎村下属的河西村为小姓杂居。

年、2011 年分别完成了自家家谱的整理，而李家因为祖先身份的确定和统一的困难，且保存下来的家谱较为杂乱难以整理，没有统一完整的家谱。

此外，通常情况下，在村民举行婚礼和葬礼时，会邀请所有"同宗之家"成员出席。

2.1.2 "同祖之家"

在当地，曾祖父有一个专门的名称——"祖"，可见这一层次的亲属关系有特殊地位。以每个家庭户主为核心，拥有共同"祖"的户主家庭所组成的亲属圈被定义为"同祖之家"。值得注意的是，在当地，"同祖之家"的成员每年清明节会一起扫墓，祭拜先人。

字辈指用于表明同宗族家族世系和血缘秩序的命名序列，除此之外，字辈还有着巩固家族关系，传递价值观念的作用。[①] 在当地，尽管字辈统一在潘氏等一些较大规模的"同宗之家"中也有体现，但更多家户基本仅能确保"同祖之家"范围内的字辈一致。字辈的决定过程并不严格而隆重，往往是几位户主私下商讨即决定下一代的字辈，后有子女者自然而然遵循，而有别于我国其他一些地区，先祖流传诗句或向风水阴阳师求字等方式。此外，字辈统一的形式也多种多样，且偶尔也会出现进一步的分化体现不同分支。如潘氏家族规定第十三代字辈体现为单名一字，而在我们访问的一个"同祖之家"则额外要求这一单字均为木字旁。根据潘姓的家谱，现在

[①] 郭茂灿：《试论字辈在村庄里的特点和功能》，《社会》2004 年第 5 期，第 57—59 页。

在世的青壮年主要为十四、十五代,而家谱上已经给出十八代以内的字辈;尽管如此,家谱还是为不同的"同祖"支系提供了每代男女各四个字以供选择。对于一些宗族庞大的"同宗之家"内部,部分成员因祖上迁出本地因而中断字辈统一,后又迁回,因而字辈与家族不一致;但由于其"同祖之家"内部也另有统一的字辈,因此也可以通过计算排辈确定辈分,与本地同族人重新建立联系。字辈的内容往往反映了上一代人对后代朴素的祝福与期待,不同代之间的字辈也没有明显的联系。因此,字辈在当地更多是一种文化符号,其发挥的社会结构功能作用不明显。

"同祖之家"的成员在传统节日期间还会相互走访。相比于"同宗之家"限于数年一次的大型祭祀和一人终生也仅有的数次红白喜事,"同祖之家"的成员之间有稳定的"年常"联系。

2.1.3 "同父之家"

"同父之家"是一个家庭的兄弟各自成家之后的形态,成员之间互为兄弟叔侄关系。这一范围的亲属关系在村民中广泛存在,成员彼此有着日常的来往,共同度过春节、中秋节等传统节日。

"同父之家"的亲属彼此通常有明显的情感和经济社会联系。例如,当侄子到县城找工作和落脚点时,在城里的叔叔会积极帮忙并主动提供自己掌握的信息和资源;侄女备考公务员或考研时,伯父会提供住所和其他帮助。当一个成员生病时,其他成员会主动探望、帮助想办法并提供可能的财力和人力支持;当出现借贷需求时,"同父之家"的亲属也是首要考虑的对象之一。

此外，由于"同父之家"的户主本就互为兄弟姐妹或父母子女，因此在财产层面也会有更多的关联。一方面是分家后的财产后续安排，例如，在一个家户中，分家时姐姐分得一份田产房产，而后在兄弟所在家庭通过给姐姐筹备嫁妆，从而换取分家时姐姐获得的田产地产，这种田地房屋的交换在当地通常仅在"同父之家"内出现。另一方面当村民外迁至其他地方定居时，天地和房屋的照料以及使用权往往也优先考虑"同父之家"的亲属。

2.1.4 "夫妻之家"

"夫妻之家"，也就是我们一般所说的家庭、户的概念，通常由父母和子女组成，有时会包括家中老人。这一层面的亲属关系体现出明显的互相依赖和互利。在调研过程中我们观察到，老人通常会在"夫妻之家"这样的亲属结构中生活，并得到赡养；而孩童也依赖于"夫妻之家"的亲属关系，即父母或爷爷奶奶，从而得到抚养和照顾。"夫妻之家"的亲属会高频率地互相财力付出，例如，村民会花掉大半年的收入，甚至借贷，送孩子到私立高中获取更高水平的教育，会花掉大半积蓄为孩子买房子，或者从熟悉的村庄迁到城镇附近，给孩子更好的生活条件。当"夫妻之家"的亲人生病时，村民会投入大量财力和精力为其治病，甚至会为此借贷。

此外，"夫妻之家"的亲属关系内部还具有一定的财产共有性。在村民的家庭中，比较少见夫妻二人财产分割十分清晰的现象，通常是二人共同经营共有财产。此外，在部分家庭，已经参加工作但未成家的子女，还会将部分收入交给父母保管，或当作家庭整体的收入。子女分家后，有的老人会自留一部分财产作为自己的养老财产，其中包含土地等生产资料，会交由赡养自身的儿子打理，从而也成为这一"夫妻之家"财产的一部分。

2.2 母系亲属的扩展

母系亲属主要包括表亲、母亲的父母兄弟以及妻子的父母、兄弟等。在当地，父系亲属和母系亲属有明显区别，这主要是缘于当地将嫁出去的女儿视作"外人"的风俗。在这一传统风俗影响下，母系亲属的范围更为狭窄，通常只能延伸到母亲、妻子的父母和兄弟；而关系也相对疏远，村民通常不承担母系亲属，包括女方父母在内所有长辈的赡养与医疗支出，仅根据地理远近有所往来，如果相距很远，甚至仅年节拜访；原则上不会继承母系亲属的田宅财产，因此财务往来也较少，大多停留在借贷或者工作信息交流层面。母系亲属的活动主要包括节日走访和经济联系。当然，在一些得到现代思想影响的家庭中，也出现了类似现代家庭中赡养双方老人的现象。

2.3 上门女婿

为了适应母系亲属无赡养义务的习俗背景下夫妻膝下仅有女儿的现象，入赘（男到女家成亲落户）随之出现，并在当地颇为常见。老一辈人中，上门女婿要求改成女方的姓，有的还要求与女方老人互称"父母儿子",并与妻子一同承担赡养女方老人的义务,被视为女方父系家族的亲属族人,并享有获取女方老人财产的义务;但随之失去原有家族的同族认同和财产继承权。上门女婿的孙辈可以改回原姓并回到原有家族,称"三代归宗",例如潘氏先祖曾入赘一户姓马的人家,虽然后来又改回原姓,但当地潘氏族人常自称"潘马二姓"。现如今,随着新时代思想文化的冲击,上门女婿的规则不再严格,通常不需要改姓,在部分家庭甚至仅作为指代与女方父母同住的男性,而不具有亲属关系和财产关系转变的意味。

2.4 收养关系与干亲关系

对于膝下无儿无女的家庭,收养是一个重要的手段。收养分为收养孤儿或是有多个孩子的父母将自己的孩子过继给失去生育能力的兄弟朋友两种情况。养子养女承担和亲生子女同样的义务,享有同样的权利。但是,随着社会保障制度的建立健全,乡镇修建了设备健全的养老机构,并面向所有收入水平低且无人照看的老人提供免费服务,因此村中的收养现象已经非常少见。

干亲关系,作为父系长辈的一个扩展,往往来源于这样的信念,即给孩子认干爹干妈可以帮助体弱的孩子抵御鬼怪的侵扰[1]。

---

[1] 产生干亲关系的原因还可以是父母的情谊、为孩子找玩伴的考虑、珍惜某种缘分的想法、报恩的意图;在我们的调研中,为孩子"消灾"的功利性考虑是主体,其他考虑是附属。参见李全生《义缘关系:干亲结认现象初探》,《烟台大学学报》(哲学社会科学版)2016年第3期,第9—17页。

当地认亲的依据主要有两种。根据风水先生测算，找出与孩子五行八字相补的职业，比如"五行缺木"则找木匠，抑或通过一种特殊的仪式选出孩子的干爹干妈①；或者找与父母关系较好的朋友。确立干亲关系的仪式比较简单，两家人择吉日一起吃一顿饭，并到村里的天地庙跪拜。干亲关系被视为一种亲戚关系，虽然彼此有"父母子女"之称，但亲疏程度实质上近似于"同祖之家"，往往仅限于在节日期间孩子要看望自己的干爹干妈，干亲关系本身也不会产生额外的经济联系。

◇◇3　亲属关系中的经济活动

亲属关系作为人际关系的一个重要组成部分，也承担了部分人际关系中经济来往的功能。在当地村民的生活中，亲属间的经济活动既是亲属关系作为社会资本的重要体现，也有助于在不断地信号传递中形成良性的社交合作关系，从而有利于自身生存和发展。

借贷行为是亲属之间一种重要的经济互动。通过了解我们发现，对当地村民而言，还款容易、数额较小的借贷需求，人们更偏向于从亲属处借用，而对于还款压力大、数额较大的借贷需求则倾向于借助银行、信用社，特别是对于还款是否容易这一指标，村民会综合分析自身经济条件、借款用途、后续资金回笼风险等多方面

---

① 当地其中一种习俗，将在一个特定的时间点经过桥边或路口的人认作孩子的干爹干妈。

因素。对于资金数额的不同处理，一种可能的解释是，由于村民大多并不富裕，而且农业生产的周期特性导致农户通常没有充足的流动资金，因此很难提供大额借款，导致有此需求的村民只能求助于金融机构；对于小额资金空缺，由于银行借贷费时费力，因此村民会通过向亲属借款，以供填补。对于大额资金需求，违约会给个体的声誉带来负面影响，影响之后的借贷活动；而与和金融机构单纯的经济往来相比，向亲属借钱违约会带来额外的人情损失。可以说，对不同借款需求的不同满足方式，体现了人情与利益的平衡。一个有意思的现象是，部分村民在遇到突发事件需要大量无长期资金回报的非生产性花费，例如大病就医时，若这笔贷款又不能在一定期限内偿还，那么村民会先从信用社借贷所需款项，在还款期限前1—2天从亲戚朋友处筹措资金并按规定还款，再于第二天重新贷出，并把钱还给亲戚朋友，通过这种"合力闯关"的方式逐步偿还欠款。这一定程度上体现了亲属关系网络所能具有的集中个体资源和帮助个体应对风险的功能。

村民在外出务工期间，会拜托亲属帮忙打理土地和房屋。例如我们的一个访户，由于户主的哥哥一家外出打工，其在老家的房屋打理以及集体搬迁协调等问题都由这位留在当地的弟弟代为负责。外出务工者将自己的土地交给亲戚时，一般不收取租金。这一类经济往来追求的并不是可以账面化的直接经济效益，也不一定能将自身土地和房屋财产收益最大化，更多的是通过资源流动巩固亲属关系，从而谋求更多元的合作往来；通过亲情纽带增加彼此负面行为的成本，也能减少代理人的考核筛查成本，从而做出经济效益和考核成本双重核算意义下的理性选择。

老人和孩子的托付是外出务工村民与当地留守村民又一通过亲属关系进行经济合作的形式。虽然乡镇幼儿园和敬老院服务已经逐渐趋于完善，但出于将孩子老人托付专营机构属于不负责任的观念以及对花费的考虑，这些机构并不是大多数外出务工村民的第一选择。在村中，我们看到更多的是老人孩子独居，并由临近亲属代为照看的模式。例如，据一位村民所说，她会时常去探望一位亲属的母亲并送去生活用品，但这种照看仅停留在平常的邻里来往层面，如果老人孩子生病，还是要告知其外出家人并由对方自行解决。这一类合作并不需要支付费用，也不需要订立正式的契约。

村民外出务工的信息也往往来源于自己的亲属，更多的是自己的兄弟姐妹，并且务工的组织者在有工作机会时也往往先联系自己的亲戚。两个村的村民外出务工大多也还是在云南省内，有许多就在临近村镇，以建筑工匠为例，为了提升施工队的竞争优势，增加信息获取渠道，出现了许多父子兄弟齐上阵、亲属邻里抱团的现象。而远到东南沿海及珠三角等地区的务工者，则通常会寻找进入车间厂房的稳定工作，这和这些地区物价水平高造成工作不稳定的风险成本升高有关，对这些人而言，为了找到心仪的工作岗位，亲属关系起到的信息网络和社会支持作用更为重要。此外，村中的创业者有的也会借助亲属关系的力量合作经营，例如亲戚几人筹资进行农事合作生产，以及叔侄几人合资购买客运车辆从事营运业务。

分家是亲属关系从"夫妻之家"转向"同父之家"的过程，它是当地几乎每个多子女家庭都要面临的经济问题，也是"同父之家"的几户家庭单元间经济联系的重要纽带之一。当地分家主要有两个特点,一是平均分配观念,二是和谐分家原则。"平分"的观念是广泛存在于村民价值观念中的,但它并不是根据资产数量或估价的绝对平均,而是模糊的观念,更加近似于多方公认下的"公平"。有的家庭要考虑子女对父母的赡养情况,给父母自留一份养老,或赡养老人的子女家庭多分得一份。平均分配不需要宗族组织或村委村组的指导和监督,通常由家庭成员内部商议、达成共识来确定。在平均分配的原则下,女儿和儿子有所差异,不分得土地、房屋、家具,但可以获取一份嫁妆,这方面的差别是传统社会中财产获取和继承制度依靠父系亲属关系的产物。这一情况在近年有变化,随着农村人口迁入城市以及家庭规模的缩小,传统的"嫁""娶"观念有所淡化,更多的是双方家庭的男女在一起组成新的家庭,因此,在财产继承过程中性别差异逐渐消失,财产的分配更多取决于在父母赡养一事上的付出。[①] 分家过程的和谐也深受重视,村民会尽量避免由于财产分配不均造成的矛盾,过于斤斤计较会变成丑闻而名誉受损。可以说,这样的平均观念并非死板的教条,而是鲜活而又朴素的意识。

村庄生活中,婚葬仪式中的礼金也承载了亲情的厚重感,礼金的多少反映出亲属关系的远近,对于一般的朋友只有标准的一百

---

① 这个过程可能发生的更早。男女在分家过程中地位均等化的基础是男女在经济地位上的均等化,这依赖于改革开放非农就业为女性提供的工作机会。而在人民公社化时期,妇女以独立劳动者身份参与集体经济时,就已经开始改变原先男女不平等的境况。参见费孝通《家庭结构变动中的老年赡养问题——再论中国家庭结构的变动》,《北京大学学报》(哲学社会科学版)1983年第3期,第7—16页。

元，而对于"同父之家"的亲兄弟则可能上千。村民们通过礼节性支出来展示朴素的情谊，再通过宴席间的觥筹交错，表达自己直白的祝福或哀悼。礼节性支出在村民的日常生活支出中占据了很重要的地位，每个家户每年在礼金方面的花销能达到数千元甚至上万元。

村民亲属间的经济活动无不展现了淳朴的亲情，但他们的行为在整体上仍旧呈现出亲疏远近的划分。沿着亲疏远近的圈层脉络向外扩展，经济活动的频率、强度都在下降。在"夫妇之家"内，子女间在借贷、信息交流甚至财产分配上体现出平等与互爱的观念，直到仅为"同宗之家"的远亲，以一张简单的百元礼金承载情感的重量。亲属关系并不能完全覆盖村民的生活，但是通过信息传递、分摊风险等功能为村民勤劳致富、艰苦创业提供了十分关键的支持，反过来，亲戚之间的经济往来，也无不慢慢加深这亲属情谊。

◇◇4 社会活动与亲属凝聚

4.1 社会活动视角下的亲属关系

同宗的亲属家庭所组成的关系单元，或者简单定义为"家族"，通常被认为是亲属关系最广泛的组织结构和边界所在，因此在亲属关系与其他关系维度的讨论中，"家族"也被认为是有别于非亲属关系的最大单元和代表性单元①。

透过村民的族谱以及口口相传的往事，我们了解到，在交通往来不发达的古代，尤其是战乱年代，家族往往扮演了成员社会活动的主要背景，即家族成员有意识地聚居并形成类似族长和长老会的组织结构，以引导家族成员的社会活动往来。据牛街村潘姓族谱记载，还曾出现过迫于生计外迁的家族支系回迁的现象。

但是，随着时代的变迁和社会组织形式以及往来成本的变化，村民的社会活动范围和对象产生了很大的变化，因此家族在成员社会活动中扮演的角色也产生了不小的变动。通过对当地近十个家族的访问，我们根据家族中成员社会活动的形式，简单将当地家族分为三类，即内向型家族、合作型家族以及外向型家族。

内向型家族，是指血缘关系和家族组织在成员社会活动中仍扮演主要角色的家族，其主要表现通常包括成员在提供外出务工职位信息、工头雇工等经济机会方面，普遍优先考虑亲属；婚丧等重大礼仪活动会邀请远在其他乡镇，甚至其他县市的"本家"出席；仍保留一定程度的家族治理风俗，如族长制或族内远亲聚居，相互照料；而外迁成员的土地和房屋，交由亲属打理，且通常可以免费使用。我们观察到，在实行部分村户搬迁政策的村庄中，存在政府将

---

① 家族和宗族的概念不完全等同。前者是自然产生的较松散而且非组织的社会共同体，而后者是人为的、有组织的集体，并常和一定的宗法制度相关联。如前文所述，根据我们的调研，当地宗族组织只限于宗族自身的活动，并未控制一般的社会生活，因此我们认为家族的形式占主要地位，在讨论亲属关系下的社会生活时使用"家族"而非"宗族"，文中的"宗族"一词仅用于修缮祠堂、修订家谱等宗族自身活动的情形。参见王毅杰、袁亚愚《对建国以来我国乡村家族的探讨》，《开放时代》2001年第11期，第109—115页。

迁户原有房屋还田后，迁户借居村中未迁亲戚家中，继续从事农事的现象，可见，这些家族中，亲属关系仍是成员适应社会环境和政策变化的重要因素。此外需要指出，内向型家族并不是人丁兴旺的大家族专有的特征，在个别与其他家族同居一村、只有十几户的小家族，也存在类似的现象，可以认为，内向型家族并非是同姓村社会关系与亲属关系高度重叠的特殊产物。

合作型家族，是指成员与其他家族有较多社会活动，但又存在相对独立的、以家族为载体的活动往来的家族。对这些家族而言，在土地和房屋打理、婚丧等活动中，其他家族的成员也会扮演较为重要的角色，例如康郎半村遇丧事时，会放"小炮"请附近亲朋邻里来帮忙操弄，也有习俗在此后设宴感谢来帮忙的人；此外，在新下村，还存在几个来自不同家族的工匠家庭组成施工队，互相合作的现象。与此同时，在村庄居住分布中仍然能看到同一家族聚居一处的现象。一个有意思的现象是，在康郎半村我们注意到，村民的话语中家族好像带有"方位"，提及"赵家"就会联想到上山的方向，提及"王家"就会联想到下山的方向。此外，在孩子满月、老人祝寿、职位信息往来等层面，仍然能看出对家族存在依赖，村民在交谈过程中也会带有"我们赵家""他们罗家"一类的字眼。

外向型家族，其成员的社会活动很大程度上倚重于邻里。例如，在河西村的一户村民访问中我们了解到，他们在农忙时主要通过邻里互助，且与其他村的"本家"来往很少；村中的施工队也呈现出明显的非血缘特征，部分工匠与工头有一定的亲属关系，但比较疏远且有不少母系远房亲属，基于当地风俗中明显的"嫁出去的女儿泼出去的水"的特征，以及向村民了解的信息，这些合作也大都源于邻里关系而非血缘。

在现代的生活中，非亲属关系在村民们社会活动中的作用越来越重要，而与此同时，亲属观念在村民们的认知中也悄然发生着变化。族谱和祠堂碑文中昔日强烈的归属感已经一点点淡化，村民在生活中也不似往日那样依靠血缘关系。

4.2 组织凝聚视角下的家族关系

亲属关系作为昔日村庄组织和成员凝聚的主要力量，在地方治理和维护方面扮演了十分重要的角色。潘氏族谱写道："国以立法治国为支柱，家以礼义教育为先"，可见亲属关系对村民的约束作用。随着国家基层治理的深入开展，家族在维护地方和谐和保护村民正当权益的职能已经逐步向更为专业和规范的村委会和村小组转移，例如在村民纠纷及分家等场合，昔日由族长承担的调解及见证工作已经转由村组专人负责。而现代家族组织凝聚的范围，主要体现在围绕亲属和血缘展开的家族活动，例如家谱修订、集体祭祀等。

凝聚家族的核心在于成员们对于同一先祖的血缘认同，由于"文化大革命"时期，宗祠等宗族建筑遭到破坏，当地血脉认同渐由是否具有共同的祖坟来确认，这几乎是血缘关系辨识的最低标准。有的家族千百年来祖祖辈辈的坟地均聚于一处，家族成员可以据此溯源以确定身份，而墓志铭等文献流传也有利于家族成员辈分和关系的界定，这样的家族成员之间也更有凝聚的意识和氛围；部分家族先祖坟地尚存，而各支系又有分散分布的坟地群，例如牛街上村潘氏，他们虽然都认同自身作为牛街潘氏子弟的身份，但在子孙字辈、来往范围等也随之出现了各分支间情况不同的现象；而在一些家户，由于先辈迁离旧地而减少了和原"本家"的联系，并另立新坟以供拜祭，久而久之，就脱离原家族而形成全新的同宗体系。

祖坟作为家族的核心，既需要家族成员有组织地打理和定期修葺，同时也衍生出家族对集体祭祖的活动需要。在村民自治的基本国策背景下，家族逐步退出村民日常生活治理的方方面面，祖坟修葺已经成为家族组织的核心议题，例如透过上巴亳杨氏的族谱我们了解到，其现任族长虽已迁居县城，但由于在祖坟修葺方面做出了重要的财力贡献，仍得到家族其他成员的认可和褒扬。此外，虽然村庄地处偏僻、交通来往不便，但在疫情暴发以前，牛街村潘氏仍保留三年一次的大型祭祖活动，届时分散各处的子弟会重聚旧地，共同祭拜先祖，有时可以达到成百上千人的规模，这一活动既体现了潘氏家族强大的凝聚力和组织力，同时也为潘氏成员笼络感情和知晓亲属近况提供了重要平台，这可能也是潘氏能得以蓬勃发展、人丁兴旺的原因之一。

随着家族的延续和发展，以及城乡人口开放流动成为常态，越来越多的家族成员迁居他乡，家族精神文化层面的传承也显得愈发重要，族谱的重新编撰成为家族组织的又一重要议题。牛街村潘氏家谱见证了潘氏从旧时代的彼此分隔到今天重新凝为一体的过程。据族谱记载，潘氏先祖所留各支脉迫于生计而散于各地，虽然后来偶有后人回到牛街，但各支家谱凌乱分散，不成体系。其现任族长于2001年重新整理和整编全族族谱，做出了重大的贡献，也得到了家族成员的极高赞誉，而后一任族长，也将从为继承发扬族谱等家族活动中做出贡献的人中选出。

字辈的统一程度是又一个体现家族凝聚的标志。在当地，字辈通常体现在姓名中间一个字的统一之上。在牛街潘氏，虽然由于人丁兴旺，同一辈会采用3—4个不同的字辈，但成员均能通过彼此的姓名判断辈分及亲疏远近，且在族谱中已经规定了之后四代的字辈用字。在其他家户中也有字辈统一的现象，但通常在"同父之家"层面同一辈成员能保持一致，而整个家族的一致就较为少见。此外，即使在潘氏，也出现了一些支系选择自设字辈而不与家族保持一致的现象，这在一定程度上体现出家族在姓名上的影响力已经逐渐削弱。

4.3 社会活动和组织凝聚的交互影响

家族成员社会活动的彼此依赖程度越明显，其组织凝聚似乎也越强。在我们所调研的家族中，上巴亳杨氏和牛街潘氏是仅有的形成书面系统族谱的两个家族，也都有成规模的集体祭祀活动，它们在社会活动层面也体现出明显的内向型特征；而合作型的康郎半村罗氏、赵氏等，虽然也有口口相传的先祖传说和小范围的字辈一致等现象,但家族组织在成员中的影响就弱很多;而河西村的一些具备外向型特征的家户,家族已经成为十分模糊的概念,更不用说组织凝聚了。

可以猜测,成员社会活动对家族的依赖,与家族组织凝聚的特征是相互影响的。一方面,由于新中国成立以来突破家族界限的民众互助高潮以及20世纪六七十年代村民们对家谱宗祠维护意识的薄弱,当地的家族凝聚力都受到了一定的冲击,而改革开放以来人口流动的增加,又使亲属关系产生了新的变化,在此情形下,家族成员内部社会活动往来频繁有利于维护亲情,并响应党中央关于加强社风家风建设的号召,产生亲属关系向心力。另一方面,家族集体祭祖和家谱整编等组织活动为成员提供了互相接触交流和产生社交网络的平台,而家族凝聚力又通过亲属关系的纽带降低了彼此取得信任的成本,从而更有利于形成基于此的信息交流和社会往来。

◇◇5 亲属关系的时代变迁

5.1 牛街村、康郎村的家族起源

根据我们在牛街、康郎两村的走访调研,目前居住在这两村中的各姓氏家族大都非当地原住民,而是因为先祖流放、戍边、任职外调等各种原因迁徙至此。其中,元明时期是当地各家族公认的迁

入高峰期。当地流传着"宁充口外三千里，莫充云南碧鸡关"的说法，可见当年各姓始祖并非自愿迁入，大多是被迫来到此地。在当地，另一种广为流传的说法是，当地各家族明代时在南京一带集结后被统一发往云南，"南京应天府，大坝柳树湾"是各家族公认的集结地点，也是部分家族默认的祖先来源之地。

在当地形成成文族谱的家族中，我们进一步观察到更为详尽的家族起源历史。如牛街村潘马氏族谱中记载："至滇始祖是潘裔，到蜜始祖马瑞麟。生子八龙为八支，大支八支留本地。"潘家始祖潘裔来到云南后居住于大理，其三世后代潘希周入赘马家，四世后代马瑞麟举家迁入弥渡牛街，三代归宗后改回潘姓，马瑞麟育有八个儿子，故家族分为八支，其中大支、八支留居牛街，其他分支迁往外地，后来二支的第十世又从外地迁回弥渡牛街……凡此种种的家族迁徙历史，均被记载于家族族谱之中，有据可考。

康郎上巴毫自然村杨氏的族谱虽不如潘马氏详尽，但也记载了家族祖先迁入云南的历史："明洪武十四年放屯垦于云南大理剑川，后辗转于弥渡牛街上巴毫、半村、白坟等地。"杨家始祖杨绍元籍贯南京应天府，是大坝柳树湾大埂子人，迁入云南后成为当地有名望的大姓家族。据考证，来到云南后，杨家世代有人行医，主攻跌打骨科等专业。当地抗清义士李文学将军于咸丰年间起义时，杨氏曾有子弟在其部队中担任军医。杨家族长现居住在弥渡县，从事经营骨科医馆业务，这也是杨家医术世代相传的一个印证。

当地其他家族虽未形成成文族谱，但对其家族起源也有一些世代相传的说法。如鲁氏有一对楹联世代相传："祖籍江西历代远，宗功似海万代长"，可见其家族有着繁盛荣光的过去，此外，其家族流传着"祖籍江西"的说法，与本地鲁氏被确定为彝族同胞的身份事实相结合，可以猜测，这背后应当存在着其他尚不得知的、有关民族融合与和谐发展的家族起源和延续的故事；再如半村罗家后代门前书写"盛世其昌"四字横联，此习俗也是代代相传，后世子孙见此横联便可互相认亲；再如姓氏人口虽多，但据考证应分属多个家族的李氏，有部分李姓后人认为其祖先为"大明丞相、太子太傅之后"，是明洪武时期开国丞相李善长的子孙；再如皋姓家族世代流传着其祖先于元代前后自浙江迁至本地的说法，其先祖本为苏姓，但后世迫于被抓丁等压力，改分为皋、白、自（字）三姓，但至今三家仍然保持较为紧密的联系。

普遍来看，牛街、康郎当地各姓氏祖先大多是从东南省份迁入云南的，部分家族保留了较为明确的、以文字形式记载的家族迁移历史，而部分家族的迁移历史则因年代久远而无从考察，但也留下了或多或少的流传说法或其他有关的间接证据。迁入弥渡牛街、康郎后，各家族以家族为单位组织生产生活，各家族之间也相互合作、相处融洽，形成了牛街、康郎各自然村的雏形。

5.2　新中国成立后牛街、康郎的家族演变

1949 年中华人民共和国成立之后，随着社会组织形式和政策的变动，牛街村、康郎村以家族为核心的组织模式在持续地外部政策

冲击下不断变化。其中，土地革命时期和"文化大革命"时期是家族组织模式发生重大转变的关键时期。

土地革命时期，牛街村、康郎村部分家产丰盈的大家族被认定为地主成分，家族土地、财产被革命充公、收归集体，以待组织再分配，其家族成员也出于政治惩戒、宅第充公和削弱地主阶级势力等目的而被强制拆散并迁往各地；而居于贫瘠地区的贫下中农家庭部分迁入原地主的屋宅落住。康郎半村目前杨、赵、罗、王四家共居的形态就是当年强制迁徙的结果，而牛街棉花村彝族居民也是在这一时期当地原地主家庭迁走后搬来居住的。土地革命时期，地主家族的家族组织模式被拆散，财产所有制由家族所有制转变为集体所有制；村庄中"邻里即亲属，亲属即邻里"的格局被打破，进入多姓杂居的时期。家族的组织功能弱化，党和政府的领导开始取代家族的组织治理职能；非血缘关系的邻里往来开始冲击家族对成员社会往来的垄断地位。

"文化大革命"时期，牛街村、康郎村的家族组织模式受到了进一步的冲击。在这一时期，许多家族的祠堂被毁，改建为村中的商店、学校等公共场所；家谱被销毁，部分家族的历史因此失去传承；家族祖坟也受到破坏，部分家族的祖坟甚至被盗掘，陪葬品被抢夺一空。伴随着家族物质遗产的破坏，集体祭祖和家训传承等精神文化活动也遭到强烈抵制，家族宗族礼教观念被认为封建旧传统而走向没落。在这一阶段，牛街村、康郎村的家族组织彻底被瓦解，取而代之的则是较为集中化的集体治理；家族在成员经济社会生活中的主导作用也被极大弱化。

5.3 改革开放以来牛街村、康郎村的家族发展

改革开放以来，随着土地家庭联产承包责任制的推进和人民公社逐步退出历史舞台，以及市场经济活动的增多，牛街村、康郎村的家族组织模式又出现了一定程度上的复兴。[①] 这种家族组织的复兴不同于新中国成立前的全盘家族治理，而是一种适应于现代社会结构的全新组织形态，具体呈现出三个层面的发展趋势。

家族组织范围缩小。不同于新中国成立前在大家族层面进行的公共生活，改革开放后的家族组织主要发生在较小范围的直系血缘家庭之中。虽然亲戚间的互相帮助仍然存在，但乡村治理替代了家族治理成为更有效的治理形式。比如村民之间产生争执或纠纷时，往往更倾向于找村主任、书记解决问题，而不再去找家族族长裁决。另外，尽管出于血缘关系的经济合作仍然存在，关系较好的邻居也成为村民的另一个经济合作对象。由于土地革命期间的政策将不同姓氏的家族杂居在一起，出于邻里关系的合作取代了一部分出于血缘关系的合作，成为当地经济生活中的新现象。此外，字辈统一逐步从"同宗""同祖"的亲属范围向"同父"的范围收缩，祭祖、年节往来等也逐步转变为仅在兄弟家庭之间进行，家族对成员实质的影响正在减弱。

与此同时，家族文化传承开始复苏。到目前为止，一些具备较

[①] 谢建社：《社会变迁下农村宗族的"路径依赖"》，《上海大学学报》（社会科学版）2004年第2期，第79—83页。

好经济实力和家族凝聚力的家族已经重修和整编了在"文化大革命"时期被破坏的家谱,修葺祖坟,并重新订立了家规家训,其他部分家族也有推进这些活动的计划和考虑。部分家族再次开始了集体祭祀祖坟等家族文化活动,尽管在国家提倡减少铺张浪费后,此类祭祀活动的规模又一次大幅度缩小,目前各家祭祀时只以祭祀主要的直系祖先为主,但仍然体现了村民们对恢复家族文化的努力。这既是响应党中央有关社风家风建设的体现,也展现了血缘亲情在村民们心中仍占有重要的地位。

此外,家族观念与社会主流价值产生融合。各家族所订立的家规都将"遵守国家法律法规、拥护中国共产党的领导"等现代主流价值观写入了家规,并位于首要地位,这与各家家谱前言撰文中有关新中国成立前的记述形成鲜明对比,说明家族已经从村民对抗封建政府和军阀反动政府压迫和剥削的依靠转变为帮助村民更好地适应社会主义新时代的力量。另外,"文明礼貌、勤俭持家、勤劳致富"等优秀家风也在家族层面被再次强调和发扬,出现了家风与国风相得益彰的新现象。

家族观念的复苏对于农村的现代化建设有重要意义。一方面,家族观念作为载体,有利于修复"文革"中被破坏的人际关系,重建乡村的社会组织;另一方面,家族观念和主流价值的融合,能够促进村民身份从某村某家族的"农民"到国家的"公民"的转变,有利于村民适应正在变化的生活方式。[1]

---

[1] 郑晓江:《由"血缘人"到"公民":创建和谐社会的重要基础》,《江西师范大学学报》(哲学社会科学版)2005年第5期,第19—20页。

◇◇6　亲属关系的展望

　　乡村中的组织关系无外乎政治关系、经济关系与亲属关系。政治关系是公共决策中的权力分配关系，目前，在党和政府领导下的村民自治已基本上取代了家族治理，成为农村中最主要的政治关系。经济关系是生产、交易等活动中的互动关系，目前，市场经济、价格机制的逻辑已经走入农村，许多牛街村民已具有较强的市场经济思维，在县级、省级，乃至国际市场中从事着经济交换活动。当然，与此同时家族中的经济合作也仍在延续，亲兄弟、父子共同打工谋生、互相借贷的现象仍十分普遍。尽管现代的乡村治理制度与市场经济制度已经较好地走入乡村，取代了部分家族原来在政治关系与经济关系中的功能，但亲属关系的组织仍有赖于家族的维系。在这个偏远的乡村地区，我们看到了"兄弟们即使已经分家，也愿意在一个院子里和谐相处"，听到了"不为多分家产，仅因父母愿意跟着我，我就愿意承担赡养他们的一切义务"，见到了"一代人花光生平所有积蓄从偏僻的上巴亳搬到康郎，只为给后代人更好的生活"，这些真挚的瞬间无不打动着我们，这些以宗族血缘为纽带的缔结无时无刻不在提醒着我们家族组织在农村中的作用。

　　诚然，离开现代的政治制度，我们的国家无法有效地组织管理，离开社会主义市场经济的制度，我们的资源无法合理地分配，但我们不该忽视关上家门后我们所面临的世界，如果没有这里的亲属血缘关系，我们的感恩父母之心、兄友弟恭之情、托举子女之爱，也将无处安放。让政治关系、经济关系、亲属关系各得其所地发挥作用，让家风与国风相互互动、相得益彰，是我们对未来中国农村的期待。

第 三 章

财产与继承

在问及牛街乡牛街村与康郎村村民所拥有的财产时，他们提及最多的是房屋与土地。房屋与土地也确实是价值较高且与村民日常生活关联最为紧密的两项财产。在询问到存款时，村民们大多不愿意透露过多信息。但在财产继承方面，存款一般作为分割性较强的财产用以平衡多个子女间的财产分配。

农村家庭的财产有限，并不存在昂贵的首饰，更没有传家宝。在我们的观察中，大部分家庭拥有的较为重要的财产还有牲畜与机器设备。

◇◇1 财产的内容

1.1 土地

1.1.1 耕地

根据当地村民的习惯，耕地可依据其所处位置与灌溉条件被分为土地与田地。土地是位于山坡上因而灌溉条件差的耕地，而田地则是位于平原上因而灌溉条件好的耕地。从农作物的生长情况可以明显感知到两种耕地的差异，尤其是近年来降水少，山坡上土地的干旱情况更为明显。由于存在这种差异，位于山谷的村落中收取地租的情况也多于位于山上的村落。

村内存在土地租借的情况，但大多数的土地租赁并不要求租金。原因有三，一是村内外出打工的年轻人多，耕地的供给大于需求；二是租赁土地给他人耕种可以保存自家耕地的肥力以及防止耕地杂草增长；三是在乡土社会中人情往来尤为重要，因前两点而被压至极低的租金又由于这一条直接被免除。

牛街乡牛街村与康郎村的农作物种植一年两熟，夏季的主要作物为烟草与玉米，冬季的主要作物为小麦。根据村民的说法，烟草为收益最高的农作物，但所需要的劳动也最多，烟草需要频繁的灌溉，收割后还会有一段极其忙碌的烤烟阶段，一般是有青壮年劳动力的家庭才会选择种植烟草。

村内存在较为严重的土地破碎问题，不仅是代际间不断分配继承所导致的，从包产到户的时候土地分配就存在破碎化问题。最开始的土地分配先将土地按照其土壤质量划分为数个等级，再在各个等级内按每家户人口的加权进行分配。因此最开始分配到的土地就是分散破碎的，加之在财产继承中不断地再划分，土地变得更加破碎。问及为什么不考虑将土地进行交换或者交易来将自家的土地聚集起来便于耕作管理，大多数村民都认为土地质量不同，很难找到质量相似且都愿意交换的，如果要进行质量不同土地的交换又难以衡量需要补贴的价值，即交换土地的交易成本过高。

1.1.2 宅基地

村庄中对宅基地的管理具有严格的规章条例。将非宅基地转换为宅基地需要村民向村委会提出申请，申请的通过具有严格的审批机制。但仍然存在监管漏洞，存在村民已盖好房但申请未通过的问题。牛街村内一户人家因原先居住的地点发生山体滑坡，只能进行搬迁。他们购买了他人的非宅基地，在提交转宅基地申请后就开始在其上建房，如今已过去数年但申请仍未通过，但这不符合规则的建房也并没有人进行管理。可见这些规章条例在执行上还是有疏漏，针对特殊情况也没有对应的处理措施。

根据我国法律，宅基地使用权实行严格的"一户一宅"制，即农村村民一户只能拥有一处宅基地。牛街乡开展过异地搬迁工程，将离村庄聚集区较远的人家搬迁到繁华地带，方便他们的生活。搬迁人员原先的宅基地被注销，但土地仍然归原先居住的人家所有，可作为用于养殖牲畜的生产用地等，但是不能在其上建造住房。

1.1.3 林地

牛街村的林地利用率低，基本上所有的村民都对自家林地表现出毫不在意的态度。在我们的采访中，部分村民不知道自家林地在哪，或者对自家林地边界的认知很模糊。大多数村民认为林地没有使用权，只有保管权。在原先建造需要木材的时候，可以向村委会申请砍伐少许树木。但是随着时代的进步，现代社会几乎没有需要用到木材的地方，村民对林地资源的需求减少。但部分养猪的村民会在林地中捡拾用于垫猪圈的材料，但其价值并不高，且维护自家林地的成本过高，再考虑到村内人情往来，村民们可以随意去他人的林地上捡拾，也并不在意他人获取自家林地上的材料。仍然有部分村民利用林地种植核桃树。据说以前的核桃种植利润丰厚，但现在不再如此。核桃的种植要比种地简单省力，家中有小孩要照料且独身留在村内的妇女会选择种植一些核桃树，从而在带孩子以外的清闲时间中还能有少许收获，或用于自家食用，或进行交易。

林地作为坟地使用也是较为常见的现象，详细的内容会在"坟地"部分进行讨论。

1.1.4　坟地

根据我们的调查，山坡上的村落习惯于选择耕地作为坟地，基本会埋葬在自家的耕地中。而山脚与山谷的村落则习惯于将林地作为坟地，可能是因为将田地作为坟地的机会成本较高。在丧葬仪式中会请风水先生对埋葬的地点进行选择，现如今此种习俗的存在已并非是出于迷信思想，而是作为一种仪式，表现对逝者的尊重。在坟地的位置选择中可能存在风水先生选中他人林地的情况，但这种情况也并不会导致纠纷。其原因有三，一是牛街乡村民从林地获取的经济利益普遍较低，甚至于无，允许他人将自家林地作为坟地的机会成本接近于零；二是同个村落或邻近村落的丧葬风俗基本一致，自家也可能会需要将他人的林地作为坟地，因此坟地选址的互相帮助成为一个不成文的约定在村落中流行；三是历史原因，在林地尚未划分给个人时,该家族已经有人埋葬于山林中,大型的家族一般会在祖坟附近埋葬后来逝世的人,而农村的流动性较低,世代居住于此也会世代埋葬于此。而后的土地划分可能并未讲究这些,自家的祖坟所在地可能被分配给他人,但原有的丧葬模式仍然被继承,虽然林地的所有权改变了,但是村民可能仍然沿袭着祖坟所在地是自家土地的观念。

目前牛街村与康郎村还是以土葬为主,但是公职人员与党员需要作为村民的榜样而使用火葬。部分自然村也在修建公墓,使用公墓则必须使用火葬,这一举措也是对火葬的推广。

1.2　房屋

1.2.1　住房

从住房的墙体来看,村内住房以两种样式为主。一般老房子的墙体使用稻草泥作为材料,而部分新建的房子使用水泥砖。修建新房的村民并不算多,大多数村民仅在原有老房子的基础上不断翻新改造。修建新房大多是因为搬迁。新房的结构与材料更为稳固,因此相对旧房能够有更高的楼层,因而拥有更多的房间。修建更大的房子并非仅仅是出于大房子更气派的心理原因,农村人情往来多,亲戚可能会过来居住,因此需要准备多个房间以备不时之需。而临近公路的大住宅也会将部分房间与楼层改造为客栈,虽然此处的旅游业并不发达,但时常还是可以有部分收入,相对于闲置显然是更优的选择。

住房的屋顶可分为三种，且与经济状况相关。第一种是由圆木支撑瓦片组成的屋顶，由于其缺少稳固的固定方式因而容易破损，且不安全；第二种是根据第一种传统瓦片屋顶外形制造的连成一片的屋顶，其材质主要为两种，一是水泥材质，二是化学合成材料材质，但都存在无法抵御风力的问题，常常可以看见村民在这种屋顶上放置石头以增加其稳定性；第三种是结实且美观的屋顶，以水泥制成，可以看作是第二种的加强版，更加厚重且形状更为古朴美观。如图 3-1 所示。在不同村落的走访中，我们注意到较为贫穷的村落大多使用第一种与第二种屋顶，而较为富裕的村落则基本使用第三种屋顶。政府的扶贫项目也包含对屋顶的升级，在一户人家中，受访人提到扶贫人员帮助他们家将第一种屋顶替换为第二种。住房需要通过安全认证以确保居民的生命安全，而第一种屋顶由于瓦片易滑落并不安全，因此正逐渐被取代。

图 3-1　从左至右依次为三种屋顶

1.2.2 宗祠

牛街乡牛街村与康郎村有部分大家族，原先他们在山顶（现泰山庙处）有宗祠，但后来由于历史变迁，宗祠被拆除了，如今修建了泰山庙。现在各家族均无宗祠，但仍然会有祭祀祖先的习惯。部分村民家中会供奉先祖之位，是由一张红色的"天地"、家族逝去之人的牌位及些许祭祀品简易组成的，如图 3-2 所示。搬家时也会随之搬迁，先祖的牌位需要一人撑伞手持迁移过来。

图 3-2 村民家中供奉的"天地"

1.2.3 生产用房

小规模养殖的生产用房一般会在距离住宅较近的地方，甚至可能就在村民家中，在住宅内划分出一两间房用于养殖。大规模养殖的生产用房一般不在村落中心住房聚集的地方，既是由于村民难以在村落中心拥有面积足够的地来开展大规模养殖，也是因为政府出于卫生的考虑不允许在住宅密集区域内进行大规模养殖。

在康郎村中，村民会使用白漆对住房进行美化，而住宅区内的生产用房则不会使用白漆，但部分其他村落也存在没有任何区分的情况。可能是由于康郎村的经济状况较好，其整个村落的规划与美化都十分完善。

规模较大的养殖户所建造的猪圈也比住宅区的猪圈更加科学专业，其上还会安装铝制的通风工具，类似于排风扇，这也为村内提供了另一项产业，在集市上可见多家铝制品店。

1.3 牲畜

牲畜中猪的养殖具有普遍性，几乎每户人家都会养猪，从自用的数只到养殖大户的上百只不等。作为主要的养殖牲畜，猪也构成了养殖业的主要收入或亏损来源，尤其是近几年受猪瘟的影响，猪肉的价格波动较大。村内也有科学养殖的培训以提升村民的养殖技术。

牛街村与康郎村中也有较多人家饲养母牛，通过售卖其繁殖的小牛获取利益。村民认为将小牛养大并售卖牛肉所需要的周期过长，因此这样的养殖都是专门的养殖场在进行，而村民们售卖的小牛也是由这些养殖场来收购。在现代，牛很少被用于耕作。

村民也饲养鸡、鸭、鹅。对禽类的养殖主要以自家的偏好为主导，总体来看是以鸡为主，自家喜欢吃鸭、鹅的则偏好于饲养这两种禽类。

猫与狗也是村民常饲养的动物，但因为其用途不同会导致其所有权有差异。猫的饲养是为了防治鼠类，因此猫的行动自由，而用于看门的狗一般只会养在家里。在康郎村内，一开始猫都是各家自己养的，但由于猫的行动自由，各家的猫互相交配繁殖，后来便逐渐无法明确猫的所有权了，而多数的村民也乐于喂养它们，因此猫成为全村的共有财产。而狗仍然具有较强的私人性质。

1.4　机器设备

村内交通工具以摩托车为主，但现在对摩托车的使用也有详细的规定，部分家户的摩托车并没有上牌照，因此无法在公路上与县城中使用，但是仍然可以在村内使用。摩托车也是较多作为往返生产用地与住宅的代步工具。部分富裕的家庭也拥有汽车，但是对汽车合法的使用权受到文化水平的限制，考驾照对村民的识字能力有一定的要求。事实上，大多数村民都仅在村内或周边活动，对汽车的需求并不大。

家用电器随着生活水平的提高与时代的发展逐渐增多。目前农村的厨房也出现了电饭煲、电磁炉等，这些也成为主要的烹饪工具。电视与手机小视频成为农村的主要娱乐之一。部分家庭也会购置电脑，大多是有小孩的家庭，作为学习和与外界更广阔的世界相连的工具。

1.5 彩礼与嫁妆

在集体时代，农村普遍较穷，彩礼与嫁妆几乎没有。但是随着农村逐渐富裕，现在也会有彩礼与嫁妆，但是也不会价值过高，都是根据家庭经济状况衡量。

彩礼一般是现金，且价值比嫁妆更高，相当于对对方家庭中成员向自家家庭转移的补偿。无论是嫁进来的儿媳还是上门的女婿都会得到彩礼。而嫁妆一般是枕头被子等日用品，也会有部分现金。这部分财产中，日用品是给女儿或儿子的新家庭添砖加瓦的，但是现金部分完全归属于嫁出去的女儿或上门的儿子，是否与新家庭共享要看其自身的意愿。

◇◇2 财产分配与赡养

2.1 一般财产分配方式

牛街乡牛街村与康郎村的村民在财产分配方面无一例外都体现着"均等"的思想，且遵循一个基本原则，即财产的分配范围仅仅为子嗣[①]。财产的分配局限于相邻的两代人之间，即"父母与子

---

① 为家族传宗接代的人。根据传统的观点，出嫁的女儿与上门的儿子不是在为原生家庭传宗接代。

女",祖父辈无权干涉子女分配给孙辈的财产。

根据我们的调查,财产的分配基本上都是较为平和的过程,一家人会聚在一起商量,由于目前农村财产的吸引力较弱,对亲情的考虑大于利益,分家时基本上不会出现巨大矛盾。偶有利益纷争也会通过抽签等方式进行解决。

根据"嫁出去的女儿即是泼出去的水"的传统思想,出嫁的女儿与上门的女婿不能算为自家子嗣,因其无法为自家传宗接代。女性的出嫁现象仍然比男性的上门现象普遍,当地家庭都达成了只要家庭中有儿子,就不会把财产留给女性的共同认知。因此一般财产分配方式可分为家庭有儿子与家庭只有女儿两种情况。

2.1.1 家庭有儿子

家庭财产大多为房产与土地,存款会作为一种容易分割的财产在其中流动,使难以实现的严格平均转化为一种人人满意的相对平均。在房产上,一般会均分所有房间。如果兄弟间和谐相处,都愿意住在一起,则可能会一直一起住在同一个院子里。但大多数情况下,老宅只会留下一位儿子赡养老人,其余的兄弟都会搬出去新建房子。因而留下来的儿子会购买其他兄弟分得的房间。在土地上,由于田地有优劣肥瘦之分,其好坏也与远近、平坡有关,故各个儿子也会均分良田、劣田,也可用钱财等进行再次协商。

牛街村与康郎村的家庭将未出嫁的女儿与儿子平等对待,女儿在未出嫁前有权利占有并使用家庭财产。但女儿一旦出嫁,就需要和娘家彻底断绝经济关系,通常情况下也不能干预父母的养老问题，只能偶尔回家探望或为父母准备些礼物来表达心意。因此可根据父母与女儿是否分得财产来进一步划分，而这种划分往往也与赡养和陪嫁嫁妆相关联。

存在如下三种财产分配方式。一是包括父母在内一同均分，即财产平分的份数为儿子的数量加一。在父母尚未去世时，其财产的使用权属于负责赡养的孩子；父母去世后，其财产可被赡养人继承或由所有儿子均分。二是包括女儿在内一同均分，即财产平分的份数为子女的数量。在女儿出嫁时，其原先获得的财产应归还给尚未分家的兄弟，并由兄弟进行均分；或是将财产给予为其提供嫁妆的兄弟。在这种情况下，后分家的儿子会获得更多的财产，这也是符合情理的，因为后分家的儿子会负责更长时间的家族责任承担，且随着父母年龄的增长，这份责任变得更重。三是不包括父母和女儿在内进行均分，即直接按照兄弟数目均等分配财产，或遵守赡养父母的一方得到较多财产的原则。此外，少许家庭存在着长子多继承且必须负责赡养的情况，但在我们的调查样本中，并未出现此类现象。

2.1.2 家庭只有女儿

牛街村与康郎村存在着一个不同于外界的有趣现象，即上门女婿人数众多，且男方家庭也不会将其视为一种羞耻，而认为是在原生家庭儿子过多而财产过少的客观条件以及男女双方两情相悦的主观条件下的合理结果。当父母只有女儿可以依靠时，家庭就会尽可能地招一个上门女婿作为其家庭的新"儿子"来继承财产并赡养老人。此时往往会要求该女婿改为女方家庭的姓氏，由女方家庭为其赐名，并在结婚当天由司仪大声宣布其新的姓名，未来的孩子也与女方家庭同一姓氏。上门女婿在与妻子一同继承财产的同时也需要与妻子一同赡养岳父岳母，而不能与原生家庭有经济与赡养等方面的牵扯。

只有女儿的情况可按有无上门女婿进行划分。有上门女婿时，财产将直接给予女儿与上门女婿组成的新家庭；无上门女婿时，财产可全部留给女儿，也可全部留给亲缘关系较近的男性亲属，如侄子。留给男性亲属往往是出于这样的考虑，未来女儿可能由于出嫁等原因不会在村内继续生活，因而将房产与田地留给女儿也不会被频繁地使用，而男性亲属一般会定居在村内并能有效利用该财产。在仅有女儿且无上门女婿的家庭中，父母选择不将财产进行分配，而是留给自己养老，等自己去世后再上交给集体的情况也有出现。

没有儿子的家庭也可能考虑从亲戚那里过继一个"儿子"，但由于当地对上门女婿的接受度颇高，上门现象极为常见，因而多数人还是会选择为自己女儿招一个上门女婿，过继的现象少之又少。

家中有多个女儿没有儿子的情况下，家庭也只会为一位女儿招上门女婿。女性的最优选择还是出嫁，招上门女婿只是为了弥补家中没有儿子而无法传宗接代的缺憾的一种措施。

由于计划生育的政策，部分家庭仅有一位女儿或一位儿子，若这样的家庭相互结合，则不存在"嫁出去"或"上门"这样的区分，而是儿子和女儿都会承担双方家庭的赡养义务，并且继承两边的财产。

2.2 财产分配的节点与原因

财产分配的节点与原因也往往视家庭而定。一般来说，分配节点为按结婚顺序依次分家或所有儿子均成家后再分家。这与儿子的数量有很大的关系，若儿子数量较少，如二个或三个，则有可能会出现待所有儿子成家后再分家的情况，从而保证分家的公平；若儿子数量较多，则更可能出现按结婚顺序依次分家的情况。因其数量众多，年龄跨度也大，随着年龄较大的兄弟更早成家，家中人口增多，不便于管理，也容易爆发矛盾，难以等到所有儿子结婚后再分家。

分家原因也大多为家庭关系不和睦与对新家庭独立的需求。居住在同一个屋檐下，婆媳、妯娌之间难免会发生冲突，此时往往会产生或激化家庭矛盾，促使父母子女之间、兄弟姐妹之间产生分家的想法。同时，大多数年轻人都不乐意和老年人居住在一起，尤其在成家之后，儿子的身份转变为丈夫与父亲，对自我独立的需求也与日俱增。

2.3 其他特殊分配方式

之前提到的分配方式往往是晚于当地分田到户时期（1980 年）。在按结婚顺序依次分家的情况下，倘若各个儿子逐渐分家独立的时间段被包产到户的时间点隔断，前后分家的兄弟所分配到的财产会有所不同。分家早于集体时代的儿子并不能分得土地，只能分得父母房屋的一间或几间厢房，除此之外甚至可以说分不到什么财产，其土地是在包产到户时按家庭人口分得的。

同时我们了解到从分家初始到完全分离之间可能会存在一个过渡期。这个过程被称为"分灶"，即此时分家的儿子并未搬离老宅，仅仅将老家庭与新家庭的厨房分离，使用分离的柴米油盐、锅碗瓢盆，亦即两边经济独立。出现过渡期的原因往往是兄长的房子尚未建设完毕或兄弟之间感情很好，故各个家庭平常不在一起吃饭，但仍住在同一个院子里，逢年过节也会聚在一起吃饭。在后一种原因的促使下，"分灶"这种形式的分家可能会一直持续下去，甚至到下一代结婚后还会保持这样的关系。

在无子离婚时，婆家将不再干预女方生活，女方也无权继承娘家财产，但女方会回到娘家，可以选择再嫁，但随着新时代下女性力量的释放，她也可以选择在娘家独立生活。在有子离婚时，孩子一般不归女方抚养，因此会与无子情况相同，因为这个孩子理应是婆家的人，其姓氏已经彰显了这一点；若在特殊情况下，孩子归女方抚养，则婆家会因为孩子给予女方一定的财产，甚至是持续性的金钱支持。

以上分家方式往往是基于血缘这一层紧密的纽带，但牛街乡也存在着仅仅基于姓氏便认为是同一家人，并且继承财产的案例，这种情况往往是丧偶导致的。当家庭中唯一的儿子去世，其妻子没有改嫁而是招了一位上门女婿，则二人仍属于丈夫所在的大家庭，可以继续支配丈夫分到的财产，并需要承担相应的赡养义务，但会要求他们新生的孩子姓名与该家庭有关，有的要求孩子姓名的第二个字为该家族的姓氏，而其姓氏仍可随其生父；有的则要求孩子的姓氏与该家族姓氏一致，这种情况下一般也会要求上门女婿在上门时将姓氏进行更换。

2.4 赡养

财产分配模式与赡养方式联系紧密，基本遵循"获得的财产与承担的赡养责任对等"的原则，子女继承了老人的房产、土地等财产，就有义务承担起老人的开支与生活照料，付出一定的时间与精力。

俗话说"养儿防老"，儿子在养老方面作为一种"投资品"，能确保自己的晚年生活幸福安逸。而如何形成有效约束使得儿子在各种复杂因素下，长期心甘情愿地为自己养老呢？亲情基础和道德舆论固然重要，但不是全部的有效激励。人们还需要用财产分配作为一种强烈的物质激励，从而给予儿子们暗示，即谁对我好，谁给我养老，谁对我负责，我就把更多的财产分配给他，因此我们会看到当地人们往往会为自己留一份财产，随后给为自己养老的孩子使用的分配方式。而女儿作为"泼出去的水"，在嫁出去后便脱离了原始的家庭，几乎很难为自己的养老生活提供显著的帮助。因此在通常情况下，当地人们不为女儿预留财产的想法也就很容易理解了。

但如今外出打工已经成为村内年轻人的主流收入方式，作为主要的财产，村内房屋与土地对年轻人的吸引力已然降低，利益约束变得更弱。而外出打工的年轻人也长期处于外地，即使有心为父母养老也缺失能力，老人的养老问题会更加突出。以下我们将老人赡养的方式进行分类阐述。

2.4.1 由儿子赡养

当只有一个儿子时，便理所当然地由儿子继承全部财产并履行全部赡养义务。当有两个或两个以上儿子时，在依次分家的模式下，最后分家的儿子需要负责赡养老人，即一般是小儿子赡养老人；若父母在分家时留给自己一份财产，则会由得到父母方财产的儿子赡养老人。此外，如下分配方式更体现了"平均的思想"，即家庭有两个儿子时，兄弟会协商各自负担父母一方的生活费用，父母可依据喜好自主选择分住两家或同住一家。若兄弟关系和睦，父母若愿意同住某儿子家，该儿子也往往自愿负担更多的赡养费用；当俩兄弟中一人经济状况不好时，另一人也会积极承担父母的赡养义务。

2.4.2 由女儿赡养

当只有女儿时，村民们大多倾向于招上门女婿，因此由女儿与上门女婿共同赡养老人。但有时候也会出现意外情况，在姐妹出嫁后，兄弟本应赡养父母，但兄弟先于父母离世，在我们的寻访中，便有这样一户人家，因此姐姐带着丈夫回到了娘家继承了哥哥与父母的财产，并承担起赡养父母的义务。之所以是姐姐回来，可能有父母偏好的因素，也可能是因为妹妹外嫁距离父母较远，不便于回来，婆家也可能会有诸多意见。

2.4.3 自留财产独立生活

老人也不一定非要由子女赡养，可能会由于双方关系不好等因素，老人会选择自留财产在原来的房子独立生活或直接搬去养老院。当地养老院设施较好，且政府对无劳动能力、无生活来源、无法定赡养人的老人有充足的补助，不需要他们自己出钱支付在养老院的开销与享受的服务。非"三无"老人也可以进入养老院，但需要支付一定的费用。在我们的寻访中，也有一位受访者提到，大约三分之二的老人会在财产分配时隐瞒自身财产的真实情况，给自己留一笔财产，有利于日后自己独立于儿女养老的生活需要。

2.4.4 其他补充情况

即使已经完成了财产分割，并决定了赡养方式，但兄弟姐妹之间也并不是完全分离的。当父母患重病需要大量医疗支出时，虽然按照风俗规律应当完全由赡养方提供，但其他兄弟姐妹也会视其经济状况给予一定的支持，即使这并不是强制性的要求。同时，如果兄弟之间关系很好等也存在着仅是父母户口分开，但仍由一方赡养的情况。这可能是由于某一家经济条件较好且兄弟之间关系和睦，故在协商后让父母户口分属两家，但其赡养仅在同一家进行。

2.5 新一代的继承观念

受访对象具有局限性，即上文主要描述了40—70岁的人群在财产分配与赡养方面的实际操作模式，而25—40岁及25岁以下的新一代年轻人可能尚未经历这一过程，或由于现在生育的孩子数量减少而并不存在复杂的分配与赡养问题，我们很难得到这一类群体的样本，但从与走访的家庭的谈话以及与为我们提供帮助的当地年轻志愿者的沟通中，还是能够得到一些有趣的答案。

首先，我们认识到青年人之间也存在巨大的差异，他们的观念也有显著不同。25—40岁的群体往往是在牛街乡出生成长，随着时代的发展进步，相较于父辈，他们有更高的受教育水平，但他们同样因为各种原因丧失了求学深造的机会。而由于城内收入较高，进城打工成为他们的主要选择。他们往往读完初中、高中就出去打工，可能是去邻近的县城，也有可能是跨越好几个省份，有部分人会由于父母老去、在城内难以安定等因素选择回到农村，有部分人仍在城内过着漂泊的生活。而25岁以下的群体，会拥有更好的教育和生活条件。当地人们深受"读书改变命运"的影响，会竭力送孩子去当地最好的高中读书，甚至会支付超出家庭承受范围的学费去帮助孩子完成学业。因此，这些孩子一般都是在远离乡村的城镇长大，只有在节假日才回家探亲。

其次，25—40岁的群体作为在村内出生和长大的一代人，见识过乡村的闭塞与城市的繁华。在农村成长时，他们深受村内传统习俗的教化与浸染；而在城市打拼时，也会受到新兴思想的冲击与影响。他们在夹缝中前行与徘徊，思想和认知在经济现实和传统习俗中不断摇摆。但他们仍然重视儿子在家庭中的责任与地位，认为要把全部财产留给儿子，但不得不承认在当前社会中，也需要给女儿提供一定价值的财产。由于打工较耕地收入高且城市条件比农村更好，他们多数不再纠结土地的价值，也没有强烈地回到农村继续生活的欲望，但仍会将土地和农村的房产作为自己的情感寄托，以及未来在城市打拼失败后的退路。

而25岁以下的新一代年轻人较少在农村生活，也有着更高的受教育水平，更具有突破传统的"前卫"思想。一位女性高中毕业生直言："我的传统观念并不是很强，毕竟现在我们大多数都是独生子，父母的财产也只能留给我了。嫁出去的女性不能继承财产以及不能干涉父母养老的说法是老掉牙的保守观念。即使我嫁出去，我也要抚养父母，可以和丈夫共同抚养双方父母，当然他父母的财产也应该有他一份的。"一位经营小卖部的姐姐也表示，她正好有两个还在上幼儿园的女儿，她也不是很在乎未来财产的分配，同时也不会刻意地招上门女婿，这是费力不讨好的事。因此，房子就留给孩子们，她们想回来住就回来住，不想回来就空着，也不会考虑过继之类的事。

由此看来，随着城镇化建设的逐步推进，农村教育水平的不断提高，人们的思想也有了显著的变化，各种新鲜且富有活力的财产分配和赡养方式也在农村生根发芽。虽然老一辈仍然遵循着上文提到的平均的思想，加之出嫁的女性与上门的男性不继承任何财产的基本原则以及与财产继承方式联系紧密的赡养模式，但新兴一辈早已不再被禁锢于老一辈人的旧观念中，他们正试图找出一种更符合新时代特征的分配与赡养方式。旧的观念已经逐步淡化并退出历史舞台，我们期待着，老一辈人以更加宽容、平和的态度看待这一种变革，并提出富有建设性、指导性的意见，而新一辈人将以更加平等、自由的方式来自主地决定财产分配。

◇◇3　对财产分配制度的深入讨论

3.1　财产继承范式的逻辑滥觞

　　云贵高原深山中的牛街乡虽然地处边陲、汉彝杂居，但当地财产及财产分配所体现出的风俗习惯与传统的汉族村落的习俗差异并不多，甚至在分配的主要逻辑上并无二致——继承人都是自家男性后代，为数不多的特例也是招过上门女婿的女性后代。

　　这一现象引起了我们的注意，这样的习俗是由迁移至村中的汉族带来的还是当地自发形成的呢？追溯这个问题可能有一些实际操作上的困难，但是基于调查我们得出了一种可能的解释。这样的习俗的由来并非是通过文化传承而来，而是在经济学角度符合效率的操作模式。

　　前文提到，中国各地的传统村落中，各家庭的财产主要都是房屋以及土地，在面临继承问题时，这两种财产如何继承也是最需要考量的事。由于家庭财产的分配与继承大都发生在后代结婚之后，而新婚家庭的住宅问题是结婚时的一大要事，在新婚家庭中提供住宅的往往是家庭地位占优的一方，即招儿媳或招上门女婿的家庭往往会提供住宅，这样的住宅往往是自家老宅或老宅的一部分，又或者是在村内择址新建。值得一提的是，成为上门女婿在牛街当地是非常普遍的现象，这样的选择往往由于家庭中儿子过多，家中没有传宗接代的压力，而且家庭经济状况很难为每一个新婚家庭提供足够的财产，所以部分儿子便选择成为上门女婿，在放弃了给自己后代冠以自己姓氏的权利之后，让女方家庭来提供新婚家庭的财产。解决住房问题之后，便是如何维持生计，由于传统农村家庭维持生计主要依靠耕种，土地便成为家庭赖以生存的财产，但是土地财产从哪一方家庭继承呢？这时便不得不考虑耕种时的劳动成本了，抛开土地的质量，不同土地的耕种成本差异便主要体现在土地与住宅的距离了，而某家的土地往往与自家的住宅距离较近，基于这样的考量，新婚家庭便会倾向于同时继承一方家庭的房屋与土地。而被继承财产的一方家庭，往往是招儿媳的男方家庭或者招上门女婿的女方家庭。

这样的逻辑立足于家庭的经济状况与耕作成本，在一定程度上完成了自洽，能够从一方面解释中国各地的传统村落在继承习俗方面为何如此相似——各传统村落居民在面对财产分配问题时做选择的基础条件相似。

3.2 分配方式造成的财富再分配

在调查受访家庭的家庭财产时，一个现象引起了我们的注意。我们绝大多数受访家庭的家庭成员数量都在3—5人，不同家庭间的人口规模差距并不大，但是每家每户所拥有的田地和土地的数量差异悬殊，有的家庭单单田地就有七八亩，但是有的家庭田地和土地加在一起才四亩不到。是什么因素造成了这样的差异呢？

在对这个问题的探究中，可以很自然地想到也许是包产到户具体实行时的政策造成了这样的差异，因为如今各家各户的田地来源都可以追溯到包产到户时的土地分配。但是，由于包产到户时土地分配是严格执行按人平均这一理念，所以仅仅是集体分配方式这一个因素并不足以成为家庭土地保有量存在差异的原因。

此时，家庭的分配方式又一次引起了我们的注意。我们发现，拥有较多田产的家庭的一家之主往往会有很多兄弟姐妹，这很好理解，因为他原本的原生家庭在包产到户时人口更多，按人平均便分得了更多土地。但是原生家庭拥有的土地多并不足以保证自己在结婚并成立新生家庭后能拥有较多的土地。例如，有一个受访家庭的一家之主有四个兄弟，在集体时代向包产到户转变时分得了许多土地，但是如今他自己的家庭拥有的土地并不算多，究其原因，还是由于家庭中数量可观的土地在几个兄弟间平均分配后每个人得到的土地就显得不再富足了。这提醒了我们，在包产到户进行集体到家庭间的土地分配之后，家庭的土地又经历了家庭中各个个体间的分配，这个例子无疑又将问题的关键指向了家庭的分配方式。

前文提到，牛街当地的家庭分配逻辑是财产在家庭子嗣中"平均分"，出嫁的女儿、上门的儿子都不是为家族传宗接代的子嗣，自然不参与分配。加之财产分配的时间节点，我们可以说，参与平均分配的是家中每一个成立了新家庭的后代，也可以说是由原家庭分化而成的数个新家庭对原家庭的财产进行平均分配，我们将其称之为家庭内部的"按户平均"。而家庭内部"按户平均"的分配逻辑与集体在包产到户时"按人平均"的分配逻辑是有差异的。家中如果有未来会出嫁的女儿或未来会上门的儿子，那么他们在离开原生家庭时，是不会带走自己在包产到户时分配的那一份土地的，这些土地最终会分给具有分配参与权的兄弟姐妹，后者成立的新家庭自然会拥有更多的土地了。

这样集体到家庭的分配方式和原家庭到新家庭的分配方式在思路上存在差异，这样的差异便成为家庭间土地不均的主要因素——往往是女儿多的家庭中男性有机会拥有更多的土地，而儿子更多的家庭在每个儿子成家立业之后只能给每人很少的土地。

值得一提的是，这样的财富再分配模式一定程度上催生了当地上门女婿多的现象，毕竟，家中男孩多了，每个男孩结婚都是一笔不小的开销，还需要分走一部分财产，并不是每个家庭都可以负担自己全部男性后代的娶妻开支，因此，当上门女婿便成了一个在经济效益上不错的选择。

家庭与集体在分配土地时的逻辑差异的确对农村社会造成了一定程度的影响，但是这样的影响并不显著。首先，因为在包产到户之后家庭内部也只进行两次左右的土地再分配，这样的扭曲还并不明显；其次，随着时代变迁、经济发展，土地不再是村民生活状况的决定性因素，城市化为村民带来了更多的机遇，对多数地方来讲这也不再是传统农业社会的问题，这个问题便通过转移矛盾得到了缓解。

家庭的财产分配除去会产生土地在每一代家庭间的再分配，还会因此产生土地破碎的问题。在与受访者谈论这个问题时，受访者表示与最初包产到户时相比，土地的确变得更细碎了，田坎也占据了更多可用耕地的面积，但是大家并没有通过交换土地来维持土地完整，原因在前文已进行了叙述。然而，与前文提到的问题类似，这个问题同样因为家庭分配次数尚少而不明显，也许同样会因为今后农村人口流失而消失。

3.3 财产继承时的平均——多维而广义的平均

在问及受访家庭如何进行分配时，牛街村与康郎村当地各个家庭的回应都出人意料的一致——自己的后代平均分配家庭财产。对于这样的平均思想，我们没有太多疑问，但是如何落实这样的平均思想成为我们关注的问题。

虽说平均分配财产并没有太多技术上的难题，以土地和房屋为主的农村家庭财产的平均很好实现，土地按面积均分、房屋按间均分，都不是什么难事。但是这样的平均分配在实际操作中往往会遇到诸多困难。例如，土地的生产质量难以界定、在同时考虑质量和数量后难以权衡、房屋会存在质量和美观程度的不同，等等。这些问题给平均分配带来的困难尚且可以通过协商解决，但还需要考虑的是一个家庭中兄弟几人成立新生家庭的时间往往差异较大，如果只进行一次财产分配，那么分配的时间便难以抉择，而一旦不同时间分配，便更难达到比较合意的平均结果了。

虽然的确可以通过一定的手段来实现不同时间分配财产的公平，例如先将家庭财产平均分，到需要分配时各自拿走自己的一份就可以实现分配数量上的相对公平，但是，也仅仅只是相对公平。

在对牛街村与康郎村受访家庭的调查中，虽然大家对于如何分配这个问题的回答都一致，但是各家各户在具体进行财产分配时，分配的方式却不尽相同。有的家庭对财产的分配还是比较平均的，但是也有很多家庭的财产主要由一个后代继承，其他后代便只能继承较少财产。但是这样的家庭往往为分配较少财产的后代提供了其他方面的优待，例如有机会读书的个体今后更多地需要自力更生，而做出牺牲、在家操持家务的个体便在分配财产时受到更多优待。这样的做法也是非常合理的，同样也可以将这样的分配方式理解为广义上的公平。

总的来说，牛街乡当地分配和继承的方式多种多样，但是逻辑往往都是平均。然而平均既存在绝对的平均主义，也存在将对家庭的贡献以及自身享受到的机会纳入考虑的广义平均。并且，随着时代变迁，受教育的机会、外出务工的机会往往比留在农村继承家中的房产和土地来务农更具吸引力。

3.4 被自然条件影响的林地分配

在传统的农村家庭，除去房产和土地，林地也是家庭财产的重要组成部分。但是前文提及牛街村与康郎村普遍对林地不甚重视。这一现象很不寻常，因为根据笔者个人的经历，四川一带的农村家庭对林地的重视程度就远高于牛街当地，笔者自己的家庭就拥有一片林地的使用权，这部分林地的使用权也是从上一代继承而来，在分配时也遵循了平均分配的原则。而牛街当地各家各户曾经也的确分到了某一片林地的使用权，但是是什么造成了这样的差异以至于很多家庭连自家林地在哪里都说不清楚呢？答案也许可以通过对比得出。

在牛街当地各个自然村之间来回走动时，笔者有机会近距离地观察了一下当地的自然地理风貌，尤其是当地的山林状况。观察结果与以往对云南自然条件的印象大相径庭。由于降水较少，当地的山坡大都是土地裸露、缺乏植被覆盖的荒山，山坡上也很少生长有乔木，更多的是杂草以及零零星星的灌木和坟墓。对比四川大部分地区的山地，牛街当地的山地不可谓不贫瘠，自然也很难给当地农家提供用来生火的木材。因此，比起在四川农村地区承担家庭重要能源来源的山林，这里的山林没有能力扮演这样的角色，自然没有被视为家庭的重要财产，对它的分配自然也不受人关注。

而之后的入户访问更证实了这样的猜想。大部分的受访家庭很早就用上了电器，尤其是对能源需求最多的厨房，已经实现了很高的电器覆盖率，对木材的需求已经消失，自然不再关注林地的使用权。此外，作为当地一大经济支柱的烟草种植，需要有一个烘烤的过程，这样的烘烤有两种方法，自己投入较少的土方法在烧窑时也往往采用煤炭，而投入更大的烤烟房使用电炉烤烟，就更没有对木材的需求了。

此外，当地的荒山虽然可以进行树木的种植，但由于自然条件恶劣，首先，会面临难以栽植成活的问题。其次，经济树木的种植贴现过程太长，也很难成为当地农村家庭谋生的收入来源。最后，林地在全国各地都有承担丧葬用地的需求，其他地方在墓葬选址时往往会受到林地使用权的限制，但是在当地各个家族都有自己家的祖坟或坟山，这些山地的使用权分配反而在祖坟的选址确定之后，因此当地的林地使用权无法成为墓葬的阻碍，林地使用权承担的作用更少了。

由此可见，林地在当地进行财产分配时不受重视的主要原因，还是林地带给家庭的回报有限，家庭在分配财产时不提及林地的分配自然也就可以理解了。

3.5 分配规律与继承法律的比对

我们将《中华人民共和国民法典》（于2020年5月28日通过，以下简称《民法典》）的有关继承的内容与牛街村与康郎村中传统的财产分配规律进行对比分析，考察传统财产分配制度与法律的相合性。

《民法典》第一千一百二十三条规定："继承开始后，按照法定继承办理；有遗嘱的，按照遗嘱继承或者遗赠办理；有遗赠扶养协议的，按照协议办理。"而法定继承相关规定如下。

第一千一百二十六条规定："继承权男女平等。"

第一千一百二十七条规定："遗产按照下列顺序继承：（一）第一顺序：配偶、子女、父母；（二）第二顺序：兄弟姐妹、祖父母、外祖父母……"

第一千一百二十九条规定："丧偶儿媳对公婆，丧偶女婿对岳父母，尽了主要赡养义务的，作为第一顺序继承人。"

第一千一百三十条规定："同一顺序继承人继承遗产的份额，一般应当均等。对生活有特殊困难又缺乏劳动能力的继承人，分配遗产时，应当予以照顾。对被继承人尽了主要扶养义务或者与被继承人共同生活的继承人，分配遗产时，可以多分。有扶养能力和有扶养条件的继承人，不尽扶养义务的，分配遗产时，应当不分或者少分。继承人协商同意的，也可以不均等。"

根据前文总结归纳的牛街乡牛街村与康郎村的财产分配规律，可以看出大抵与法律相合，背后"亲缘关系""平均"与"财产所得与责任承担相对应"的逻辑是一致的。但是在男女继承权方面有巨大差异，虽说当地上门女婿现象较多，因此重男轻女的思想不如传统农村那么深重，且男女差异也基本表现在继承遗产问题上，在文化教育方面，男女不存在严重的不平等现象，村民们也并没有执着地想要生育男孩。

同时，在丧偶的情况中，《民法典》第一千一百五十七条规定："夫妻一方死亡后另一方再婚的，有权处分所继承的财产，任何组织或者个人不得干涉。"而在牛街村与康郎村中，结婚双方的地位存在差异，因此丧偶后改嫁或重新上门是无权分配到任何财产的。结婚双方地位差异与男女差异是关联紧密的两个现象。实际上，在离婚的情况中也可以观察到这一逻辑，《民法典》第一千零八十七条规定："离婚时，夫妻的共同财产由双方协议处理；协议不成的，由人民法院根据财产的具体情况，按照照顾子女、女方和无过错方权益的原则判决。对夫或者妻在家庭土地承包经营中享有的权益等，应当依法予以保护。"而在牛街乡传统的离婚财产处理中，嫁过来或上门的一方无法得到任何财产，在夫妻共同财产中所应享有的利益不被保护。

《民法典》第一千一百五十六条规定："遗产分割应当有利于生产和生活需要，不损害遗产的效用。不宜分割的遗产，可以采取折价、适当补偿或者共有等方法处理。"而农村中土地的分配方式造成了土地破碎，对生产需要不利，但鉴于前文已述的原因，在现实生活中这一条规定很难操作。

牛街乡中与法律不合的财产分配规律都有其背后的原因，但男女方面的差异与结婚双方地位的差异是旧时代遗留的应受批判的思想。随着时代的进步，教育水平的提高，男女平等的观念也逐渐向农村渗透，越来越多的女性也开始参与耕地、打工等劳动，拥有与男性同等的机会，从而在观念上与重男轻女的根本缘由上改变财产分配的规律。

3.6 时代变迁带动分配方式改变

牛街乡虽然地处西南边陲山区，时代变迁和经济发展带来的变革仍然无可避免地渗进了其中的村落。由于城市在发展中对劳动力的需求扩张，外出务工的机会越来越多，吸引着农村中的劳动人口向城镇流动，加上老人去世、儿童外出读书，村子的常住人口也日渐萎缩。越来越多的农田被承包家庭闲置或转让耕种权给他人，抑或是直接赠予留在农村生活的亲戚。自然而然地，在分配时对农村的房产和土地也不再像以往那样严谨。很多受访家庭家中种植的土地较多，一是因为他人闲置农田耕种权的转让，二是因为家中的亲戚在举家迁往城镇生活后将土地赠予了他们。

计划生育政策对农村地区的影响同样深远，就算在农村地区计划生育的限制并没有那么严格，同时也有一些政策容许生育超过一个子女，但是，不可否认，在计划生育政策实行之后，有很大一部分家庭变成了独生子女家庭，在我们的调查中，这样的家庭占了一半左右。独生子女家庭的增加无可避免地让只有一个女儿的家庭增多了。这样的家庭后代中没有儿子，在以往多会尝试招一个上门女婿，以便养老和财产继承。但是，如今有多个儿子的家庭数量大不如以前，招上门女婿的难度自然也增加了。那么，这些生有独女且没办法招到上门女婿的家庭，按照以往的传统，便没有人来继承家庭财产了。我们在与受访者谈论这个问题时，他们给我们的回答是，最终还是会把财产留给女儿，这也是无奈之举，就算女儿之后结婚成立了新家庭，他们还是需要靠女儿养老。这一切都是在以往很少出现的情况，但是随着时代改变，再稳定的传统也面临着巨大的压力，有时也不得不做出改变。

然而，回想我们当初的分析，财产分配的传统并非是约定俗成的习俗，而是理性的人们面临约束时做出的最优选择形成的范式，这样的传统或者说范式最终的目的还是给人的生活带来便利，而不会成为约束人们行为的枷锁。当时代改变，做选择时的约束、激励都发生了改变，那人自然也就顺势而为，体现在更加宏观的层面，便是传统和习俗的变迁。

第四章

治理结构与社会资本

◇ 1　自然村与行政村

牛街彝族乡是一个民族乡，是一种基层民族区域自治政权，牛街村是弥渡县牛街乡的一个行政村，也是我们调研的主要地点。牛街乡一共包括 11 个行政村，牛街村是其中一个；一个行政村又包含若干个村组，比如牛街行政村就包含棉花村等村组，而康郎行政村则包括新下村等村组。

村民小组是行政村（村民委员会）之下设置的群众自治社会组织，在乡村治理中构成最低一级的基本功能单位；村民小组任职人员（如村组长、村支书等）是大部分群众在日常生活中最频繁接触的乡村治理"代言人"，扮演着至关重要的角色。从历史沿革的角度看，村民小组这一单位主要沿袭改制前的生产队单位，但其具体的治理职能和模式发生了较大的变化，尤其体现在集体生产和经济管理职能的淡化。然而，值得注意的是，在本次实践访问地区烟叶种植产业构成了农业的主体，而烟草行业仍然具有较强的计划经济色彩，因此村民小组仍然在一定程度上发挥事实上的经济计划和管理功能，如烟草收购合同额度的规划分配等，这一点可能体现了本地区村民小组治理结构的特殊性。村民小组一般按照片区地理位置进行划分，其规模与一般意义上的自然村概念相近，但具体设置和划定情况与自然村不尽相同，可能出现一个自然村包括多个村民小组，或一个村民小组包括多个自然村的情况。具体而言，牛街村委会下设的十一个村民小组中包括上村一组、上村二组，而当地地方志中则有明确将牛街上村整体称为一个自然村的表述；在我们对村委会干部的采访中也了解到单个村民小组包含若干较小自然村的情况。由于本次实践访问地区主要以村民小组而非自然村作为乡村治理的功能单位，我们将只关注村民小组（下称村组）的治理结构。

接下来我们将分别探究牛街或康郎村委会地区行政村和村组作为基本治理单位的乡村治理模式。

◇◇2　乡村的治理结构

2.1　行政村层次的"两委"人员设置：五职干部

行政村常说的"两委"，是指村民自治委员会（简称"村委会"）和村党支部委员会。牛街村委会设有主任和副主任一职，是由村民直接选举产生的。选举时，由村内有选举权的村民直接提名候选人，再通过村民或村民代表投票产生村委会主任和副主任。而村总支书记、副支书、村务监督委员会主任，则是党内干部，通过党员代表大会选举产生，由党任命或委派。村两委的领导成员，构成了"五职干部"，即 村委会主任、村总支书记、村委会副支书、村副书记、村监委会主任。行政村重大事情的决议都要由村"两委"通过会议决定，其中"五职干部"在会议中也扮演了重要角色。

2019年，中共中央印发的《中国共产党农村工作条例》第三章第十九条中写道："村党组织书记应当通过法定程序担任村民委员会主任和村级集体经济组织、合作经济组织负责人，推行村'两委'班子成员交叉任职。"此后，中共中央印发的多个文件中提及村委会主任和村总支书记应由同一个人担任。牛街村当地对于相关文件的要求是在村组层面，至少有一半的村组要实现村组长和村支部书记由同一个人担任。在行政村层面，要求所有行政村的党总支书记和村委会主任由同一个人担任。这个政策要求被形象地称为"一肩挑"。

牛街村在2021年的"两委"换届选举后实现了村委会主任和村总支书记由同一个人担任。在牛街村下属的几个村组中，有些村组实现了"一肩挑"，有些村组则由于某些原因，未能实现"一肩挑"。在牛街行政村实现"一肩挑"之后，村委会主任和村总支书记由同一个人担任，此时原来的"五职干部"就只剩下四人，为了缓解工作压力，组织上往往还会委派一个专职的村总支副书记来帮助协调日常工作。

2.2 村组层次的人员设置和选任模式

在牛街和康郎村委会,村组层次群众自治组织的人员设置可以依次序分为三级结构,分别为村支书/村组长,村理事会/村监事会,村民代表会/村民户主大会。此处以及下文的村支书是村组党支部的书记职务,需要区别于行政村村委会层次的村委会总支部书记。上述三级结构的划分并非绝对,且随不同村组的具体情况有所差异,例如有的村组(如上村两个村组)的村理事会和村民代表任职人员事实上是重合的。可以从两个角度理解三级结构所体现的次序,一是其职能涵盖的范围由日常性常规事务处理依次过渡到重大事项决策,村支书/村组长能够单独负责的事项主要是流程固定的一些常规村务工作(如宣传通知、收费等);稍微重要一些的涉及村务的决策(如村中管水员人选的确定)则需要村理事会做出,并由村监事会执行监督职能;涉及全村人民切身利益的重大事务(如村组层次的基础设施建设项目等)则需要召开村民代表会或村民户主大会商讨有关细节并达成一致以表决通过,这类场合出现的频率比前两种低。二是三级结构所体现的次序也可以理解为其在治理结构中的位置由中心依次过渡到边缘,虽然村支书/村组长能单独负责的只是相对琐碎的日常事务,但村支书/村组长同样也是村理事会的核心成员,并扮演着召集和主持村民代表会、村民户主大会的角色,因而在重大事项决策中同样发挥着中心作用;同理,村理事会/监事会成员同样会在村民代表会、村民户主大会以及村内的重要公共事务中发挥不同于一般村民的带头作用。村组层次自治组织的具体工作内容及其职能模式放在下一节进行讨论。

上述村组层次自治组织的任职人员均按照村民自治的原则，由村民内部民主推举产生，具体程序则可能因不同村组不同职位而存在一定差异。值得指出的是，上述所有职务，包括工作任务最集中的村支书/村组长，均是兼职工作，任职人员基本仍会保留自己的生产经营活动。我们以村组长/村支书为例介绍人员选任的具体程序和模式。根据《村民委员会组织法》相关规定，村组长选举应当通过召开村民小组会议并且经到会人员的过半数同意。《村民委员会组织法》第二十八条指出："召开村民小组会议，应当有本村民小组十八周岁以上的村民三分之二以上，或者本村民小组三分之二以上的户的代表参加，所做决定应当经到会人员的过半数同意。村民小组组长由村民小组会议推选。村民小组组长任期与村民委员会的任期相同，可以连选连任。"这一程序主要表现为绝对多数制选举。据访问了解，在牛街及康郎村委会区域各村组村组长的选举程序在是否设置候选人上有一定差异。部分村组的村组长选举不设置候选人范围，由到会村民任意填写心目中的理想人选姓名，一次性投票产生绝对多数并当选；部分村组则需要首先推选候选人（人数多于一名），并由正式全体投票程序在候选人之中产生最终人选。村组党支部书记的选任模式则与村组长有一定差别，首先，村支书人选必须限制在党员群体之中；其次，村支书人选由村组党支部成员而非全体村民推举产生；最后，由于访问地区单个村组的党员人数有限（可能少于五名），此时由党支部内部民主选举发挥的作用也相应受限，为保证村支书人选的合理性，就更多需要上级党委（村委会）发挥考察监督的作用。

除上述讨论的形式上的选任程序之外，我们也在访问过程中详细了解了决定上述人选的事实因素，也即村组长/村支书或其他村组干部一般具有何种共同特质，或何种特质对村组层次的乡村治理工作最为重要。我们在访问中发现对于上述因素的认知随受访者身份的不同具有明显的系统差别。典型的，当不担任村干部职务的普通村民被问及上述问题时，其回答主要集中于品德和性格方面的特质，如公正、和善、人缘好等，其中反复被不同受访者着重强调的是公正这一特质。与之不同的是，来自担任村干部职务的受访者的回答则更侧重于能力方面的特质，这种差别可能是由于普通村民没有承担村务工作的亲身经历，因而对这些看似琐碎的工作内容所要求的能力缺乏感知，而担任村干部的受访者则更容易从自身在实际工作中遇到的问题体悟出这些能力的重要性。村干部中担任不同职务的受访者对不同方面能力之间的相对重要性又有着不同的认知。具体而言，本身担任村组长或村支书的受访者更倾向于强调"自富"（自己致富）、"带富"（带动村民共同致富）等经济方面的能力，我们也观察到许多村组长都是村中的种植、养殖大户或施工队的负责人；而在采访村委会总支部书记等上级干部时，他们则更倾向于强调村组长/村支书对上级通知或指示的传达或执行能力，如牛街村委会的副书记向我们指出，部分头脑较为灵活、对新事物新技术接受能力强的村组长/村支书就能够很好地运用微信群等工具取代传统的工作方式以提高通知落实的效率。我们认为这种差异是由于二者的工作内容引起的，村组长/村支书受访者本身需要与村民接触，为村民服务，因此他们所感知到的自身所需的能力更多的是服务于村民的切身利益，而村民的利益则集中体现于对脱贫致富、改善经济条件的向往；对村委会干部而言，他们更多的是与村组长/村支书接触，在其感知中村组长的工作内容则主要是对村委会通知和指示的传达落实。除上述"需求侧"因素之外，本身担任村组长/村支书职务的受访者也会提及自身担任村组职务意愿的动机，也即"供给侧"的因素——自身经济条件作为支撑，帮助村民、发挥党员模范带头作用的动机，通过承担村务工作锻炼自身能力、提高自身素质的动机等。

◇ 3 基层自治

3.1 行政村层次：工作内容和职能模式

上文主要介绍了"两委"的班子成员和"五职干部"的组成，这一节主要介绍"两委"的主要职能及其日常工作内容。

在实行"一肩挑"之前，对于村委会主任和村总支书记的分工，村委会主任一般负责村里日常事务的处理，而村总支书记一般负责党内相关事务的处理，完成党组织交给的任务。牛街村的管理模式和乡镇或县级以上单位的管理模式不同，乡镇的规模更大，专业化的管理往往更加有效。比如，居民医疗方面的事务是由分管医疗方面的副乡长负责；纠纷的调解也有相应的调解机构。但是，由于牛街村的规模较小，专业化的管理可能并不能发挥很大优势，行政村一级的管理分工并不十分细致，村里的很多事务都需要村委会成员处理，其中村委会主任和村总支书记在村中事务的处理中扮演着很重要的角色。这样村"两委"直接管理的模式在牛街村更加行之有效，治理的成本更低。据牛街村的村委会主任（兼任村总支书记）介绍，牛街村委会平常需要管理的内容比较广，小到村民之间矛盾的调解，大到村里重大事项的决定（比如村里道路的修缮、硬化）都需要牛街村委会成员来处理。

3.1.1 矛盾的调解

牛街村治理的一个重要方面就是矛盾的调解。协调和沟通主要分为两个方面，即村民之间矛盾的调解以及村民和村集体之间矛盾的调解。以下详细说明。

据时任牛街村委会主任潘主任介绍，村民之间的矛盾层出不穷，而日常调解矛盾是村委会的一个重要任务。比如，当地种核桃树，核桃树长大后，树上的一些枝叶可能就会长到邻居家田地的上空，这就遮挡了邻居家土地的阳光。没有了阳光，庄稼就无法生长，邻居家感到不满，这就导致了两家之间的矛盾。这时村委会的相关成员会前去调解矛盾，调解的办法包括置换土地、赔偿等，通过补偿的方式来化解纠纷。诸如此类的矛盾还有很多，例如因林地产权划定不清晰引发的纠纷等，这些都需要村委会前去化解矛盾。

至于村民和村集体之间的矛盾，则是由于村民贪心，或者对法律的无知所致。比如，牛街村有一次分田地时，要将之前没被征用的土地收归集体，再进行统一划分。但是收回土地时发现有一块本来属于集体的土地已经被一户村民占用。他并不了解法律和相关的土地政策，并且拒绝归还土地。在这种情况下，就需要村总支书记、村委会主任和村小组相关的负责人充当调解员的角色，向这户人家说明情况，并进行调解。村委会主任等人用各种方式向这户人家说明情况，并向他们普法，最终以支付这户人家一年租金的方式让他们让出了这块本该属于集体的土地。

另外一些矛盾，则是由于村民个人利益和集体利益冲突，或是由当下利益和长远利益冲突导致。比如，为了全村更好的人居环境，以及建设美丽乡村的目标，村委会决定在牛街村推进化粪池的修建工作，目标是每家每户都修建一个化粪池，来处理垃圾异物，以更好地改善人居环境。但是，有些村民不愿意自己出钱修建化粪池，他们没有认识到饲养生猪的异味会影响邻居的生活，也没有认知到长远的生活中一个干净环境的重要性。这种情况下，也是需要村委会主任、村总支书记和村民沟通，让村民认识到，自己要为村庄的人居环境改善尽到自己的一份义务。在发生这种利益冲突时，村委会在调解集体利益和个人利益之间的矛盾中扮演着重要角色。

在最后一天采访中，我们正好遇见村委会的"五职干部"在牛街村的集市上号召大家接种新冠肺炎疫苗。据牛街村委会介绍，他们的目标是超额完成组织上布置的接种疫苗的任务，尽量让更多的人接种疫苗，因为这和老百姓的切身利益相关。接种疫苗具有很强的正外部性，形成更大范围的保护屏障对所有人都有益，这需要村委会去宣传引导。这实质上也是集体利益和个人利益之间的调解。

3.1.2 重大事项的决策

村委会和村党支部委员会，除了前面介绍过的协调沟通，日常工作的另一个方面就是参与村里重大事项的决策。牛街村的重大事项，一般以道路等基础设施的建设居多。

我们向村委会了解到，如果村里需要修路，并且需要修建的道路对于全村都有利，大家都有很强的意愿修建，那么一般由村委会提议，通过召开村民大会或者村民代表大会的方式来进行决议，当决议通过之后，村委会负责工程进程的监督，包括施工队监督等方面的工作。

至于具体的流程，又分两种方式。一是有国家相关政策补贴的项目，比如"一事一议，财政奖补"或者"整村推进"项目，这是国家专项专款用于农村的建设。比如，属于牛街村管辖的某村组，在"一事一议"项目中，国家出资120万元用于本村基础设施的建设。新下村组长根据本村的实际情况，提出一个有效、可行并且细致的道路施工方案，再开村民代表大会予以表决通过，会议同时决定村里每户都出一定的钱用于项目建设。[①]

---

① 这是"一事一议"项目的要求，需要村民自己筹集一部分资金。

在村里筹集了资金2.3万元后，某村组将这笔钱上交给乡一级的代管办，和财政奖补的120万元一起保管。之后村组长负责请施工队进行施工，并落实具体项目的推进。在项目完成并经上级验收通过后，共计122.3万元的专项资金才能够使用，用于支付项目的资金开支。这便是村中重大事项的处理流程，"整村推进"项目工程的实施流程和"一事一议"类似。以上举的例子是村组层面的工程，而行政村层面的"一事一议"工程，其决议的流程也类似，只不过提议和执行的主体在于村委会。

当全村认为很有必要修建一条路或者进行某项有利于全村的项目而又没有财政补助时，就需要全村人出钱或者出力（做义务工）来完成这个项目，这同样也需要村委会进行协调。其决策程序和"一事一议"项目类似。

3.1.3　水资源统一调配

牛街村的蓄水池工程主要分为两个方面，即 村小组内部的蓄水池和供行政村统一调配使用的蓄水池。村小组内部的蓄水池先建立，供统一调配使用的蓄水池后建立。

一二十年前，村民生活用水的来源主要是山上的山泉水。村民们用管子将水连接到村子里的一个小水池，然后全村的人都到这个小水池挑水。当时的水量很充足，在这个用水模式下，小水池里的水经常溢出，造成水资源的浪费。随着气候逐渐干旱，山上的泉水越来越少，这种供水模式难以解决人们的用水需求。制度变迁内生于环境变化，从 2013 年开始，各个村小组逐步推广蓄水池工程，废弃原来的小水池，建立一个大的蓄水池，当山泉的水量比较少时，就可以利用蓄水池里本身积蓄的水，以缓解水资源枯竭的问题，通过蓄水池来平衡水资源的使用。如图 4-1 所示。到 2017 年，牛街村所有村组都建立了统一的蓄水池。

图 4-1　左图：废弃的小水池。右图：村组蓄水池

但是，随着水资源的进一步枯竭，有些村小组再一次出现了用水困难的问题。经过统一协调，牛街行政村建立了一个大蓄水池，蓄水池里面的水从水量比较多的团结村引流过来，由于团结村地势较低，需要用水泵引入这个大蓄水池。总蓄水池供水的首要对象是牛街村引入的正大养猪场，在保证了养猪场的用水之后，如果有多余的水，再供给四个严重缺水的村小组（棉花村等）。[①] 对于这四个

[①] 供水的先后顺序得到了部分调整，这部分内容在后文行政村的"一肩挑"中有介绍。

水资源缺乏的村小组而言，总蓄水池的供水是村民用水的最后保障。

据村委会主任介绍，他组织这四个村小组的村组长进行协商，在一天中每个村组有两个小时使用总蓄水池的时间，至于在一天中什么时段使用蓄水池，由四个村组长自行商定，但是原则上每个村组使用总蓄水池的时间不能重复。这样就实现了水资源的有效利用，不浪费。而总蓄水池的日常管理，则交给村委会的总管水员。村委会在水资源的治理上发挥着统一调配的作用。

3.1.4 监督村务

监督村务主要是村务监督委员会主任的职责。我们向牛街村务监督委员会主任了解到，他主要负责村内集体资产的核对和统计，包括固定资产和非固定资产。每隔固定的时间，他都会清点村委会所属的固定资产件数，例如椅子、桌子等物品，如果注册的固定资产遭到破坏，要及时注销。除此之外，牛街村如果有重大事项需要向牛街乡汇报，相应的汇报内容，需要他进行审核并签字同意。

3.2 村组层次：工作内容和职能模式

我们将访问中了解到的牛街、康郎村委会下设村组乡村治理的工作内容和职能分为常规工作和非常规工作两类。常规工作指日常性的、有固定流程的工作内容，主要体现为对已有程序的常规性执行，相对比较琐碎，重要性较低；非常规工作指临时性的、没有既定流程的工作内容，主要涉及需要单独进行决策处理的重大事项，相对比较重要。非常规工作又可以分为村组层次自主决策、向下落实、向上汇报三类工作内容。在一些尚未实现村组层次"一肩挑"，也即村支书和村组长分别由两人担任的村组，两人之间可能存在一定程度的分工。这种分工有时是根据工作内容进行划分的，例如村组的党务工作一定由村支书负责，如果村组长本人是村里的烤烟种植大户，烤烟合同分配的相关工作则一般由村组长单独负责。但大多数情况下不存在针对不同工作内容进行的分工，这是由于基层治理中工作相对比较琐碎，具体情况也复杂多变，按内容进行分工的界限难以划定；多数情况下两人会采取"谁有空就让谁来做"的任务量平均化的简单分工策略。在一些面积大、人口多，或因为地理原因产生分隔的村组，也存在村组长和村支书两人按照区域进行分工的情况（例如河西村），两人各自负责村组内一个片区村民的所有事务。

村组层次乡村治理的常规工作主要包括宣传通知、纠纷调解、产业和经济管理等方面，也包括党支部的日常党务工作（如党支部的党员培训、召开党员会议等）。其中在普通村民感知中最主要的是宣传通知工作，这类工作既包括对来自村委会等上级单位的通知指示的传达，例如抗疫期间有关当地居民居家防控的措施要求，以及疫苗接种的相关通知；也包括对村民进行新政策的宣传和指导，例如历年生育政策的具体调整状况。一般而言，上述工作都由村组长或村支书负责完成，有时也由村民代表协助完成（如妇女代表负责生育政策的宣传）。纠纷调解工作则与此前论及行政村村委会职能中相应的工作内容相似，此处不再详述；根据我们访问的几位村组长或村支书提供的信息，单个村组内需要调解的严重纠纷出现的频率并不高，而一旦出现单靠村组长/村支书有限的权威和权力很难解决，往往需要向村委会报告并由村委会出面解决。产业和经济管理方面的工作和职能则是由于本地区依赖计划经济的烤烟产业以及扶贫政策的产业规划需要而产生的。村组长或村支书需要负责村组村民烤烟合同确定的相关事宜，首先每一年度需要收集各家各户烤烟种植能力和意愿的相关数据，层层上报至乡政府汇总后与烟草公司商定合同总数额并分配至每个村组，其次由村组长/村支书与各户商议并分配每户的烤烟收购合同数额。除了烤烟产业之外，一些村组长或村支书也积极发挥才智带领村民寻找脱贫致富的其他道路，如核桃产业等，这也体现了村组层次的产业管理工作。

村组层次乡村治理的非常规工作也涉及临时重大决策的部分，包括村组自主决策、向上汇报和向下落实三个方面。村组自主决策①的流程主要包括村组长/村支书牵头，村民代表大会表决通过，上报上级单位批准等环节，此前已在介绍行政村职能的部分中有详细描述，此处就不再详述。当一些村组层次的重大项目无法仅由村民自发筹资或国家的常规补助项目支持解决时，村组长/村支书就需要向村委会反应相关的问题和需求，由村委会审定并设法解决这些项目的落实问题。在我们访问的棉花村村组，由于村组整体经济条件差，村民筹资能力弱，许多基础设施建设如道路硬化、水管铺

---

① 如基础设施建设，供水价格确定。

设等就需要村组长向村委会反映情况,并获得村委会的物资和经济支持。此外,村组作为治理的基本单位需要落实和执行上级单位的决策或政策调整。例如此前行政村层面提及的牛街村委会有关推进化粪池修建工作的决策,在具体的执行过程中则需要村组层次的村组长或村支书对其进行落实;本地区近年试图消除过分频繁的宴请导致的浪费现象,一些村组长也提到了自己在村民有宴请意愿时需要进行劝告以落实上级决策。

◇◇4 "一肩挑"实施情况

4.1 行政村层次的"一肩挑"利弊分析

前文已经介绍了行政村和村组层次的"一肩挑"政策。牛街村在2021年的村"两委"换届后,实现了村委会主任和村总支书记的"一肩挑"。对于牛街村下属的11个村小组,有一半实现了村组长和村支部书记的"一肩挑"。"一肩挑"政策在农村刚开始实施,其利弊还未能完全展现,目前就当地干部的经验,用合理的推理逻辑和"一肩挑"以来发生的一些事例来估测这个政策的利弊。

"一肩挑"能够提高办事效率,更好地发挥行政村"上传下达"的作用。牛街村委会主任认为,行政村层面上的"一肩挑"政策有利于提高办事效率。

牛街村历来大部分时期不是"一肩挑",村委会主任和村总支书记由两个人担任,村总支书记更多处理的是党内的事务,村委会主任更多处理的是村里的事务。但是就实际情况而言,一般两个人会讨论商量村里的一些事务,①但是商量的过程中可能存在分歧。两个人由于职务不同,往往难以全面看问题,村总支书记更关注党内的政策能不能落实到村,而村委会主任更多是以村民的利益为导向。一方面,村总支书记可能并不很了解村子的实际情况;另一方面,村委会主任如果不是党员,也往往不了解中国共产党支持乡村建设的相关政策,这就导致村委会主任和村总支书记的看法存在分歧。除此之外,如果村委会主任和村总支书记两人之间的关系处理得不好,一个人看不惯另一个人的做事风格,两人之间可能还会产生矛盾。

这些因素会使两个人在处理问题的方式上产生较大的矛盾,使得对于一件事情的处理陷入僵局,这极大降低了村"两委"的办事效率,或者导致面对村中事务不作为。在实行"一肩挑"政策之后,村委会主任兼任村总支书记,这会使他更加全面地考虑问题,既会充分考虑村民的利益,也更加了解党的政策方针,有利于村主任更好决策,提高了办事效率。

牛街村的一种重要经济作物是烤烟,当地的农民可以通过种植烟叶并且将烟叶烤制出来送到烟站来获得收入。种植烤烟是有指标的,种植的每户人家有一个固定份额的指标,种植的数量不

---

① 同时要和村"两委"的其他成员商量沟通。

能超过这个指标。时任牛街村委会主任兼村总支书记向我们介绍道，某段时期牛街村烤烟种植的要求指标是 5000 棵，但是他考虑到村子的实际情况，牛街村的实际产能可能只有 3000 棵左右，如果盲目扩大烤烟的产能，在收烤烟的时候就会造成烤烟的质量下降，导致收购价格的大幅下降，这不利于村民的收入。在这种情况下，他综合考虑了全村的实际情况，向组织汇报，希望根据村子的实际情况来调整目标，适当延缓烤烟上交的时间。组织上最终采纳了这个建议。这样两全其美的解决方案更容易在"一肩挑"的政策下实现，因为一个人能够统筹地考虑实际情况，做出更加合理的反馈。但是如果在非"一肩挑"的情况下，村委会主任和村总支书记可能就这个问题产生分歧，得不到一个合理的答案，往往不利于政策的实施。

结合前文介绍的牛街村总蓄水池的建设情况，其原本的运行模式是先保证猪栏的用水，① 再保证四个自然村的用水，这有些不太合理，因为保障村民的用水充足是更为重要的目标。于是，棉花村的村组长就想从原本通向总蓄水池的水管中，再接一根管直接通向棉花村，想通过这种方式占据用水的主动权。如图 4-2 所示。但是这个方案的实施还需要征求村委会主任的同意。村委会主任秉承为人民群众考虑的态度，同意了这个方案，决策的权力更加集中。如果是在非"一肩挑"时期，村委会主任和村总支书记之间可能会出现很多分歧，导致这个本来有利于人民群众的方案不一定能够通

---

① 猪栏来自乡镇引进的正大养猪场，当时与之签订的协议是要修建蓄水池保证供水。

过。在"一肩挑"之后,村民的利益诉求可能会得到更多采纳。

图 4-2 供水管道,图中的"正大蓄水池"即为总蓄水池

但是,"一肩挑"政策也存在一些弊端。这个政策对个人的能力要求很高。正如前文的处理协调烤烟指标的事件,需要村委会主任对于本村的实际情况十分了解,并且一心为人民群众的利益考虑,需要有较强的个人能力。这就对选举合适的干部提出了更高的要求。如何选举出一位能力强、有奉献精神、深受人民群众欢迎的党干部?这成为实行"一肩挑"政策之后需要考虑的一个现实问题。

"一肩挑"之后的村委会主任,需要一个人从事原来两个人的工作,工作更加辛苦。据牛街村委会主任介绍,牛街村实施"一肩挑"政策之后,他为了工作,牺牲了个人生活和家庭。他们家原本开有两间商铺，现在由于工作很忙无法打理，已经关闭了一家，生活收入来源比之前少了很多。

一个人能不能胜任原本由两个人担任的职务，这也是一个需要更多考虑的问题。

"一肩挑"政策刚刚推行，我们应该用辩证的角度来看待。从理论上来讲，"一肩挑"实行之后，个人决策出错的概率可能比两个人同时决策出错更高，并且"一肩挑"需要更细致地考察干部，这会带来更高的干部考核成本。但是"一肩挑"节省了两个人商量讨论的成本，提高了办事效率，并且看问题的角度更全面。根据实际情况应该客观分析"一肩挑"前后的利弊，进行权衡取舍，而不能一概而论。

4.2 村组层次的"一肩挑"情况

此前我们已经就行政村村委会层面的"一肩挑"情况做了介绍，并对其利弊得失做了分析评判，在此我们也对村组层次的"一肩挑"做一些探讨。村组层次"一肩挑"的利弊与行政村村委会层次存在一定差别，大部分受访者认为单就效果而言，村组层次相比于行政村村委会层次更适合"一肩挑"的推广；在我们的访问中，部分明确反对行政村"一肩挑"的受访者也对村组层次的"一肩挑"表达了支持和肯定。但与之恰恰相反的是，村组层次的"一肩挑"实际实现比例却远低于行政村层次：牛街乡下的所有行政村村委会都实行"一肩挑"，但只有约一半的村组实现了"一肩挑"，这是由于后文将提到的一些实际困难。

此前我们已经提到，行政村村委会层面"一肩挑"的主要弊端在于可能出现工作量和难度过大等问题。然而，在村组层次，首先，村组长和村支书本身只是兼职工作，工作量相对村委会层次较小，不会占据任职者过多的时间，即使两人的工作由一人承担也不会出现工作量和工作难度过大的问题；其次，村组层次村组长/村支书本身并不单独负责太多自主决策的工作，更多是起上下沟通、召集主持村民集体决策的作用，因此其权力本身较为受限，即使由一人承担两职，也不会出现权力过分集中可能带来的问题。

此前我们也提到，村委会层面实现"一肩挑"的主要优势在于解决了村委会主任、村总支书记两人可能存在的矛盾分歧以及互相推卸责任的问题。据访问了解，实行"一肩挑"之前，村组层面村组长和村支书互相推卸责任的问题可能更加突出。一方面，正如上一节讨论两人职能分工时提到的，受限于事务琐碎、具体案例情况复杂多变的原因，一般不存在按照工作内容明确划定的分工，相比较而言，行政村村委会的"五职"干部则有着更为明确的职能分工模式，分工界限的模糊性和"谁有空谁做"的简单分工策略容易导致搪塞、推卸责任的后果。另一方面，行政村村委会的监督和考核机制相对完善，由于村监督委员会以及来自上级考核的存在，村委会主任和村总支部书记之间推卸责任的情况并不多见。而在村组层次，同级别的监督职能由兼职的村理事会或监事会成员负责，其兼职和不定期工作的特性使得日常的监督质量不能得到很好的保证，且在一个规模较小的村组中，很可能理事会或监事会成员本身就与村组长/村支书有较亲密的私人关系，也不利于监督工作的开展。在没有明确分工的前提下，上级村委会对村组长或村支书的工作考核只是针对向下布置任务的完成状况，并不会单独针对其中任何一个人，也不会考核向下布置的任务是由谁完成的。一些担任村干部职务的受访者对此给出的解释是，这样的考核方式有利于两人作为一个整体进行工作，也有利于促进两人的团结；可以设想，如果将两人完成的工作分别进行考核，也容易出现两人争抢简单工作、推卸困难工作，或是出现"一个人做，一个人看"以至于影响合作等问题。事实上在通信、交通并不发达的访问区域，也可能存在考核和监督成本过高的现实问题。监督和考核的缺失也助长了推卸责任的问题。综上所述，相对于村委会层面，村组层面村组长和村支书相互推卸责任的问题可能更加突出，一些受访者也提到了部分村组在"一肩挑"实施之前实际存在的相关问题，这种问题也会造成两人之间的不和，最终发展为影响团结、影响村务工作开展的矛盾。相对村委会更严重的矛盾、推卸责任等问题也就意味着实施"一肩挑"在村组层面的优势或益处更大。

针对一般情况的利弊分析，村组层面应该更广泛地实现"一肩挑"，这也是绝大多数受访者表达的观点，但事实上村组层面的"一肩挑"实现比例并不高，我们也试图考察了导致这种情况的种种因素。首先，正如此前提及的，各个村组的实际情况差别很大，确实有一些村组并不适合实行"一肩挑"，这可能是由于某些村组中村务工作的工作量比较大，确实需要两人分工承担，这种情况可能与此前提到的村组面积大、人口多、地理分隔等因素有关，也可能与村民素质偏低或配合工作的意愿不强有关。工作量相对较大时，推卸责任的情况也不太可能出现。从博弈论的角度考虑，如果只对任务最终是否完成进行考核，且一人就可以按时完成任务，那么当一人选择工作时另一人的最优反应就是袖手旁观，这种均衡的结果也就对应着互相推卸责任的情况；而如果工作量比较大，一人无法独自按时完成，即使只对任务整体完成情况进行考核，当一人选择工作时另一人的最优反应仍然是工作，因为若他袖手旁观则会造成任务无法完成和两个人同时受到惩罚，因此两个人同时工作就是一个均衡的结果，不会出现推卸责任的情况。因此，在这些村组中不应该，也没有必要实施"一肩挑"。

然而，符合上述情况的村组并不多，而实际情况是有将近一半的村组没有实行"一肩挑"，这意味着事实上仍然有一些适合实行"一肩挑"的村组没有实行"一肩挑"，这是由于一些实际存在的困难。据我们对牛街、康郎村两位村委会主任的访问得知，最主要的原因仍然是上述区域基层党员的数量和比例比较有限，一些村组中村民推举、上级认可的村组长人选可能由于不识字等现实原因并没有入党，也就导致他们不可能同时担任村支书的职务；在这种情况下，只能让两人分别担任村组长和村支书，但也可能出现事实上的"一肩挑"，即任务分工更倾向于有能力、适合相应工作的村组长。康郎村委会的周主任则提到了另一种相对不太普遍的情况，村组长程序上由村民自发选举产生，一些村组中由于村民整体素质较低，不具有大局观和长远判断能力，可能出于短期或私人的利益选择村组长，此时村组长的人选可能就与党员推举、上级考察认可的村支书人选存在差异，阻碍了"一肩挑"的实现。

◇◇5 宗教、民俗节日与文娱活动

正如言之农事耕作离不开时令晨昏般，谈及乡村治理，特别是中国广大农村的治理模式，社会资本同样不可缺位。社会资本这一概念的意涵是相当丰富、宽泛的，甚至可以说是不确定的。所以有必要做进一步的说明以便厘清本书社会资本的概念。社会资本即个人所拥有的社会结构资源，它存在于人际关系的结构之中不依赖于独立个体和物质创造过程。①丰富的社会资本往往意味着高度信任互惠的社群，在解决集体问题、进行集体决策、规制集体行为等方面功用甚大。帕特南在《美国社群的兴衰》中论证了该结论，他提出"普遍互信的社会比无信任的社会更加有效，正如货币的使用比以物易物更加高效一样"②。至于对中国乡村社会的观察，费孝通在《乡土中国》中直陈"从基层上看，中国社会是乡土性的"。因由治安、水利以及小农经济本身的特性，农民聚村而居。

---

① Coleman J S., *Foundations of Social Theory*, Harvard university press, 1994, pp. 300 – 305.

② Putnam R D., *Bowling Alone: The Collapse and Revival of American Community*, Simon and Schuster, 2000, p. 142.

同时由于生产生活直接依赖于土地，所以农民是"粘"在土地上的，对他们来讲，定居是常态，流徙是变态。① 上述特质也就决定了社会资本更深地嵌入了中国的乡村治理当中，发挥着基础性的作用。新中国成立以来，由于历史政治原因，我国农村社会基层组织经历了农业生产合作社、生产大队到村民委员会的演变，基层组织的设立及其功能的实施客观上收窄了社会资本尤其是宗族礼法参与治理的空间，"村民由相对闭塞转而直接面对国家"是本次调研的重要观察。

无论在牛街村还是康郎村，宗教、民俗节日与文娱活动是乡村治理中不可缺失的环节，首先直接作为社会资本形成或社会网络构建和维系的方式，另外因集会和仪式的属性，其本身就是不容忽视的村民协商议事机制，比如康郎村下辖半村就把"龙王会"② 作为全村水资源管理协商会议的载体。下面将就宗教、民俗节日与文娱活动三方面展开相应论述。

5.1 民俗节日

牛街村一年中大大小小有数十种节日活动，其中既有当地独有的民俗节日，如花灯节（玩灯），也有具有民族特色的地域性节日，

---

① 费孝通：《乡土中国》，北京出版社2005年版，第1页。
② 就调研结果而言，需要特别指出的是半村的"龙王会"的日期、渊源、形式、内容等均有别于当地其他绝大多数村落所办之龙王会，故以下所有带引号的龙王会特指以半村为代表的这种独特的"龙王会"。

如火把节，还有中国传统节日，如春节、端午、中秋等。其中比较重要的按照时间（农历）顺序排列如下，见表4-1。

表4-1 牛街村重要节日及时间顺序表

时间（农历）	节日名称
正月	春节
正月	花灯节①
二月十四	老君山朝山会
三月二十四	灵宝山朝山会
三月二十八	泰山庙大王节
五月初五	端阳节
五月十三	单刀会祭关公（十圣之一）
六月十三	龙王会
六月二十四或二十五	火把节
八月十五	中秋节
冬月十九	太阳会

社会资本有三种形式：义务与预期、信息获取渠道、社会规则。② 牛街村和康郎村村民在上述民俗节日中有相互交换信息、建

---

① 与春节的时间基本重合，或可作为春节所囊括的一种特殊的活动形式。
② Coleman J S., "Social capital in the creation of human capital", *American Journal of Sociology*, 1988, 94: S95 - S120.

立新的朋友关系（尤其是儿童）、社会规则的制定、亲戚定期聚会等行为。由此观之，民俗节日侧面立体地参与了社会资本的形成。

5.1.1　正月牛街花灯节①

花灯节始于牛街、密祉两乡，后逐渐普及至邻近村落和乡镇，历史悠久②，盛于晚清，近年来有没落的趋势，现作为弥渡县一年一度之盛典，也是弥渡县旅游品牌打造之亮色，已进入非物质文化遗产保护序列。

在以下论述中花灯节简称玩灯，玩灯的范围限制在牛街上村和牛街下村。牛街上下村是整个牛街村的经济、文化、政治中心，牛街完小、牛街村村民委员会、村民赶场的集市均设立在牛街下村，其人口最为密集，通往牛街村的主干道也途经此地。③ 要把玩灯的内容和形式讲清楚，必须要先明确两类角色，一是道士，二是灯头。道士由村里德高望重并且掌握特殊技能如绘画书法、唱颂赞礼、通晓历法等的人担任，负责统揽玩灯流程并主持重要仪式。灯头每年轮流由牛街上下两村选派四家人来担任，负责采买玩灯和火把节所需物资、聘请专业演出人员等具体活动置办事宜。灯头在村内选派时采取的是相对模糊的轮流机制，村民小组长④从中协调，

---

① 当地人称为"玩灯"。
② 说法不一，有千年前和清初两种说法，其中有道士提出是清初。
③ 但需要注意的是，牛街上下村只是单纯地理或者文化观念意义上的概念，既不是行政村也不是村民小组，事实上，上下村各包含了两个村民小组。这一点已在前文提到过。
④ 受访者往往直接称呼其为村主任。

我们的访户中就有两户在 20 世纪 80 年代担任过灯头，也有访户从来没有担任过灯头。

下面有关玩灯流程的介绍主要整理自同牛街村现任道士的访谈记录，其他访户所提内容做补充和印证。玩灯由出灯（接神）、玩灯、卸灯（送神）三个环节组成，重要的时间节点有出灯仪式（接神礼）、正月十六白天"闹十六"、正月十七晚上通宵晚会、正月十八上午的卸灯仪式（送神礼）。

出灯的日期不固定，由道士在正月初三及之后择日出灯，入选日期的具体标准有三个。一是在《通书》① 中是吉日②；二是五行中的火日；三是符合前两个条件且最靠前的日期。出灯共出八盏纸灯和两盏手提灯，八盏纸灯分别是"排""瓜""鼓""扇""千""秋""太""平"，两盏手提灯上分别撰有"亲平花灯"和"恭喜发财"字样。八盏纸灯形态各异，分别代表不同的含义和情感寄托，由前所述道士在灯坛用竹条扎制成灯形，在外裱糊上白纸，之后在白纸上绘到固定图案，写上相应字样而成。在此期间，花灯卸灯时焚烧花灯也是重要的祭祀环节，因此未能亲睹花灯真貌是为此行憾事。但所幸村口的墙壁上绘有八盏灯的图案，加之村民描述状貌，尚能推知一二。在此不得不提的是，在建设"美丽乡村"政策落实过程中将很多牛街村的风俗用书画等形式还原到了村民日常行走的道路两旁的墙壁上，包括十大姐跳舞，如图 4-3 所示；贺八仙赋文，如图 4-4 所示；等等，这一做法切实推动了当地民俗文化的

---

① 当地的历书。
② 吉神所在的日子。

保存工作，提升了村民的文化认同感①，同时又达到了改善村容村貌的目的，实可谓一石三鸟。回到花灯本身，八盏花灯中"排"灯和"瓜"灯排首位居正中，以供奉当地人所信奉的老郎真君②，"鼓""扇""太""平"四盏灯则分别绘上大鼓、画扇、太极鱼、瓷瓶，以上六盏花灯在历年的玩灯中都是相对固定的。与之相对应的是"千""秋"两盏灯，其上分别撰有千秋两个大字，这两盏灯的内容和形状是不固定的。至于出灯当日的仪式流程，先是由道士篆刻排位并供奉香案，妥当之后，灯头带领除道士外参与仪式的人员行跪拜礼，与此同时道士颂唱赞礼，也就是接神礼，如图4-5所示。

图4-3 位于牛街上村灯场的十大姐绘画

---

① 访户在提到相应民俗时会提到这些书画。
② 俗称"二郎神"。

第四章　治理结构与社会资本

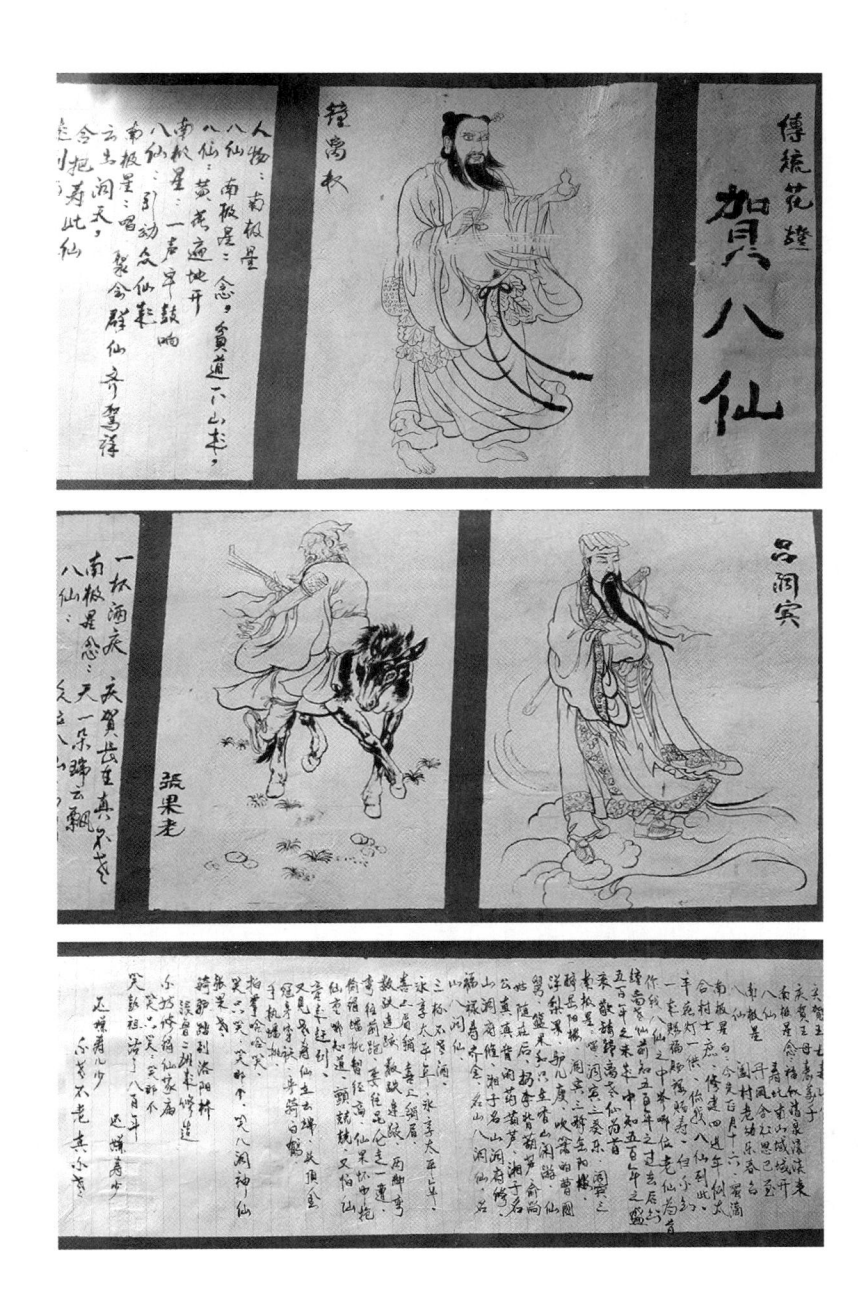

图 4-4　贺八仙绘画以及赋文（部分）

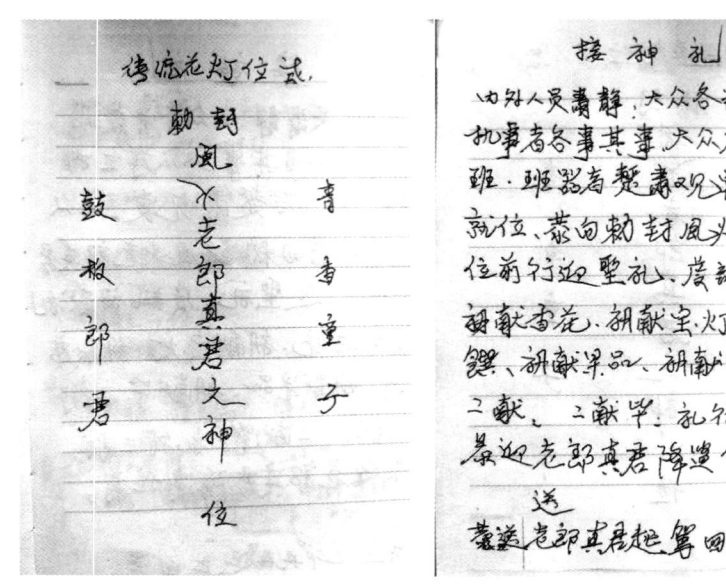

图 4-5　接神礼排位和接神礼赞词（由牛街村道士书写）

内外人员肃静，大众各禀虔诚；执事者各执其事，大众序立排班，班器者整肃观裳①。大众就位，恭向敕封风火老郎真君位前行圣礼，虔诚献礼，礼献香花、礼献宝灯、礼献席馔、礼献果品，礼献毕，礼行二献；二献毕，礼行三献。恭迎老郎真君降临位前。

接下来就是出灯仪式，出灯仪式具体流程如下。先由乐班奏高乐引出狮子，即"排""瓜"中间小人所做之状，如图4-6所示；再由舞狮开场唱跳；接着由村里公认能说会道之人②"讲吉利"；最

---

① 为摘录被访人手书见图4-5，疑为当事者笔误。
② 这一角色安排不固定，可能不是道士。

后将花灯由灯坛迎至灯场。

图4-6 绘于村口的八盏花灯

从出灯日开始到正月十六晚上都会玩灯，其间每天傍晚都需要举行出灯仪式将花灯迎至灯场。之前提到灯头是由牛街上下村轮流选派，相应的，节日的主办方就是当年选派灯头的一方。出灯日到正月十八卸灯日，单数的日子迎灯至本村灯场，双数的日子迎灯至对方灯场。这种相对平常的玩灯有一个重要的环节甚至说任务也不为过——报喜。报喜的队伍由舞狮、"排""瓜"二灯、关公大刀、手提灯以及"讲吉利"的相关人员组成。他们到村民各家报喜之前会递发灯帖并只到接受灯帖的人家进行报喜演出，主人家会在演出的同时举行"信饭"祭祀活动。演出完毕，主人家会把事先准备好的红包拿给演出队伍。这是玩灯筹措经费的重要方式①，至于红包所封金额则没有硬性的规定，各家量财而行。

不论玩灯的主办方是牛街上村还是下村，正月十六白天将在当地人描述的位于牛街上村之"老学校"举行"闹十六"。"老学校"背靠泰山，处在牛街上下村的最高点，同时是泰山庙所在地和解放战争时期滇西地委的临时办公场所，之所以得名"老学校"大抵是因为牛街完小旧址也在此处。"闹十六"整场活动以舞狮起始，以舞狮作结，舞狮出场之前照例需要奏高乐。起初舞狮结束后，以四位童男童女唱鞑子开场，最初是为了欢迎忽必烈率领蒙古国铁骑进入中原，往后保留至今，第二折戏名唤贺八仙，此二者一并称作开场戏。开场戏结束紧跟花鼓戏，结尾处上演十大姐（打拳鞭）、磨豆腐两折戏收场，最后同样以舞狮结束。至于花鼓和收场之间的舞蹈则不做形式和程序上的要求，所有到会人员都可以参加，形式也多种多样，近年来甚至加入了打歌、三弦等彝族舞蹈乐器以及广场舞这种颇具现代感的舞蹈形式。

值得一提的是，"闹十六"为牛街上下村所独有，所以周围邻近村落如河西、棉花，乃至康郎村下辖村组的村民都会慕名前往，借此机会走亲访友、结识新朋，热络感情的同时，彼此也在话家常中交换一年来的讯息与见闻逸事。此外，一些家住牛街上下村的访户家族中早年因外嫁、上门等分家散落到其他村落的亲戚基本都会在这一天赶往牛街上下村参加年度的家庭聚会。

---

① 后文会专门说明。

正月十七晚上至十八的早上，牛街上下村村民集中在主办方灯场置办晚会，通宵达旦，彻夜笙歌。原先，晚会严格分为场内和场外活动。场内活动演出固定的戏曲，共有七十二盏花灯，分别对应七十二折戏，即使通宵演出，大致演出二十折戏便已天明。这些戏曲的演出形式为"场外结队，场内演出"，由主持人宣布曲目，会唱会跳者于场外结队进场表演。场外活动则多是相对随意的文娱形式，如孩童游戏、棋牌、打歌等。近年来，场外活动和场内活动的界限逐渐淡化，像打歌、广场舞等场外活动也可登"大雅之堂"，进入场内进行表演。

正月十八上午的卸灯仪式代表着整个玩灯的结束。卸灯当日需要完整演出开场戏、中场戏、花鼓戏和收场戏，其具体形式与"闹十六"相比并无二致，只是在磨豆腐后面还需加入降妖、收粮、送六经①、定大土②。演出结束，须同接神礼仪式一致，由灯头带领除道士以外的参与仪式的人员行跪拜礼，同时由道士颂唱赞词，也就是送神礼。送神礼的内容同接神礼相差无几，只需稍做改动即可，如把"恭迎老郎真君"改为"恭送老郎真君"等。礼成，由灯头引八盏花灯至固定地点焚烧以祭神，同时也标志着当年花灯节结束。

最后，花灯节花销的筹措独立于村组和村委会的财政收支，依赖于一套村民间自发形成的收支方法。从收入方面来讲，主要就两种形式。第一种是前文已然提及的报喜队伍所得之红包；第二种是

---

① 《诗》《书》《礼》《易》《春秋》《圣经》，与一般意义上"六经"的范围稍有出入，其中《圣经》是"四书"之一《大学》的节选。

② 又名十八摩，作为收场戏的最后一折戏，最为精彩。

没有接受灯帖的人家"闹十六"在泰山庙所捐功德。至于为什么会有人家不愿意接受灯帖？主要是因为怕麻烦、不喜热闹等。从支出方面来讲，所收入款项由灯头支配用于当年与花灯节和火把节相关的各项开销。从收支平衡来讲，年度之间"调盈补亏"，能够长期维持账户的平衡，该账户由村民集体保管。每年度该账户的各项收入与支出均会在玩灯结束后张红榜公示，接受所有村民的监督，贪墨行径有史以来从未发生。

5.1.2 半村"龙王会"

半村是康郎村下辖村民小组，毗邻康郎村村委会驻地，曾获得"省级文明示范村"称号。在此着重叙述"龙王会"在半村水资源管理协商事宜的载体作用。半村共分为上中下三排，此三排是以地理区域作为划分的依据。但归根究底还是按照宗族姓氏进行划分，下排杨姓，中排罗赵两姓，上排王姓，原初就是不同宗族定居于此，故不同宗族的定居地本身就有分界。上中下三排长期保持着相对稳定的格局，但其间不乏"跨排嫁娶"结成的姻亲关系。三排有关水资源的绝大多数事宜相类似却又相互独立。

半村三排分别于每年五月十三[①]举办"龙王会"，主要有三个目的。一是举行仪式祭祀龙王以祈当年风调雨顺、五谷丰登；二是开展排内管水员的交接工作；三是集中商讨排内水资源来源、管理、分配等事宜，并依据商讨结果做出相应决策以供来年各户执行。具体而言，有关半村的水资源可分为2011年前后两个阶段。2011年

---

① 半村选定五月十三而非六月十三举办"龙王会"，是因为当地村民认为五月十三之后旱季转雨季，猜测这种差异可能跟区域内部水资源分布差异有关。

之前，水资源充足，三排世世代代分别在自己单独的水井中取水，这个时间段管水员在四人组成的小组内轮流担任，管水员的职责也相对单一，主要就是定期清理水井以保证村民生活用水的质量，同时负责水管的排查检修工作。2011年以后，水资源开始枯竭，原来的取水点已经干涸，三排分别寻得新的水源，同时加强水管理以保证水资源得到更好的利用并且不出现"生活用水短缺"的情况。由此管水员的职责变得繁重起来，原本义务管水的制度实难推行。故而自2011年，所有家户轮流接任管水员，管水员的职责除原来两项之外，还有取水点干涸后协调带领村民找水，协调家户间的用水，在固定时点抄录水表并收取水费等。

半村三排就水资源利用而言不同之处也有三点。一是开始收水费的时点、收取水费的多寡以及收取水费的目的有区别，例如下排2015年开始收水费，而中排则从2020年才开始；二是"龙王会"具体内容和习俗有差异，如下排每年宰羊，并且假如这只羊是"偷"来的则更为灵验①，而中上两排则没有类似说法；三是是否出现自家打井供给生产养殖的现象，下排多有自家打井的现象，中上两排则鲜见之。

5.1.3 其他节日及习俗

除了上述正月花灯节和半村独特的"龙王会"，牛街村和康郎村还有不少传统民俗节日，如火把节、大王节、单刀会等，下面我

---

① 这里的偷并非真的偷，是指村民先暗地里把羊从羊群中牵走，宰杀之后付钱的做法，用当地人的话讲"羊肉还在碗里，天就开始下雨，灵验得很"。

们择其重点做简要介绍。当地有一类传统节日统称"朝山会",如二月十四的老君山朝山会和三月十四的灵宝山朝山会俱属此类,朝山会主要是在一些山川名胜抑或是人文古迹祭拜英雄人物或神灵,比如灵宝山朝山会就是在灵宝山祭拜牛街村民族英雄李文学。在朝山会当日,民众会自发结伴到固定地点生火做饭并行祭祀礼节。

三月二十八在泰山庙举办的"大王节"祭拜神祇是泰山大王。大王节是为亡人而过的节日,它的由来比较有意思,相传泰山大王是十殿阎王中最为仁慈的一位,他原本值守于第一殿,但由于生性慈悲,很多亡人刚到阎罗殿就被其遣返,泰山大王也因此被调离转而值守第七殿。民众祭祀泰山大王是希望自家亡人能够在死后前往极乐世界。节日当天,共有三项活动。一是由专门人员颂唱"大王经";二是民众自发到泰山庙生火做饭行礼祭祀;三是为亡人上表,包括救苦表、超度表和血湖表①。为亡人上表这一活动不是节日必要内容,民众可以选择上表或者不上。遗憾的是,"大王经"在牛街村已经失传,所以这一活动目前也被迫取消。

五月十三同样在泰山庙举办"单刀会"以祭祀武圣关公。关公位列十圣,原本十圣每一位都有自己专门的祭祀节日,但现在经由简化,民众在单刀会这一天统一祭拜十圣。单刀会活动同大王节类似,主要有两处区别。一是所诵唱的经文为"开坛经"和"安奉经";二是单刀会上表是为生人,所上之表有文昌表、清吉表、财神表等。

---

① 血湖表是专为女性亡人所上之表。

六月二十四或者六月二十五为火把节，至于为什么有的地方是二十四有的地方是二十五？道士给出的解释是火把所要驱离的暴君白王[①]逃亡路线有先后之分，先行逃亡所经之处为二十四，其余为二十五。火把节当天会有两项主要的活动。一是撒火把，主要是年轻人参与，当地人会将松香粉末撒在燃烧的火把上从而爆发熊熊烈焰；二是竖火把，全村人参与，全村范围内搜集柴火捆制成重达四五百斤的大火把，随后由青壮年搬抬至固定地点点燃。至于打歌、弹三弦则随各家喜好自行安排，不在必要活动之列。

另外，红白喜事在除上述节日外在社会资本的形成中也扮演了极重要的角色，其操办的具体流程会在风俗和生活方式部分详述，此处不再展开。近些年来，政府在乡村发出了反对大办酒席铺张浪费的倡议并且出台了相应的政策进行管控。办酒席作为村民往来方式的重要性逐年下降。当被问及这种现象会不会对村民间的交往造成负面影响时，有部分受访者给出了肯定的答复。当然，铺张浪费是应当极力制止的，却不能因噎废食，此处只是提供看待此问题的另一视角。

5.2 宗教和文娱活动

5.2.1 宗教

总的来说，当地人中很少有人直言自家信奉某某宗教，但就调

[①] 另有一说为某种凶兽。

查结果而言，一些宗教场所、宗教仪式等客观上促进了社会资本的形成。在牛街、康郎两村，佛教文化较为盛行，如牛街上村人行道路两旁每隔一段距离就刻有不同字体的"佛"字，寺庙诸如泰山庙、半村寺庙等也遍布村落之间为村民们的各种节日祭祀活动提供了场所。仅就节日而言，村民们每逢文殊菩萨生日、观世音菩萨生日等都会进行相应的祭祀活动以示虔诚，同时也表达自己美好的愿望——希望菩萨能够保佑自己或者家人实现愿望，诸如升学、健康、平安等。有的农户如果从事农业生产经营活动，如种庄稼、养殖等，也会在家里供奉大神，如山神、土地神等以祈求来年风调雨顺、旱涝保收；有的家户如果从事个体经营活动或者开办企业等，会在商铺或者家中供奉财神以祈求日进斗金、财源广进。更为广泛的现象是祭祀天地祖先，几乎每家每户都会在特定的时间节点，如春季、清明节等传统节日和祖先祭日，举行祭祀天地祖先的仪式。这类仪式往往要求家庭成员都尽量到场，因此也是家庭团圆之契机。

5.2.2 文娱活动

村民较为普遍的文娱活动方式有如下几种。到邻居家串门话家常，傍晚邀约朋友散步，非赌博性质地打牌，跳广场舞，玩网络游戏，刷短视频等。不同群体明显偏好于不同的文娱活动，年轻人一般喜好网络游戏，如初高中生几乎都有接触王者荣耀等时兴手游；相应的，中老年妇女则更偏好于跳广场舞，跳广场舞的场所一般就在牛街村委会背后的"老水井"广场，这里几乎是整个牛街上村茶余饭后的休闲娱乐中心。对于某一特定群体而言，每天在上述文娱活动上的时间投入具有季节性特征，譬如农民农忙时自然抽不出空来，农闲时则几乎每天参加并投入大量的时间，学生上学时与放寒暑假期间能投入文娱活动的时间自是不同。然而值得反思的是，我们在康郎村村委会休整期间从未注意到有村民前往农家书屋借阅图书；同样地，牛街村委会旁的公共运动器材以及康郎村村委会旁的篮球场也鲜有人问津。当然也有可能是我们调研农忙正值时节，但这也一定程度上反映了村民的文娱活动方式相对单一，仍有向健康积极方向引导的必要和空间。

在这之中，由理发店老板和前牛街上村村组长潘银贵及其妻子李仙华所创办的以"大手拉小手，共创美好家园"为宗旨的牛街上村志愿服务队无疑是一抹亮色。作为弥渡县第一家乡村志愿服务组织自创立之初至今，牛街上村服务队已经吸引了数十位志愿者参与志愿服务当中，定期开展养老院义务理发活动，不定期开展环境清理以及法律法规宣传等志愿活动，有效地提升了村民的主人翁意识和政治参与意识，推动了村容村貌的改善。如今志愿服务队已经作为一股重要的社会力量参与乡村治理中。

◇◇6 小结

德国社会科学家韦伯曾经提出著名的权威类型理论，他认为，任何一种组织都是以某种形式的权威为基础的；具体到我们的主题而言，乡村治理自然也是以特定形式的权威为基础的。韦伯将人类社会的统治形式分为卡里斯玛（超凡魅力）型的统治、传统型的统治与法理型统治形式三种。传统型统治建立在人们对于习惯和古老传统的神圣不可侵犯的基础之上。被统治者之所以服从统治是因为这种关系已经存在于神圣的传统之中，统治者凭借传统的力量实施合法统治，同时也受到传统的约束；而法理型的统治则意味着被统治者不再是服从于统治者个人，而是服从于法规，他之所以服从，是因为他相信法律和规章制度是正当的、合理的。

我们认为，本章内容的主线恰恰就是"法理型"治理方式和"传统型"治理方式的交织。一方面，行政村和村组作为治理单位，日益完善细化的人员设置制度、选任制度和职能权限范围的划定体现的是"法理型"的治理方式以及相应观念在中国基层的生根发芽；另一方面，社会资本恰恰又是中国乡土熟人社会中"传统型"治理方式的基础，传统正是内嵌于乡土社会中无处不在的"关系"网络之中的，我们仍然能在康郎半村依托传统"龙王会"的形式实现自发水资源治理的例子中窥见"传统型"治理的独立作用。这两种治理方式也在今天逐渐地相互融合。在普通村民眼中，村组或村委会干部一方面是国家权力的代言人，其合法性由法律法规和选举程序所赋予，另一方面又是包含于"村长"这一语汇中的传统型权威的延续，村民受访者一再提及与村民之间良好的私人关系是村干部实现乡村治理的必要前提，而村干部受访者也提及村民的服从中包含着对传统村庄共同体伦理的服从。在这种交织、融合和平衡中，我们相信牛街乡的乡村治理将迈向更美好的明天。

第 五 章

乡村生活方式

  关于乡村生活,从古至今的文学作品中有过无数的描写,从陶渊明的"采菊东篱下,悠然见南山"到沈从文笔下恬静淳朴的边城,又或是陈忠实笔下质朴深沉的白鹿原。可以说,对真实的乡村生活,每个人都有自己的感受与憧憬。近年来,随着社会的发展和众多国策的推行落实,乡村生活方式在千百年的传统上发生了极大的改变。这许许多多的变与不变都是乡村生活方式研究的重要组成部分。乡村生活方式是乡村调研中最为日常、基础又有趣的部分,也是理解更多深层乡村问题的起点。

  本章试图全面地刻画牛街村和康郎村的乡村生活全貌。从生活作息、衣食住行、文娱活动等多个侧面呈现村民的生活方式和生活态度。关注老、中、青三代人的生活方式差异及一脉相承的地方,探索乡村生活中的变化与传承。我们的样本为小组在牛街村与康郎村的5天访谈的11个家户以及其他一些村民。

◇ 1　乡村生活画像

1.1　生活作息

总体而言，乡村的生活作息相较于大城市更为规律，也与我们认知中的城市生活有许多不同之处。本次调研的牛街村和康郎村在生活作息安排上基本相同。以家庭的主要劳动力为例，我们以其从事的工作，将其分为种植户、养殖户和个体户。由于大部分家庭的老人依旧会去地里耕作，但每天耕作的时长少于年轻人，因此在种植户中我们特别展示了老年人的生活作息。完整作息安排如图 5-1 所示。

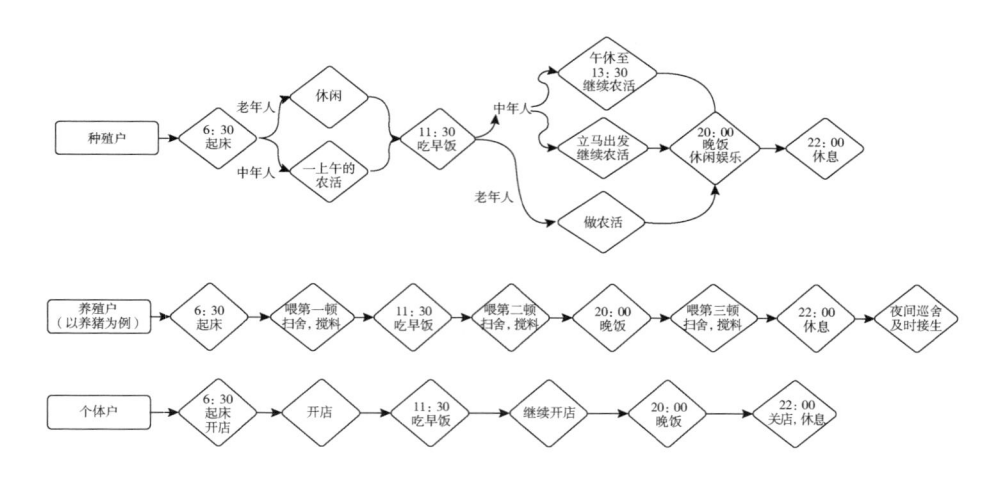

图 5-1　不同类型农户的作息安排

图片来源：笔者自绘。

值得注意的几个特点。第一，为了趁清晨天气凉爽时多做些活儿，村民们一般不吃早饭，6:30左右起床后直接去喂猪或干农活。直到11点左右才回家吃饭，他们习惯于把这顿饭称为"早饭"。因此他们基本每天只吃两顿饭。第二，无论家庭主要收入来源是什么、收入多寡，村民们的作息时间、吃饭时间和频率几乎相同。第三，村中老年人只要身体还硬朗，就会一直从事农业种植，现在村中有的八十多岁的老人依旧每天去地里劳作。不过，老人们一般只劳作半天，还有半天时间常在家做饭、与村中老人打牌聊天等。

村中中小学生的作息安排与城镇学生基本相同。牛街村和康郎村各有一所小学，由于行政村中的不同自然村相隔比较远且村子多依山而建，山路崎岖陡峭的特点使得村中的中小学生基本都在学校住宿，只有周末回家。中学生的基本作息安排如下。每天6:45起床、跑操、吃早餐；7:20-7:50开每天例行的晨会；8:00开始上上午的四节课，每堂课40分钟；上午两节课过后的大课间是广播体操时间；11:45左右吃午餐，午餐后是学生的午休时间；下午13:30开始上四堂课；17:00左右吃晚餐；19:00-19:20是晚读时间，一般学生会朗读语文课文、英语等；19:30-21:30是晚自习时间；22:00寝室熄灯。

因为村子所在的乡是牛街彝族乡，所以这里的学校，特别是中学，会有比较多的民族文化教育。比如学校设有民族文化墙、定期开展民族手工展示等。在课外活动方面，牛街乡民族中学每周三的大课间会开展民族体育运动，如旱龙舟、打陀螺、跳花灯等。每周四的第一节晚自习时间是少年宫活动,学生们可以自愿选择舞蹈、电子琴、吹奏乐器、书法、手工、绘画等课程学习。

1.2 农时及主要经济作物

农业是乡村居民千百年来最为重要的生活方式与收入来源,时至今日,乡村中完全不从事农业种植的村民也是极少数。很多居民即使以个体经营、养殖业为主要经济来源,也会在自家土地上种一些作物。"不可让土地荒废"是无数年来农民们最朴素、最根深蒂固的传统与情怀。

牛街村和康郎村的主要经济作物有烤烟和核桃等。然而由于近年气候的变化,核桃的质量连年下降,加之供过于求的市场态势,核桃价格由 2011 年 37—38 元/千克的高点降至 7—8 元/千克的低点。介于核桃树 3—5 年,甚至 10 年才开始结果,且能持续结果上百年的特性,因为价格就放弃核桃种植在短期内是不现实的。为拓展农业产业,近年有部分农户开始实验种植香橼等作物。

在这些作物之外,大部分农户还会种植小麦和玉米,但基本不会出售,而是用于喂养自家的家畜。小麦和玉米粒磨成面后与饲料、猪草混合喂猪,玉米秸秆则用来喂牛。部分农户还会种一些时令的蔬菜水果,仅用于自己家吃。极少数农户会种植水稻,但由于当地环境并不适合大量种植水稻,大部分家庭吃的大米都是从市面上购买的。

从农时安排上来看,每年四月是玉米和烤烟播种的时节,是农忙之时。经过三四个月的栽培，烤烟在八月收获，于九十月份烤制并卖出。在七八月份可以采收少量嫩玉米留着自己家吃，大量用于喂猪的玉米在九月收获。十月份农民会播种冬小麦，于第二年三月收获。如此不同的农作物串联起来，农民一年四时几乎都有农活要忙。如图 5-2 所示。村民们也正是在这样的周而复始中迎来送往一次又一次的四季更迭。

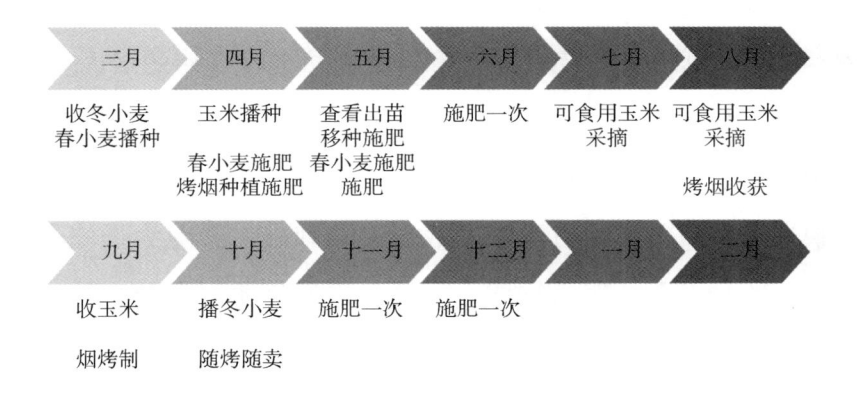

三月	四月	五月	六月	七月	八月
收冬小麦 春小麦播种	玉米播种 春小麦施肥 烤烟种植施肥	查看出苗 移栽施肥 春小麦施肥 施肥	施肥一次	可食用玉米采摘	可食用玉米采摘 烤烟收获

九月	十月	十一月	十二月	一月	二月
收玉米 烟烤制	播冬小麦 随烤随卖	施肥一次	施肥一次		

图 5-2 村民的农时安排

图片来源：笔者自绘。

1.3 规律性生活外的安排

在以上规律性的作息安排之外，村民的日常生活还有其他一些重要的组成部分。简要梳理总结如下。

集市。每周周三、周日早上，村中会有集市。村民们一般会去赶集购买食品、日用品等。

理发店。两个行政村各有三个理发店。为便利村民需求，牛街村理发店店主在三个自然村都有理发店，每天去不同的店提供理发服务。村民理发一年数次不等，常常为省钱选择自己回家洗头。

饭馆。村中有一些饭馆，但村民日常生活中很少下馆子，饭馆顾客主要是来往办事人员或家中有事的村民。餐馆的收入通常与猪价有关，猪价上涨时，村民收入增加，从而增加饭馆消费。

卫生所。村中有一个卫生所，可以看感冒发烧等常见病，更严重的疾病需前往乡及以上医院。卫生所也会提供一些非处方药，以应对药店开门天数不固定的特点和方便无法前往药店的居民。

超市。村中开设多家超市，可以随时购买到各种品类的商品，商品的种类、品牌与大城市中基本无异。

快递点。目前牛街村除极少数快递品牌外，其他大型快递全部覆盖，极大便利了村民的网购。村民一般在赶集时顺便取快递，一些家庭的取快递频率可以达到一周一次。

小学。两个行政村各有一所小学，设有学前班至小学五年级，六年级学生在牛街乡中学统一上课。小学绝大多数学生为寄宿制，每周五下午家长来接孩子，周日下午返校。

中学。牛街乡民族中学是牛街乡唯一一所公立中学，为寄宿制。部分有条件的家庭会选择送孩子到更远的地方，上民办中学。

凉亭、广场。近年新建了许多凉亭、广场等设施用于村民的文娱生活。凉亭多用于休闲聊天、打牌、绣花等活动，广场多用于每天晚上村民自发的广场舞（打歌）及其他村中集体活动。

五金店、饲料店等，一般沿街开设，村民需要时前往。

以上地点都是乡村生活中不可避免会打交道的地方，但也基本覆盖了村民的所有日常活动场所。由此我们也能看到，乡村生活还是比较简单、很有规律可循的。

◇◇2 日常生活

2.1 消费结构

基于我们走访的十几户家庭，我们简要分析计算了牛街村和康郎村家户的消费结构，各大类支出比重，如图5-3所示。需要注意的是，在计算中，我们将家户消费的自家生产的产品（主要为猪、鸡、大米、蔬菜等）以市场价格计入总消费支出。

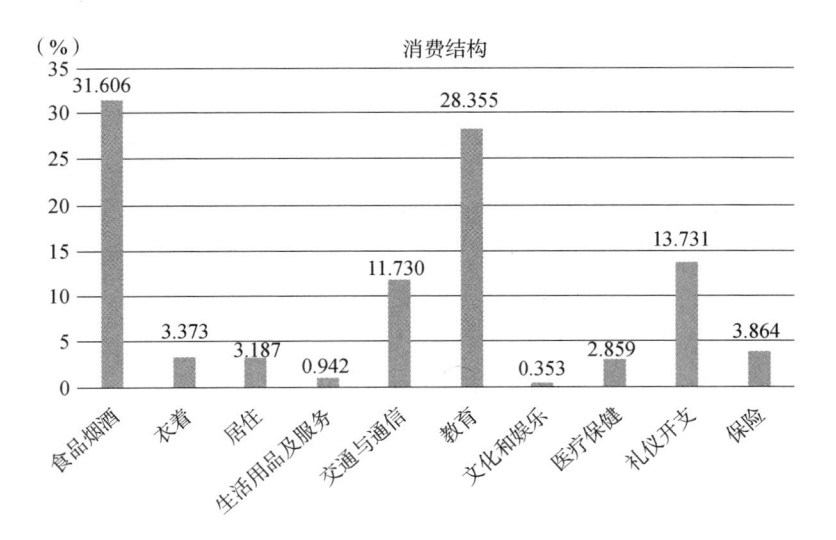

消费结构

- 食品烟酒：31.606
- 衣着：3.373
- 居住：3.187
- 生活用品及服务：0.942
- 交通与通信：11.730
- 教育：28.355
- 文化和娱乐：0.353
- 医疗保健：2.859
- 礼仪开支：13.731
- 保险：3.864

图5-3 调查样本的平均消费结构

图片来源：笔者自绘。

计算方法是将采访得到的十一家家户各项消费数据进行平均，计算在平均总消费支出中的占比。数据中包含自己生产后消费的部分，按照牛街村超市商品的进货价格和当地粮食收购市场价格计算。

从我们的走访和分析中，我们也发现了这两个村庄消费结构的一些明显特点。

第一，在其各项支出比重中，食品烟酒类占比约为30%，这意味着恩格尔系数在30%左右，已经达到了富裕水平，这个较低的数字明显有违我们的直观感受。我们认为恩格尔系数偏低可能有两个原因。一是村民们消费的加工食品很少，主食和肉是他们饮食最重要的组成部分。因此其消费食品的附加值低，造成总食品支出偏少。二是村民们很少去饭馆吃饭，绝大多数食品消费都发生在家中。因此其食品支出中没有对做饭过程中劳动、地租的支付，这也使其食品支出结构与城镇居民有较大不同。

第二，大多数家庭的教育投入都比较高，教育支出占年支出的28.4%。这里的教育支出主要指私立学校学费、住宿费、课外辅导班学费等。从这个教育支出占比我们也能看到近年来乡村居民对教育的重视，几乎所有的父母都表示支持孩子往上读，学历越高越好，并且不在乎教育开销大，甚至愿意借钱供孩子读书。但在与小学校长和老师的交流中我们发现，现阶段乡村家长对教育的支持还是以资金支持为主，还没有意识到家庭教育的重要性。家长们普遍认为孩子由老师监督学习就可以了，自己知识水平不高，也无法辅导监督孩子学习，所以对孩子的引导、交流谈心比较少。校长告诉我们每个假期布置的父母和孩子共同完成的任务，比如共同课外阅读等，一般只有10%的家庭能真正完成。另外，对生理知识、心理问题引导方面的教育有所欠缺，很多家庭还没有认识到其重要性。

第三，交通与通信消费占比较高，达到了11.7%。这反映了近年来随着基础设施建设的大力推进和网络、科技的飞速发展，乡村与外界的联系越来越多，这种联系也使传统的乡村生活方式产生了许多变化，后文还将详细介绍。

第四，村民的文化娱乐消费依然较少，只占年支出的0.4%，不少家庭表示全年完全没有书籍、文化活动的支出。这也显示出乡村的娱乐休闲方式与城镇居民有较大不同，更倾向于免费的娱乐活动，也极少有人拥有阅读习惯。

第五，牛街村和康郎村共有的一个显著特点是村民的礼仪开支——也就是俗话说的"份子钱"支出——非常多。在我们走访的家庭中，礼仪开支最多的家庭年支出有3万元，最少的家庭也在三四千元，大部分家庭的年礼仪支出在1万元左右。总体上看，在消费结构统计中礼仪支出占家庭总支出的13.7%。在采访时，也有一位村民直接向我们表示份子钱开支占他年支出的三分之一（结合交谈情景，村民并没有将其自产自销的部分纳入支出），这个数字与城市居民相比是明显偏高的。村民的礼仪支出大部分用于村内往来，也有一些个体户等外界交往较多的村民会有一定比例的村外往来支出。给份子钱的主要场合有婚礼、葬礼、生日宴（60岁以上老人才会举办）、乔迁宴、升学宴等。约定俗成的规矩是关系一般的朋友给100元，亲密一些的给200元，更亲密的或是自家亲戚给

500 元，甚至更多。疫情发生以来，村中的宴请数量明显下降。

对于比例较高的礼仪开支，我们认为可能是乡村维系人情需求所致。村民从事的种植业、养殖业"看天吃饭"，收入的波动和风险比城镇居民更高，因此村民间常有彼此借贷和帮忙做农活的需求。由此，份子钱传统可以看作一种收入保险机制，村民们将这种人情支出作为未来的保障。

在介绍了牛街村和康郎村村民基本消费类别和结构后，下文将从衣食住行、娱乐、医疗等角度，进一步介绍村民们日常生活的方方面面。

2.2 衣着

家庭间收入水平的横向差异和家庭内部近年来收入水平的纵向变化都没有在衣着上有明显的体现。牛街村和康郎村的村民们大都衣着简朴，特别是中老年人买新衣服的频率很低，基本只有在不够穿时才会去市集上或县里购买。由于乡村要做的农活很多，村民们一般会选择便宜、面料结实的衣服，不会追求材质和款式。在首饰的消费上，绝大多数家庭的年开销基本为 0，这可能由于首饰在干农活时佩戴不方便、平时没有佩戴的机会和传统的节俭观念所致。

另外，网购的普及和快递网络的延拓对村民的衣着购买有较大的影响。村中的年轻人和部分中年人现在主要使用网购。网购增加了年轻人购买衣服的开销和频率，这主要由网络上选择更多、价格较便宜所致，大部分家庭主要的衣服开销集中在年轻人身上，一些老人的衣服也会由年轻人代为购买。这种变化同样影响了乡村集市传统的服装销售，现在的集贸市场主要销售老年人和少年儿童的衣服。

牛街村和康郎村大部分村民是汉族人，也有少部分彝族村民，有些少数民族村民是从附近其他村子嫁过来的。彝族村民一般会在火把节和一些重要场合穿着少数民族的传统服饰，平时的衣着与汉族村民无异。

2.3 饮食消费

我们走访了牛街乡（主要在上村和康郎村）从事各种生产方式的十余户家户，他们的传统饮食习惯有明显的地域特点，但收入的结构和数量变化也冲击着传统的饮食结构。按照非货币收入占总收入的比重，大致可将这些家户分为两类，第一种是从事诸如规模化养殖、大规模烟叶种植，或经营店铺和商业等活动的家庭，他们走向了分工和专业化，用赚取的货币收入来购买大部分所需的食品原材料。第二种是保持农业传统的家庭，他们更多的是种植和养殖所需的食物原材料供自己食用，有所盈余时才会选择出售。大多数人在这两种较为绝对的划分之间有相应的重叠，虽然两种模式主导的饮食结构存在一定的差异，然而地理条件和习俗所带来的共性更加明显。

由于当地较为干旱的气候和陡峭破碎的田地，相比于水稻等对降水和土地质量要求较高的粮食作物，玉米、小麦等耐旱作物更加常见。可能是当地的饮食习俗所致，他们多将玉米和小麦用作饲料喂养牲畜，而非直接食用。由于日常大量的农活对体力的消耗巨大，需要肉类和油水补充体力。因此，肉类和鸡蛋消费占当地居民饮食消费的一半左右。如图 5-4 所示。

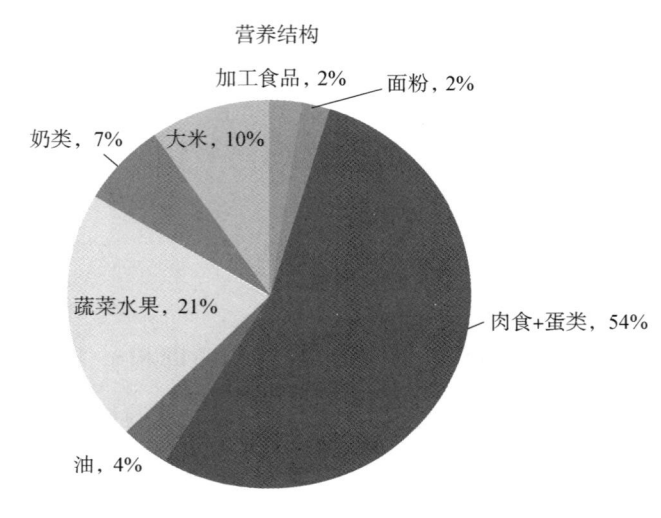

营养结构

加工食品，2%　面粉，2%
奶类，7%　大米，10%
蔬菜水果，21%
肉食+蛋类，54%
油，4%

■加工食品　■面粉　■肉食+蛋类　■油　■蔬菜水果　■奶类　■大米

图 5-4　受访家庭的营养结构

图片来源：笔者自绘。

在采访的各户中，更接近于传统农业生产的家庭，每家每年会养 1—3 头猪自己食用。在新年过后买入猪仔开始饲养，到年末时宰杀年猪，为了保证一年时间里平衡的肉类摄入，腌制腊肉成为当地肉食保鲜的主要方式。对腊肉的喜爱成为具有当地特色的饮食文化，即使随着道路运输成本的降低和商业交换的发展，新鲜的肉食可以在集市上买到，人们仍然不减对腊肉的喜爱，保持着年底"杀年猪"制作腊肉的习惯。

鸡也是当地传统和常见的养殖种类，养鸡大多数时候不用进行特别的饲喂，当地的土鸡多采用散养的方式，择木而栖。养鸡和养猪一样，多是为了自家食用，一般会养10—30只鸡，宰杀到一定数量后会随时补充鸡苗，具体养殖数量与家中人口数和经济状况有关。自家养鸡的家户一般较少去集市购买鸡蛋，对于养鸡数量较多的家庭，吃不完的鸡蛋会用来赠送亲戚和邻居。鸡蛋和鸡肉构成了日常新鲜蛋白质的主要来源。当下，除了经济条件极差的家庭外，基本上所有村民每天都会吃肉。

除完全从事非农行业的家庭外，一般每家都会种植一些蔬菜自食，但家户也会选择上街购买一些自家菜园里没有的蔬菜。水果除了自己种植以外，网购也成为当地人们另一个重要的选择，便捷的快递扩大了可购买水果的范围。由于自己种植水果的周期较长，且一些受访家庭称自家的果树质量较为一般，没有买回来的好吃，因此几乎没有家户水果完全靠自家种植供应。

村民们的主食一般以米饭为主，大米多为直接购买，少数家庭自己会种植。米线、饵丝、面条等加工食品偶尔会购买后拿回家煮食，但其开支平均只有购买大米花费的五分之一左右。部分家庭会购买面粉，但购买量不多，平均开支与加工食品类似。炒菜用油以菜籽油为主，这里的村民称其为"香油"。当地种植核桃较多，村民会在油坊榨制核桃油自家食用。

当地大多数家庭养肉牛是以繁殖卖小牛换钱为目的的，因此无论是牛肉还是牛奶的消费都较为少见。当被问及不喝奶制品的原因时，受访者多解释为不能接受奶腥味或身体不适应。但在商品贸易和互联网信息发展的影响下,年轻的一代人已经完全习惯了奶制品的消费,通过询问开在牛街乡街道的一家商店的老板,得知近几年奶制品的销量在逐渐增加,主要是在附近上学的孩子们喝,老年人很少购买。

村民们还有较小比例的加工食品(主要为零食、饮料)开支,如图5-4所示,家中有小孩的这部分支出明显更多。成年人经常在做农活回来时喝饮料、吃零食以及时补充体力。

村民们日常很少去餐馆吃饭,受访家户中外出用餐开支极少,除非有事要在乡里或县里滞留,一般都会在家做饭用餐。

2.4 居住

牛街乡村庄里的房屋建筑可以大致分为两类,第一种是当地传统的旧式土坯房,墙壁由土和植物秸秆混合建造——这是为了增强其牢固性,呈土黄色外表且多为二层小楼,屋内由圆木承重,木板将房屋隔成上下两层,一层用于储藏、养牛养猪等生产性活动,二层用于住人。在房屋的一些较为重要的地方能见到砖石和水泥等材料,多为后期修补时加筑。人所居住的正屋,屋顶多由灰色的瓦片和木制房梁构成,向前后倾斜,便于排雨。用于储物和养殖的土坯房则多用金属板倾斜覆盖在顶部遮雨,并能保证室内较好的空气流动。若所住正房的正面向阳,夏天时人们会用带有小孔的黑色尼龙篷布在门口遮阳。旧式房屋多建于几十年前,封闭性和安全性欠佳。最近5—10年里,在扶贫政策的支持下,大多数家庭翻修或新建了房屋。翻新时换了房瓦，重新刷漆，用瓷砖贴了墙面，值得注意的是，政府补贴的资金在房顶工程的修建中起到了重要作用。第二种是近年经过修缮或重新建造的房屋，以水泥砖石结构为主，一层通常作为客厅和卧室，二层则用作储物间，放置种子、粮食、农具等物品。如图 5–5 所示。

图 5–5　老式二层房屋，一楼住人，二楼储存

通常一家院子里两类房屋都可见到，院子里有 2—3 幢二层小楼，有的会在大门到院子之间的入口处修建鸡舍或猪圈。在修建新房以后，旧屋大多被用于生产性活动，作为储藏间、厨房，或改造为猪圈、牛圈等用于养殖。由于当地气温全年波动较小，室内四季均较适宜居住，因此受访家户均没有使用空调，但现代化的电器普及程度尚为可观。冰箱、电视机、洗衣机、无线网络等在大多数受访家庭中都可见到，经询问他们在近十年里集中置办了这些家电。

在采访村委会工作人员后得知，由于部分脱贫工程完工仓促，村内的排污设施建设仍有改进空间，加之多数村民将牲畜养殖在院子或村子里，卫生环境仍有待改善。

2.5　出行

牛街乡的村庄都坐落在陡峭蜿蜒的群山之间，一些村庄近几年在政府和村委会的支持下修建了较为平坦的柏油路和水泥路，但仍有一些村庄是沙土路，车辆较难进入，下雨后路况愈发恶化。山路弯曲且狭窄，大多数情况下只能允许一辆车通过，山路外侧常为数十米高的山崖，因而摩托车成了村民们短途代步的最主要工具，几乎每家都有1—2辆摩托。摩托车经常被用于往返田间地头和住所、赶集、送孩子去山下的小学和中学读书等，平均两三天就需要加一次油。部分经济情况较好的家户有货车和私家车，货车用于拉饲料、种子、烟苗等生产用品，来往于村镇乡之间，也有经营商店等生意的人家用货车送货或去县城联系进货。

由于平均货币性收入较低，并且种植、养殖等生产活动需要每天照料，大多数家户很少出远门旅行，少部分从事非农行业或经济情况较好的家户开始尝试省内自驾游。主要从事农业生产的人们只有在需要看病或有不得不去县城的事情时才会乘城乡大巴去县城，单程票价为25元。大多数家庭每年去县城2—3次，从乡里乘车到县城大约需要3小时，时间成本也较为高昂。

由于教学资源的匮乏，牛街各个村庄的孩子需要到有小学的村子或山脚下的乡里读小学和初中，从村到乡的遥远距离和陡峭的山路使寄宿成为常态。孩子们在周五由家长接回家中，周日再送回学校。迢迢山路也阻碍了村民前往县城寻求更好的医疗资源，据询问，大多数村民看病仍然是在村里的卫生所或乡里的卫生所拿药打针。只有当乡里卫生所表示看不了时，才会去县城看病，路费和时间都是一笔不小的开支。

2.6 娱乐

热爱生活的人们在农闲时也有精彩丰富的娱乐活动，如打牌、刺绣、唱歌跳舞、打篮球、散步遛弯、看短视频等，而广场舞则是这些娱乐活动中最常见的方式。受访的十余户家庭中，几乎每家都有人会跳广场舞。在当地，广场舞又被称为"打歌"，调研是在七月进行的，在晚上的八点半到十点半，村民们在村庄和乡镇有灯光的开阔处放起民族音乐和流行音乐，围成一圈，在音乐声中起舞，舞蹈以脚步动作为主，相比于观赏性，强身健体的作用更强。男女老少都可以参与其中，甚至有人将睡着的小孩背在背上来打歌。乡村的夜晚灯光稀少，四处漆黑，寂静中只有牲畜和狗的寥寥叫声，但当走近打歌的地方时，欢快的音乐和热闹的舞蹈，给逐渐空心化的村庄带来了烟火气息。

农闲时，在村庄的凉亭里，可以见到打扑克牌的人们围成一圈，边玩边聊天。但他们玩牌不以金钱作为赌注，而以其他趣味性的惩罚措施取而代之，如输了必须蹲到地上，直到赢了才能站起来；又或是输了喝凉水等。此外，一些老年人会边聊天边缝制布鞋，他们会将这种鞋子出售给收鞋人，一双可以卖到200—300元。

　　许多村子里有热爱篮球的年轻人会自发的组成球队，年龄在二十多岁到四十岁不等，每年都会参加多次由乡政府和县政府组织的比赛。这种基于爱好的共同体由队员们筹集资金活动，赢得的比赛奖金留在队里作为经费。"我现在这个年纪，打一次就少一次了"，牛街下村篮球队的队长说。对篮球的赤诚热爱也感染着村里的青少年一代，很多受访家户的小孩都有在我们来访时玩篮球，参访的学校里也都配套了篮球场地和设施。

　　随着近十年互联网和智能终端的发展普及，由此衍生出的娱乐方式也占据了村民们日常生活的重要部分。由于交通的闭塞和农活的繁忙，网络成为他们看外面世界，并向外界分享自己生活的最为重要的形式。在劳动后休息、农闲时无聊，或睡觉前的时间，短视频软件成了消磨生活劳累和忧愁的方式。村民们不仅喜欢刷短视频、相互点赞评论，有喜欢表达自我的村民还会在短视频软件上开直播唱歌或和别人聊天。大多数家户中没有电脑，只有手机和电视。特别是对于存在阅读障碍的村民来说，这种直观、低门槛的娱乐方式，也成了他们看外面世界，并让外面世界了解他们生活的重要通道。

　　互联网大幅降低了信息获得的成本，在这种泛娱乐目的的浏览中，有心者从中学到了农业生产的重要知识并使生产力显著提升，某养殖户通过快手等娱乐平台自学了养殖和兽医等技术，成为猪瘟期间受到损失最少的人家之一。互联网带来的信息溢出，将娱乐从单纯的消磨时间，延拓为信息和知识的获取。这种影响不仅能直接地通过增加知识和技能带来生产率的提升，新的思维方式对传统观念的冲击和对面对风险态度的培养，促进了许多愿意突破传统的村民尝试新的产业和行业，完成从被动承担风险到主动承担风险的跨越。

当然，传统的娱乐方式仍然是人们生活中重要的部分，跳菜这种礼节性的风俗舞蹈，随着老人的老去，在显示出衰亡之象时，又幸得村民们的"二次开发"。

"跳菜"顾名思义，是一种模仿上菜的舞蹈，演出者口衔铜勺，头顶菜盘，每只手分别托起重叠在一起的四大碗菜，随歌而舞，是一种技术含量较高、极具特色的民族艺术。

政府将跳菜作为当地特色文化进行宣传，当地的中学也会在活动课教学生学跳菜。近十年来，有村民带头成立了艺术团，邀请喜欢跳舞的人加入进行商业化演出，他们从头开始学习跳菜，两三年便在当地小有名气，每场演出能获取2000元左右的收入。艺术团在短视频平台发出的视频也受到了较多的关注（有的可达70万播放量）。多种多样的娱乐方式，成为乡村生活重要的调节剂。

2.7 节日与民俗

处于彝族乡的牛街村和康郎村，村民们有一些特殊的节日民俗。尽管这两个村子的村民多为汉族人，但很多节庆民俗受到彝族传统文化的影响，与之更为相近。

2.7.1 火把节

火把节在农历的六月二十四日进行，是和春节一样隆重的节日，在当地会有相应的节假日。关于火把节的起源虽然众说纷纭，但核心都是对火的崇拜和对驱赶灾祸的期盼。节日当天全家团聚，取出腊肉，宰杀肉鸡，在一起吃团圆饭。

火把节的晚上，人们会手持用松木制作而成的火把在村子里散步，随身携带在火把节前便制作好的木香（由枯松树根舂成的粉末），村民会把木香洒在火把上，让火焰燃烧得更加旺盛，此时可以说一些吉利的祝愿和祈祷，表达对下半年丰收和平安的期盼。

一些村落还会有比较大型的集体活动，如牛街上村和下村，他们会由全村募集资金制作大的火把。这种大型火把会放置在比村子高一些的地方，寓意驱赶黑暗和灾邪，带来光明和丰收。如果空间允许，人们会围着大火把载歌载舞，但受访的牛街上村和下村由于地形原因火把被放置在半山腰的位置，没有打歌的活动。

然而，随着年轻人外出务工比例增加和农村人口空心化，邻里间的联系逐渐变弱，集体活动氛围也减弱。当访问到一户独生女儿和女婿在县城打工且已经定居县城的村中独居老人时，他表示，虽然火把节时家人会回到村里过节，但也只会在家中吃饭和庆祝，不会参加集体活动。年青一代走出去的同时，也扯断了村庄里每家每户世代传承的原有关系，节日的庆祝范围逐渐缩小，成为小家庭团聚的契机和心灵的慰藉，与村里人联络感情拉近关系的作用逐渐变淡。

2.7.2 花灯节

每年四月初八的花灯节,是村子里重要的节日之一。这天夜晚,人们会点燃形态各异、制作精美的花灯,聚在一起唱歌跳舞,也就是唱花灯、跳花灯,花灯歌词由村民所写,如图5-6所示。这也是他们重要的娱乐方式之一。

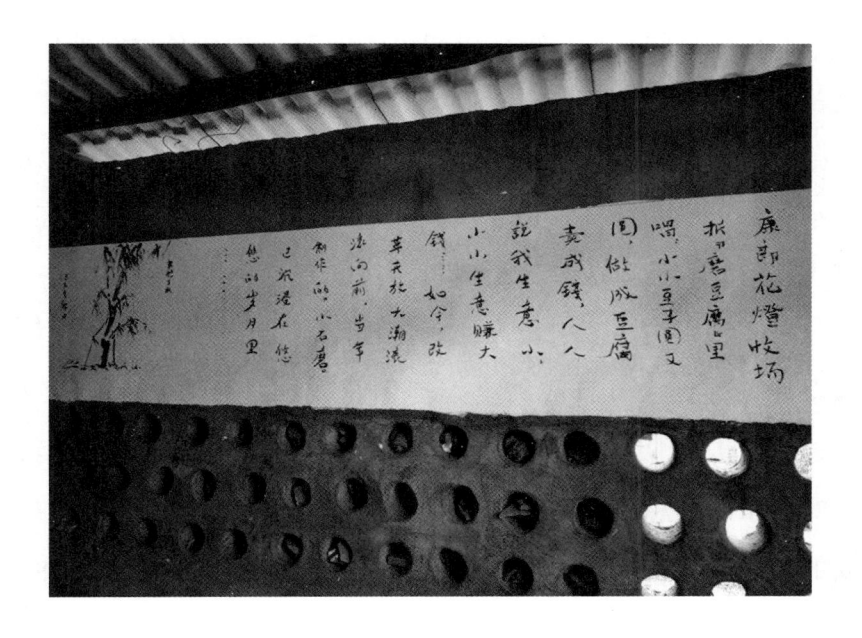

图5-6 村民所写花灯歌词

2.7.3 风水习俗

村民们普遍信奉阴阳风水,但不会像过去一样过于迷信,事事都看皇历。只会在乔迁、过年过节、祭祀等重要时点讲究风水。我们访问到康郎村的一个家户,家中长辈是村中著名的阴阳先生,据他描述，人们在婚丧嫁娶，盖房子、猪舍、房屋翻新等会请他参考吉日和注意事项。据这位阴阳先生描述他自学这些理论的初衷，是为了救治在医院久难治愈的亲戚，通过学习，他奇迹般"治好了"亲戚的疾病，对这方面的兴趣使他阅读了更多相关书籍，并得到了村里人的认可，成为村里各种重要事件不可或缺的咨询人员。

我们还注意到，每家每户房间里张贴的符咒和祭祀的神位，也是这位长辈所写。一般家户所供奉的神位有三个，即稀弥（读作 ximi，弥写作禾密）、灶神、天地。稀弥为当地神话传说中可以驱赶杀死小孩的鬼怪的神，张贴在院落的墙上作为守护平安的象征，灶神贴于厨房中，而天地作为当地所认可的最高神位，要与家中祖先的牌位一起，张贴在家中最高的房屋里。当家中发生灾祸或不顺时可以祭拜稀弥，在节日或婚丧嫁娶等重要事情发生时则要祭拜天地，过年时要请阴阳先生写新的符咒换下旧的，代表新一年的开始。对风水的顾忌可能来自日常生活中对不可知风险的恐惧和期盼平安的愿望。信奉风水的传统可能与当地医疗较差的医疗条件等也有一定关系。这种信仰守护着世世代代生活在这里的人们。在"看天吃饭"的村庄里，人们用对神和超自然力量的敬畏与虔诚，换取面对不确定生活时内心的安定和希望。

2.8 志愿服务队

志愿服务队是村民自发创立的公益组织，最早是为了改善村庄的环境问题，也是村中比较有特色的村民组织。

早前，牛街村和康郎村的卫生问题一直是无法解决的"老大难"。牛街上村白色垃圾横行，死鸡死猪被装进垃圾袋后被随意扔在路边，这使得村子污水横流、恶臭难闻且滋生大量蚊虫，村容村貌十分差。面对这种状况，界定责任范围是较低成本的解决方法，将各家门前一定范围的区域在形式上划分后打扫。但较难界定范围的公共区域的治理成本很高昂，即外部问题导致责任界定，纠纷处理和监督的组织成本高昂。村委的解决办法是雇人打扫，但间歇性地雇人打扫无法维持村子中环境的长期干净整洁，反而成为投资黑洞，消耗了村集体本就不多的收入。

面对这一情形，有想法的村民开始组织其他村民，义务打扫村庄。这吸引了一些村民的参与，有效地改善了村子的环境。但是，参与义务打扫的人群仍然以老人与小孩为主，且参与人数不多，为了进一步调动村民的积极性和改善村民的环境，带头人开始尝试组织志愿服务队。

志愿服务队平时规律性地义务打扫村中环境，有效地改善了村容村貌，如图5-7所示；组织大学生、中学生在寒暑假返乡时举办见闻分享会，请走出村庄的学生们分享他们在学校的所见所闻，丰富村民的见识；还定期开展义务敬老、义务剪发等活动，改善了当地敬老院中老人的生活；另外，积极在山坡上义务植树，促进水土保持与环境改善。

图5-7 牛街上村志愿者服务队清理垃圾现场

此外,志愿服务队也做成了一些祖辈就已有筹划,但因种种原因从未付诸实践的大事——村后的一条土路常在大雨时成为洪水的通路,发生山体滑坡时从村子的后方冲击村庄,给处在半山腰的村庄带来巨大的安全隐患。志愿队的第一次活动选择了这块"硬骨头",帮助村子进行防洪改路,使得困扰村庄几十年的问题不再发生。

志愿服务队的付出从很多方面改善了人们的生活环境。而随着志愿服务队员们不断的努力和村民们志愿服务意识的加强,越来越多的人加入志愿服务的团体中,志愿服务成为人们日常生活的重要组成部分。在志愿服务队的带动下,村容村貌不断改善,原有的卫生环境差的情况不再出现；而对于参与志愿服务队的人而言，志愿服务队有效地提升了村民的公民素养，丰富了大家的生活，也使大家感受到奉献的快乐。作为整个弥渡县村组中的第一支志愿服务队，牛街上村志愿者服务队成为牛街的一张名片，吸引县长、镇长带队社区领导前来学习交流，为其他村庄中志愿服务队的建立起到了模范作用。目前，已经有更多的村庄向牛街村"取经"，也建立起自己的志愿服务队。

2.9 爱心超市

爱心超市是由政府牵头设立的、具有乡村特色的惠民项目。

"扶贫先扶志"在各地脱贫攻坚中被反复强调，在提升村民的生活经济水平上，地方政府也尝试推出各种方式激励村民们参与公共事业，实现富口袋与长素质的有机统一。

爱心超市便是一种十分有益的尝试，村民可以通过参与公共服务（如清扫大街）等方式来获取积分，积分可以从爱心超市换取等值商品，村政府则定期在爱心超市兑付与积分等值的货币。这一项目资金的来源则十分广泛，通过有效整合社会慈善资源，把原来政府、部门、社会、企业、个人的慈善资源整合到一个平台上。这一行为有效地激励了居民参与公共服务，在增加居民收入的同时，相比于直接雇佣打扫卫生的方式，更好地促进了文明互助村风的形成。

◇3 新时代，新生活

通过上文的描述可以得见，村民们的生活以当地自然环境、资源禀赋为基础，是村民们选择的事业，村子中的集体活动，村子传承至今的习俗以及基础设施建设与政府的政策等因素共同作用的结果。

上文中，我们从各个角度系统地描述了村民们的日常生活。而随着时代的发展，新事物的出现，村民的生活也发生了一些变化。本节试图以道路为代表的基础设施建设，电信网络为代表的互联网革命与易地搬迁政策为代表的脱贫攻坚为例，描述这三种新事物、新政策给居民生活带来的改变。

3.1 要想富，先修路

"要想富，先修路"堪称新中国成立后地区发展建设中颠扑不破的真理。新中国成立后，政府领导人民开展了以道路、水利设施为代表的基础设施建设，促进了新中国的农业工业发展与地区交流。进入21世纪，"村村通"计划开始在中华大地上实施，力求在每一个行政村之间实现道路连通。牛街村、康郎村也在这一背景下进行道路硬化建设，并逐渐在各个村子的自我努力与上级政策的互动中实现每一个自然村的道路硬化。

道路等基础设施建设带来了居民收入的增加。道路建设一方面使运入生产原料与运出生产产品的运费大幅度下降，降低了农业生产及销售成本，促进了生产性投资与村民的房屋建设；另一方面，道路建设又使得村民们可以更加方便地走出村庄，促进非农就业以及村民和外界的联系交流，也有利于自外向内引入更加先进的生产技术与更加科学、经济效益更高的生产原料。这一系列影响都带动了居民收入的提升。

道路建设也对居民的生活细节产生了各种影响。到田地的路变得更加平坦方便，利用摩托车就可以在非极端天气下实现"通勤"，这使得人们不必再像之前那样起早贪黑，可以拥有更加充分的休息时间。村中道路的硬化直接提升了村民出门的积极性，以牛街上村为例，村中主路的硬化消除了村民走过土路后灰头土脸的困扰，使得村民更加愿意在晚饭后沿硬化道路在村中散步、锻炼身体。村子通向县城的道路硬化也更加方便人们走向外面的世界，一些村民开始尝试在省内进行自驾游，实现了更多的发展与享受性消费。

道路建设推进了人口流动。道路硬化使得人们前往外面的世界更加方便，这使得家庭分工呈现出新的变化。在我们的调研中，我们发现了两种不同的家庭人口流动模式，分别是医疗养老导向下的"老人在城，子女在村"模式和教育导向下的"子女在城，老人随往"模式，这两个模式中的家庭都呈现出祖孙三代的结构，家庭中的老人多在六七十岁，子女则已到中年，并已经有孩子。

"老人在城，子女在村"的模式是指，在道路不便时，一些有能力的村民会倾向于将家中年纪较大的长辈送到县城中，让他们在距离医院更近的地点买房或租房居住，有助于老人疾病的治疗与预防不测，但子女仍然需要留在家经营家中的产业，道路条件的改善方便了子女更加频繁地看望与照料父母，提升了老年人的幸福感。

"子女在城，老人随往"模式则是指，村中的一些孩子在城中上学，父母在打工，需要祖辈前往照料接送，道路的建设使得一些家庭得以实现奶奶在城中照料孙子孙女，爷爷在家中务农，父母在城中打工的生活模式，实现了家庭经营的多元化以及孩子受教育水平与受教育质量的改善。总的来说，这两种模式反映了道路建设、城乡人口流动背景下农村生活方式与家庭分工结构的新变化，如图5-8所示。

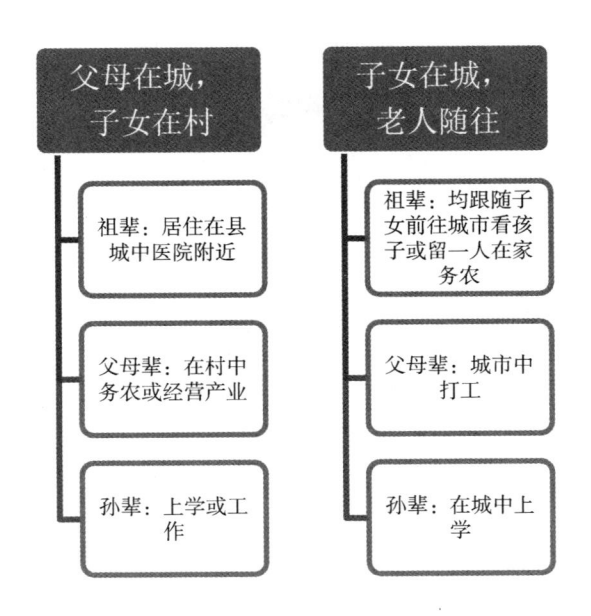

图5-8 两种不同的家庭人口流动模式

此外，道路建设还带来了村中环境的改善。在采访与体验中我们了解并感受到，村子的卫生条件相比过去已经有了很大的改善，但是依然有一定的改造空间——猪圈建在村中与裸露在外的排污系统使得村中一些地方苍蝇较多。道路建设使得村民们可以把生产性用房（猪圈）建在离家更远的地方，进而使得与猪圈相伴的苍蝇离村庄更远。卫生宜居的生活环境应当成为乡村振兴与进一步发展的着力点。

3.2 互联网 + 乡村

对于互联网发展潮流的把握，使得中国成功成为互联网强国。互联网跨越了时空的限制，在人们之间传递各种信息并赋能各个产业。在此次调研中，我们欣喜地看到，尽管从牛街村、康郎村前往县城以至更大的世界依然需要几小时及以上的交通，但是村庄在互联网上已经完全同外界接轨，网络也极大程度地改变了村庄生活的方方面面。

互联网重塑了人们的生活消费与生产投资。在消费方面，近五六年，越来越多的年轻人和中年人逐渐倾向于网购生活用品，部分老年人的生活用品也由子女代为网购，这极大丰富了人们的消费选择；在生产投资方面，网购猪饲料与药品更加便宜，节约了生产投入，一些农户还在网络上学习生产技术，积累了一定的人力资本与技术资本，部分农户还大胆尝试直播带货，有效地消化了农产品库存。

互联网也改变了人们的娱乐方式与生活时尚潮流。许多村民将刷短视频作为重要的娱乐方式，一些人还会自己发布小视频和在自己直播间聊天、表演，甚至还出现了粉丝上千的网红。网络也成为村民们重要的社交渠道，不用登门拜访就可以和朋友分享生活日常。村子的时尚潮流也紧跟外界，一些人会要求理发师剪抖音、快手上流行的发型。

互联网还赋能了乡村教育，有效地提高了教育的质量与水平。在康郎村完全小学，有一间北大国发院与天明基金共同捐助的美术课堂，孩子们可以在这里通过网络一体机接受系统化的美术教育，如图5-9所示。若这一行动能够坚持，则可成为乡村中专业教师不足问题的重要弥补。

图5-9 康郎完小中的天明博爱公益美术课堂

除美术课堂外，学校赠送的"睡前故事"系列也让孩子们的生活拥有诗意。装在学生宿舍的喇叭与同学们的作息时间匹配，在睡前定时播放睡前故事，这些故事多邀请著名的播音主持人等来朗诵，同学们静静聆听，在故事的陪伴中逐渐进入梦乡。教育是一棵树摇动另一棵树，一朵云推动另一朵云。"睡前故事的时间是整个学校白天最安静的时段"，我们从康郎完小的校长眼中看到互联网教育对孩子们童年的影响与塑造。

电信网络成为村民生活支出中不容忽视的一部分，电信网络也改变了村民的生活方式。电信网络让村民们的生活变得更加方便，使得村民可以追赶外面更大世界的潮流与风尚。但这不能不使我们联想到乡村振兴中的文化建设，文化振兴是乡村振兴的灵魂。互联网让村庄得以接触都市的文化，但这是否意味着都市的文化会吞没乡村原有的文化，是否意味着乡村在互联网世界中仅是失语的旁观者？在我们的观察中，我们能够看到，互联网进入了村民的生活，村民的生活也进入了互联网。大家甚至通过互联网将"跳菜"等民间艺术形式向外传播，将村民们的精神风貌向更大的世界展现。

3.3 易地搬迁，改善生活

在脱贫攻坚中，一些地区自然条件差，资源短缺，人地矛盾大且地质灾害频发，严重制约了村民们摆脱贫困走向富裕。调研地区多山地地形，土质以疏松的红土为主，在强降雨时常常发生泥石流、滑坡等地质灾害，对于住在山顶的村民而言，山体滑坡等地质灾害破坏了房屋的地基，使得原居住的房屋产生裂缝，乃至结构形变。因此，政府开始考虑将易地搬迁作为改善村民生活、实现脱贫的重要手段。政府号召建档立卡户下山，并提供每人2万元左右的补助，一些村民不满于现状，下山谋求转型，最终，14户村民从原有居住地搬迁到沿公路的集贸市场附近。

搬迁极大地提升了出行便利度，村民们家旁就是公路，逛街、去医院更加方便。村民们在新房中置办新家具，村民居住环境得到改善。搬迁使得人们离开了原来的居住地，也给人们带来了一些挑战。一是政府补助无法完全支付村民的搬迁费用，绝大部分贷款依然需要村民努力工作偿还；二是虽然生活性用房搬迁到山下，但生产性用房和自家土地依然在山上，人地分离需要村民们起床更早前往工作。

但总的来说，易地搬迁可以被描述为一种投资行为，村民投入了建设新房的成本，甚至需要投入更多时间前往生产性用房。但换来的是可以自主经营或出租的一楼商铺；对于不种地的农二代而言，新房也为他们提供了更加便利的交通和商业环境，以及更加整洁干净的生活环境。

"人生这样的机会就一次，所以就多投入一些，有风险也是值当的"。我们期待新环境为村民们带来脱贫致富的新面貌。

◇◇4　结语

　　乡村生活是一个以个人和家庭为研究对象的内容日常、涵盖范围宽广、对很多深层次问题具有奠基与启示意义的重要课题。通过此次调研，我们看到了牛街村、康郎村的昨天与今天，随着时代的发展，村庄既在文娱活动、出行方式、网络应用方面发生了极大的变化，又在民俗传统、生活作息、消费方式上保留着传统的习惯风俗。这种种变与不变呈现出乡村缓慢曲折但循序渐进的发展进程，也让我们得以窥见乡村建设更繁荣广阔的未来。

第 六 章

农村产业结构

◇ 1　两村农业概况

我们走访的牛街、康郎两村主要以第一产业为主，两村的大部分农户都以务农为主，所以我们小组将主要分析两村的农业状况。就农业而言，两村的种植业和畜牧业占据很大的比重，笔者将从种植业、养殖业、农业技术应用和农业收入与成本分析四个方面展开介绍。

1.1　种植业

两村的种植业分为大季和小季两季，也叫"大春"和"小春"。大季是在每年的4—10月，小季在每年的10月左右到次年的三四月份。大季的种植作物包括玉米、烟叶、核桃，如图6-1、图6-2、图6-3所示。而小季则种麦子和一些经济作物。

此外，核桃也是该村比较传统的一种作物，近年来，也有农户尝试种植桃树、梨树、花椒树，但尚未形成规模。

种植规模上，大季所种的玉米和烟叶是两村的主要种植作物。水稻种植面积较小。核桃树的种植面积比较大，但由于近几年核桃价格下跌，加之天旱，居民打理核桃树的热情不高，收成不好。小季的作物种植面积较小，种植规模一般视村民的忙碌程度而定。

图 6-1　玉米 　　　　　　　　　图 6-2　烟叶

图 6-3　核桃

用途上，农户生产的玉米主要用于喂养牲口，很少出售。水稻主要用于农户自食。烟叶则由烟草公司统一收购。在种植烟叶前，各村将分到的产量指标按农户的情况进行分配，分到额度的

农户会与烟草公司签订相应的合同。然后，农户向烟草公司缴纳一定金额，用于购买烟苗、化肥、农药等物品。等到烟叶收获，农户对其烤制后，由烟草公司统一收购。烤烟品质越好，价格越高。另外，出于耕地保护的需要，同一块土地不能连续种植烟叶，一般会进行轮作。小季作物中，麦子主要用于喂养牲口，对于其他的经济作物，农户一般自用一部分，出售一部分。如图6-4所示。村民种植的核桃大部分用于出售。由于前几年核桃价格高涨，农户种植热情很高。但如前文所述，近些年来居民对核桃的经营颇不上心。两村上万亩的核桃林何去何从，成为困扰当地的一个难题。

最后，两村小季中的一些作物，包括上文提到的花椒树、桃树等，都是近几年两村尝试的新经济作物，并非当地传统作物。对于这些特色种植农业，我们将在后文详细论述。

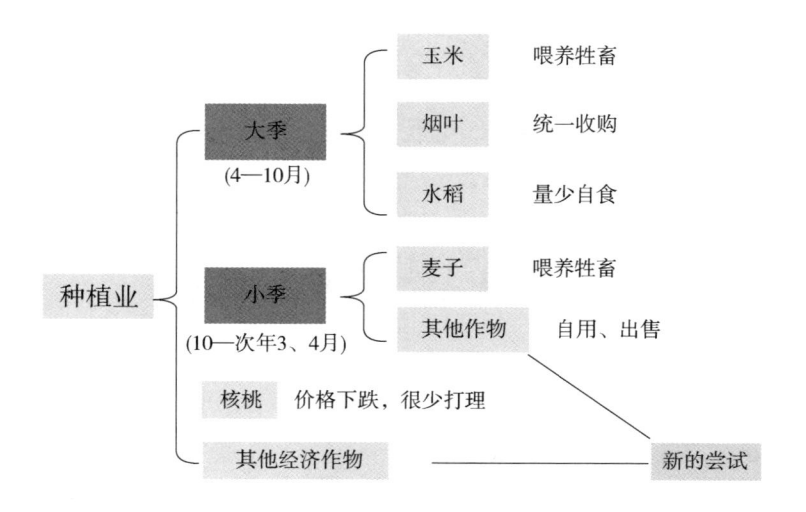

图6-4 两村种植业结构图示

1.2 畜牧业

两村的畜牧业较为简单，主要的养殖动物是猪、牛和鸡。两村中的生猪养殖大多由各农户分散圈养，这一项目是农户的收入大头。各家养猪数量从几头到几十头不等，有的养猪大户甚至能养数百头生猪。农户养殖的牛数量不多，每年母牛会生下小牛，农户把小牛养几个月后便放到市场上出售。牛的粪便则用于农家肥的制作。以上是农户养牛的效益。农户养殖的鸡是当地的土鸡，主要用于自食，如图6-5所示。

图6-5 当地饲养的土鸡、猪、牛

除上述三种动物外，一些农户还会养殖山羊、鸭、鹅、鸽子等禽畜，部分自食，部分出售。但养殖它们的农户较少，如图6-6所示。

畜牧业
- 猪　　分散养殖，收入大头
- 牛　　收益来源：小牛犊和粪肥
- 土鸡　多为自食
- 其他作物　养殖农户数量少

图6-6 两村畜牧业结构

1.3 农业技术应用状况

从机械化程度来看,两村的农业机械化水平不高,农业生产对人力的依赖程度较高。

种植业中,农户使用的农机主要是用于耕地的微耕机,如图6-7所示,同时也有一些半自动设备,如播种、喷洒农药的设备,如图6-8、图6-9所示。在邻近河流的山下农地,会有一些自动浇灌的旋转式喷灌头,如图6-10所示,更多的农户会使用"水窖"进行排灌。除此之外,种植业的活动大都依靠人力。畜牧业中,大多农户的禽畜养殖环境较为简陋,他们会有一些制作饲料的机器,但总体而言机械化水平不高。

在当地,育种、栽培、施肥等农业技术对于作物产量的影响并不占主导地位,大多数农户认为雨水的多少对作物的产量影响更大。农户饲养的牲畜会接种疫苗,当地也有针对禽畜的防疫检验制度。但是去年的猪瘟仍然给当地造成较大的经济损失。由此可见,两村的农业生产,尤其是种植业,对于自然条件的依赖性也很强。

图6-7 微耕机

图6-8 播种设备

图 6-9 农药喷洒设备　　　　图 6-10 浇灌设施

1.4 农业的收入与成本分析

1.4.1 种植业的收入与成本

就农户拥有的土地面积而言，两村农户拥有的耕地面积从几亩到几十亩不等，其中土地之间的小规模流转也是比较常见的。土地租金视土地好坏和租赁双方关系而定，有的土地不需要支付租金，有的租金每亩一年高达一千多元。

就种植的作物而言，玉米的亩产在 500 千克左右，大部分会在简单处理后用于喂养牲口。烟叶的亩产在 100 千克左右，烟草公司会把烤烟的质量划分等级，不同等级价格不一，从几元一千克到四十多元一千克不等。种植的水稻一般面积较小，所收稻米大多自食。核桃的价格近年来不断下跌，在 8 元/千克左右，居民经营积极性不高，每亩的产量只有一百多千克。小季的作物，规模较小，收入一般在千元级别。

成本上，种子、化肥、农药的费用受到种植规模和自然条件的影响，大体在千元的级别，部分农户的花费可能上万元。农户使用的农家肥来自禽畜产生的粪便，一般由农户自制，用量是化肥的10倍左右甚至更多。微耕机的油钱支出和耕地面积、种植次数等有关，大体在几百元到一千多元的区间。

1.4.2 养殖业的收入与成本

就养殖业来说，价格波动、疫病冲击都会影响农户的最终收入。就去年的价格来看，猪价高涨，价格区间为27—35元/千克，每头成猪的价格在4000元左右，每只幼猪的价格在1500元左右。而一头饲养6个月左右的小牛价格在5000元以上，品种好的小牛可卖到1万元以上甚至2万元。土鸡主要用于自食。

养殖的成本主要是饲料，包括玉米、糠和从市场上购买的精制饲料。另外也有一些麦子、草等其他植物。市场上的玉米饲料每千克的价格区间在2—4元，糠大多是居民自制。对于一个普通农户，每年用掉的玉米与糠都以吨计。精制饲料主要用于喂猪，每包的价格在120—250元不等，每包40千克。猪在不同的年龄段会吃不同的精制饲料，一头猪从幼猪长到成猪所需要的各色精制饲料要上百千克。给牲畜用的疫苗和其他药品每年也有几百上千元的耗费，甚至更多。

由于不同的农户经营状况不一，我们调查的数据大多都是在一个区间之内。即便如此，这也只是一定时间段内的情况，比如猪价去年高涨，但今年持续走低。因此农户的农业收入与成本情况也是在不断变化的。

1.4.3 构造传统农户

为了让读者对当地农户的农业收入与成本状况有一个更直观的印象，我们尝试根据已有的结果构造一个传统农户。所谓的传统农户，是指该农户主要种植两村的传统作物——玉米、烟草和核桃，养殖的禽畜有猪、牛、鸡。

第一，假设农户甲一家有4口人，子女2人在外工作，丈夫和妻子在村里务农。夫妇两人依靠自己经营，不会雇佣其他劳动力。

第二，假设农户甲所处的市场环境是猪肉价格高涨，核桃价格下跌。

第三，农户甲自家农地有8亩，租种别家山坡土地1亩。由于两家关系亲密，且是坡地，租金为0。则农户甲实际种植面积为9亩。设农户甲种烟叶5亩，玉米4亩，又在其中套种核桃3亩。

第四，播种之时，农户甲向烟草公司缴纳3000元购买烟苗、化肥、农药等物，后又追加500元购买化肥、农药。收获后经过烤制，得烤烟500千克，按照每千克30元的均价卖给烟草公司，净收入为11500元。

第五，所种的4亩玉米收获2吨，玉米种子费用为400元，化肥农药费用为1200元。

第六，核桃收获300千克，少部分用于自食和榨油，其余出售，净收入设为 2000 元。①

第七，农户甲的小季作物一共种植 4 亩，净收入为 2000 元。②

第八，农业机械一年耗费 300 元的油钱。

第九，养殖方面，假设农户甲年初有 1 头母猪，购入 10 头幼猪，每头 1500 元。母猪生下幼猪 10 只。年中暴发猪瘟，农户甲损失 1 头母猪，5 头小猪，剩余小猪 15 头。第四季度小猪变为成猪，以均价 4000 元/头出售 12 头，得钱 4.8 万元。最后剩余成猪 3 头，其中 2 头自食，1 头养成的母猪留到第二年下崽。

第十，养母牛一头，生下小牛犊一头，养 7 个月后出售，得钱 7000 元。

第十一，养鸡 10 只，用于自食。

第十二，饲料耗费上，除 2 吨自种的玉米外，农户甲购入 1 吨玉米，价格为 2.4 元/千克。糠为自制。用于喂猪的各种精制饲料购入 2.5 吨，总价为 1 万元。疫苗与其他药品的费用为 1000 元。

由此可知，在种植业上，农户甲一年在传统种植项目的总收入为 17000 元，净收入 11600 元。小季作物的净收入为 2000 元。见表 6-1。农户甲在种植业的净收入为 13600 元。在畜牧业的总收入为 55000 元，净收入为 26600 元。见表 6-2。那么农户甲一年的农业净收入为 40200 元。见表 6-3。

---

① 由于核桃树挂果需要数年时间，早期的树苗钱暂且不计；由于经营热情不高，打理成本也可忽略不计。

② 由于小季的作物较多，规模小，便不再计算各项投入，直接给出净收入的估计。

表6–1　　　　　　　　　种植业收入与成本表

作物名称	亩数（亩）	种子费用（元）	化肥农药（元）	农机油费（元）	总收入（元）	净收入（元）
玉米	4	400	1200	300	17000	11600
核桃	4	忽略不计				
烟叶	5	3500				
小季作物	4					2000

表6–2　　　　　　　　　畜牧业收入与成本表

禽畜名称	初始数量（头）	购入数量（头）	出生数量（头）	病死数量（头）	出售数量（头）	自食数量（头）	购买禽畜成本（元）	饲料、打药成本（元）	总收入（元）	净收入（元）
猪	1	10	10	6	12	2	15000	13400	55000	26600
牛	1	0	1	0	1	0	0			
鸡		用于自食				0				

表6–3　　　　　　农业净收入表

种植业净收入(元)	畜牧业净收入(元)	一年的农业净收入(元)
13600	26600	40200

需要强调的是，以上数据是我们根据走访的结果构造的收入与成本情况。由于我们走访的户数有限，所得的数据并不全面，该收入与成本的数据可能会与实际情况有所偏差。而且实际情况也更加多样。不同农户拥有的土地亩数不一，农户的种植养殖规模和家庭劳动力数量、成员年龄，乃至性格都有一定的关系。在具体农业项目上，有的农户并不种植烤烟，有的农户会在小季种植很多经济作

物，有的农户也会出售一些土鸡。在有猪瘟影响的情况下，不同农户损失猪的数量也是不同的。另外，原料的价格是不断波动的，并且不同原料的价格波动幅度也不一样。再加上自然条件、政策等因素的影响，农户的农业收入与成本情况是不断变化的。对农户甲的农业收入与成本分析，只是为了让读者对普通农户的农业收入与成本状况有一个更直观的理解，并不能用于其他用途。

或许读者会对这样的净收入感到乐观，但是农民的农业工作是非常辛苦的。我们通过走访得知，一年中，除了春节等节日外，农民几乎每天都在劳作。他们早上 6 点左右就会起床，打扫庭院，喂养牲口，上午下午都要去地里干活，晚上 10 点左右休息。日复一日，年复一年，农民的辛苦程度可想而知。

1.5 小结

总体上，两村的农业以种植业和畜牧业为主。两村在种植业和畜牧业中有着自己的传统项目，同时也存在着近几年才出现的新农业项目。农业的机械化水平较低。由于多种因素的影响，农户的农业收入与成本状况具有不稳定性。

◇◇2 两村农业发展的不利条件和困境

前面主要分析了康郎、牛街两村农业的当前发展概况，我们学过马克思的唯物辩证法，都知道事物间的联系是普遍的、客观的，也是复杂和多样的，为了化繁就简，我们将从自然和社会两个角度分析两村的农业发展条件，进而论述当前两村农业发展面临的困境。

2.1 自然条件

2.1.1 气候

弥渡县牛街乡属亚热带季风气候区，年均降水量 700—800 毫米，年均气温约 17℃，地处云南高原西部，北纬 25 度左右，纬度较低，加上平均海拔 2000 米以上，太阳直射强度大，水分蒸发快，地表难以大量储水，水利工程也很难修建，灌溉难度极大，为了节水，通常需要在田边挖一个坑，里面放置一个储水坛子，再用水管倒抽进田里进行灌溉。在降雨量不足的年份，收成大打折扣甚至绝收。根据我们的调查，水分不足问题成为困扰本地农业生产的主要自然因素。一个重要例子就是玉米，这里的玉米都是杂交品种，市场上的玉米种子每年都在更新换代。但是相比于种子的质量本身，受访的村民一致认为，降雨量才是玉米收成的决定性因素，另外不同地块的土壤、温度等也是相关因素。此外对于不怎么需要人工料理，"靠天收"的核桃树，降雨少的年份，核桃甚至长不熟，果子很小只能榨油。

2.1.2 地形

弥渡地势西北高，东南低，自西北向东南呈狭长地形。两村更是被群山环绕,地形崎岖不平,海拔差异大,最低处海拔1300米,最高处甚至达到2700米,河谷平原狭长,面积小,耕地大部分位于山坡地带,是典型的梯田,陡坡一般只能种植核桃树和果树等经济作物,如图6-11所示。由于地形原因,耕地呈小块状,相当分散,通常自家的一块地平均在一亩左右,平地很少,难以进行规模化、机械化操作,种植作物的品种也相当受限。

图6-11 牛街、康郎两村的地貌直观图

2.1.3 自然灾害

由于近几年全球气候变暖,降雨量变得异常不稳定,旱涝灾害频发,当地旱情加重的时候,草地贪食夜蛾等害虫更适应气候而生存,虫害也随之增多。例如,当草地贪食夜蛾没有被及时防治,玉米产量就会严重下跌,甚至可能颗粒无收。而且农药效果有好有差,病虫也可能产生抗药性。给农民带来不小的困扰。除此之外,在政府退耕还林行动之前，当地水土流失严重，降水多的时候会有滑坡、泥石流等，摧毁农田，带来严重的经济损失。

2.2 社会条件

2.2.1 土地制度

20世纪70年代末，我们国家推行了家庭联产承包责任制，在农业生产中农户作为一个相对独立的经济实体，承包经营集体的土地和其他大型生产资料。土地由生产队分得，使用权相对固定。当时由于经常出现好几家同时争一块地，因此国家将一整块土地切割开来，每一户分得其中的一小块，这样的土地划分使得各家地块分散，自家两块田地有的甚至相隔2千米。因此成片的土地流转较少，难以形成规模化、机械化运作。据部分受访者反映，他们分到的土地都有国家补贴，而且种什么补贴都相同，许多户的土地大小长期没有变化，也不打算承包更多土地扩大种植，处在一种相对稳定的局面。

2.2.2 人口因素

牛街、康郎两村的人口外流现象十分严重，面临着人口结构的老龄化。40岁以下的年轻人基本都外出打工，近一点留在省内县城，远的大多选择浙江、广东等地，当下村庄内基本没有常年在家务农的青壮年劳动力，大多是五十岁甚至接近七旬的中老年人在家务农。儿女放假过节会回家参与一些农业劳动，但他们的想法还是希望走出去，在城市里定居生活，同时定期向家里寄一些钱，不希望回来和老人常年务农。在问及是否想把老人接到城里一起生活时，他们有些说老人不愿意抛弃世代耕种的田地，更愿意留在家里种田，保持农民本色；有些即使愿意进城，但是客观条件往往难以允许。而一旦举家迁出，他们确实会把土地承包转让给别人，或者直接无条件给别人。

年轻人都外出务工，留下的年纪大的群体受限于身体条件和认知水平，生产没有积极性，同时也对一些新型的事物不感兴趣，甚至有抵触情绪。以贡菜为例，我们采访了一个典型的种植户，据他反映，贡菜利润率高，销路广泛，供不应求，但他难以发动村里人种植，甚至连帮他干活的人手都不够。贡菜推广困难的主要原因是贡菜种植需要人的精心打理和晾制技术，更重要的是人们不会做、不想做，也不愿意尝试学习，不少人只想拿着低保，喜欢享乐，缺乏生产积极性。对此，受访的户主表现出强烈的愤慨之情，他激昂的情绪深深地感染了我们，让人印象极其深刻。我想这也是劳动力老龄化后的普遍症结——劳动力素质偏低，并且保守意识浓厚，厌恶风险，不敢尝试，从而很难提高劳动生产率。

2.2.3 技术水平

两村的种植养殖技术传统且相对低效，机械化水平不高，新技术难以引入。据调查发现，从前这里是纯人工的原始耕种方式（牛耕），较晚时候才开始使用微耕机进行耕作。其实是当地崎岖的坡地地形和农户土地的碎片化，限制了大型耕作机械如收割机的使用。他们的农作物全部是人工收获，效率相当低下，土地相对多的家户在农忙时节甚至还要额外花钱雇佣工人来干活，是一笔不小的开支。

除了微耕机以外，原先除草杀虫用的手压喷雾器，现在已经发展为充电的自动喷雾器，人背着它就可以很轻松地进行喷洒，比较方便。

我们观察到几乎每家都会有一种新型的条播机，代替了手工播种，节省力气，也提高了播种效率。

除了这些，我们也在某一户家中看到了玉米脱粒机，是等玉米晒干后用来脱粒的，但脱粒后的玉米，他会用石磨来人工磨成粉而不是用打粉机，这也让我们有些震惊。

让我们眼前一亮的自动浇灌设备，因为缺水和地形条件限制，也只有在邻近河流的较少的平地才能使用，山坡梯田则只能依靠水坛储水，人工进行灌溉，如图 6 – 12 所示，所以这种灌溉技术也难以大范围引入并推广。

图 6 – 12　山坡梯田与小面积平地

虽然两村的以上种植技术，相比与过去一定程度上节省了劳力，提高了效率，但总体上仍然比较传统和简单，和农业现代化目标还有较大差距。

即使在种植方面，村民用不到很先进的技术，但是据我们了解，村里还是会组织统一的、一年一次的技术培训，而这主要针对烤烟。不过也有人认为烤烟技术都差不多，从来没有参加过集体的技术培训。后来据了解，烤烟技术还是有很大区别的，并且对成品价格等级的影响至关重要。即使是同样的烟叶，经不同水平的人烤制，卖出的价格也会有一定差别。这就使我们质疑村里技术培训的真实效果——这是否能真正帮助到大多数村民，村民的学习成果如何，我们不得而知。但不可否认的是，高端种植技术的发展和推广还有很长的路要走。

在养殖方面，当前技术的难点主要有两个。一是如何有效防治猪瘟；二是猪在集中养殖后，粪便如何处理才能最大限度减少污染。目前来看，猪瘟的防控思路主要还是集中养殖；而猪粪处理目前还在以三级化粪池等技术为改善方向，但是由于缺少修建大型设备的资金，从而陷入一定程度的停滞。

我们知道，技术的引进和人才、资金的支持是密不可分的。当地人才外流现象不足为奇，毕竟各种不利条件很难留住人才，有见识的人才基本都选择外出发展。另外，缺少资金支持，是制约技术进步、产业升级的重要因素。以核桃加工厂为例，我们在问到为什么只能进行核桃粗加工，有没有想过投资建立食品深加工工厂，生产一些诸如核桃奶、核桃饼干等食品，厂负责人付之一笑。我们知道这是个异想天开、不切实际的想法，的确对于这里的状况来说，没有人敢于承担这样大的风险，在一个偏僻的小山村投资这种大项目，农信社也不会提供贷款支持。

总之，失去资金和人才，很难想象这里能有快速的技术更新和产业升级。

2.2.4 交通和信息

从牛街乡到弥渡县城需要 3 个多小时的车程，山路蜿蜒崎岖，而且只有一条较为狭窄的公路通达，农产品单位运输成本很高。农民要想卖出农产品，只能依靠专门的人来收购，而不是自己运到城里卖。

交通不便导致市场狭小，再加上生产具有盲目性，非常容易造成供需失衡，价格波动大。在过去，核桃是这里的主要产业。后来种植的人变多，又由于政府退耕还林的政策，山坡的大量耕地变为种核桃树的林地，最后供过于求，价格暴跌，从几年前的三十多元每千克下跌到如今的 8 元左右。于是村民种植核桃的积极性受到严重打击，但由于政策所限，不能将核桃林全部砍掉种植别的作物。再加上这里的核桃销售基本局限于本地市场，产品很少销往更远的地方，供给仍然远大于需求，价格一直萎靡不振，陷入恶性循环。

为了应对个体分散化销售的局限，当地在尝试发展核桃加工合作社，村民可以自愿加入，合作社统一进行核桃的收购、分类、加工和包装。在销售渠道方面，合作社试图通过微信公众号、直播带货等新型媒体形式，例如"1 镇 1 直播 · 1 村 1 视频"的直播带货活动，能收获一定的顾客流量和网上订单，从而将产品销往更远的外省。但是我们观察到这仅仅停留在雏形阶段，一方面自身产品的加工相当粗糙，吸引不了有较高食品质量需求的人，而且宣传力度不够，直播网红的知名度低，营销手段也有限，这些都使得公众号的关注度较低，销售规模有待进一步扩大。另一方面据了解，虽然当地海拔高的地方更适合种一些水果，但是类似地，本地水果市场需求少，水果要想销往外地更加困难，尤其是通不了大卡车，使得运输成本过高，盈利空间很小，水果种植也难以推广。

交通不便带来的另一个间接影响就是信息交流不畅。村与村之间的割裂，村与外界的割裂，都使得村庄处在一个相对封闭的世界里。要知道，信息在当代经济发展中具有无可替代的重要作用。无论是价格信号、产品信息，还是别村的致富成功案例和经验，在这里都有很大的信息不对称。缺乏有效的信息共享渠道，带来的是盲目跟风的生产、套利的巨大空间，成功经验也难以被推广和学习。

2.3 传统农业面临着发展的困境

投入产出比正逐渐下降。这些年来，农民在每亩地上的投入基本没变，但是面对逐年减产以及农作物价格的常年不稳定，大多数年份里几乎挣不到什么钱，甚至有时一场猪瘟就使农户一整年血本无归。部分家庭的主要收入还是子女在外打工的收入。农民在现有的艰难状况下，明知道不怎么挣钱，也会选择继续务农，这主要是出于传统的思想惯性，把农民务农当作一种信仰和本分。但是未来随着城市化的进一步发展，年老一代人的逐渐离去，开放的年青一代的成长，单位回报率低下的传统农业的发展前景如何？很值得我们担忧。

传统的小规模分散化种植养殖，产品产量和质量难以上升，竞争力不强，越来越显现出与经济发展不相适应的趋势。土地分散化种植，大型机械设备难以使用，土地利用效率不高；农户分散化养殖，牲畜疫情防治困难，瘟疫容易大面积传染，同时也给家里的生活环境带来威胁——许多访户家气味难闻、苍蝇乱飞的情形至今让我印象深刻，这显然与保护中国传统古村落、打造当代"美丽乡村"的宗旨相去甚远。可以说，未来"人畜分离"已经是不可逆转的发展趋势。

部分村民思想观念相对保守，厌恶风险，不想学习新知识，不愿做出新的尝试和改变，甚至都不愿付出更多体力干活。如枸橼和贡菜等这些利润高的产业，却很少有人愿意从事。甚至有一些家庭长期享受着国家的补贴和低保待遇，消极干活，成了"贫困的懒汉"，让人哀其不幸，怒其不争。

2.4 小结

由于不利的自然条件和社会条件的局限，传统农业的发展面临着巨大挑战，未来依靠传统农业脱贫致富的前景很不明朗，但是新型农业的尝试与探索也为未来农业的发展开辟了崭新的道路，让我们依旧对未来充满信心和希望。

◇◇ 3　新的尝试与改变

由于传统的农业发展方式面临着诸多瓶颈，牛街村与康郎村的部分村民近年在农业生产方面展开了一些有益的尝试与探索。尽管这些尝试仍处在初步阶段，但它们为当地未来的农业发展开辟了许多新的方向。

3.1　新作物品种的尝试

在当地种植业的传统模式之中，烟草、核桃和玉米一直是最主要的三种作物，绝大部分的农户也都通过种植这些作物来获取家庭在种植业方面的主要收入。然而，由于传统农作物近年来为农户带来的产出与收入并不可观，许多农户开始尝试种植新的作物品种。在牛街村，花椒、豌豆和魔芋的种植都已粗具规模；康郎村则在花椒、魔芋之外还尝试了香橼、中药材与贡菜等作物的种植。虽然对比三大主要作物上千亩甚至上万亩的种植面积，新的作物品种还与之存在一定差距，但总体来说，其种植也已粗具规模。这些尝试，离不开扶贫项目的推动、企业的帮扶与村民的探索，然而，若希望继续扩大发展这些产业，还面临着一些障碍。

3.1.1 新品种作物种植的现状

3.1.1.1 扶贫项目的推动：花椒的种植

在产业扶贫中，花椒种植成为帮助贫困户脱贫的一大项目。花椒相对耐旱，总体上能够适应牛街村与康郎村的气候条件，且其易于管理，无须农户掌握非常复杂的种植技术。同时，花椒的果实较轻，对于牛街村与康郎村这样地形复杂、交通相对不便的村庄，其运输的障碍相比果实较重的作物而言较小，运输成本也较低。

由于其自身的优势与项目的支持，花椒在两村的经济作物当中属于种植规模较大、参与农户较多的一个品种，村内根据农户的地块大小与种植需求向农户分配花椒苗，鼓励农户的种植活动。截至调研时，根据村委会的宣传栏数据，牛街村花椒的种植面积已经达到 668 亩；而在康郎村，约 1000 亩的青花椒已经获得了 300 万元的产值，惠及该村贫困人口 330 户 1368 人，取得了可观的成效。

3.1.1.2 企业的帮扶：中药材的种植

自 2019 年起，上海实业（集团）有限公司与弥渡县结成深入对口帮扶关系[①]，其旗下子公司与弥渡县不同行政村开展一对一帮扶，其中，康郎村就是获得上实集团的上药药材公司帮扶的村庄，中药材种植成为对口帮扶项目中产业发展的主要对象。

经过专业人员的评估，康郎村具有中药材种植的自然条件，上

---

① 弥渡县人民政府：《上海实业到我县考察和对接帮扶工作》，2020 年 11 月 2 日，http://www.midu.gov.cn/midu/c102440/202011/76552e5b437a411c9d75a347be06d55f.shtml。

药药材公司将会免费提供种苗、化肥等生产物资，并给予相关的技术指导，药材收获以后，公司会以略高于市场的价格对村内生产的中药材进行收购。目前，丹参、黄芩等作物已形成相应的种植基地，2021年，康郎村也与上药药材公司签署了相应的种植合同，550亩的红花种植基地也在积极筹划之中，希望能够通过"百企帮百村"的项目助力当地产业发展，提高村民的收入与生活水平。

3.1.1.3 村民的探索：贡菜的种植

也有一些作物的种植选择来自村民自发的探索。在牛街村和康郎村，种植贡菜的农户数目并不多，但在这之中，康郎村有一户种植规模较大。据他介绍，自己是一个敢于追求契机的人。他最初开始从事贡菜的种植是由于一位南京商人的介绍，了解到相关信息后，便产生了尝试种植贡菜的想法。

贡菜相比当地的传统作物有诸多优点。贡菜用途多样，晒干的贡菜可以出售以供食用，贡菜皮可以用于牲畜喂养。且贡菜在全国许多地区需求旺盛，因此村内种植的贡菜销路广泛，在合理范围内扩大规模不会产生供过于求的问题。贡菜相比传统作物利润也更高，晒干的贡菜平均可以达到60元/千克的售价，质量较高的甚至可以达到70—80元/千克。由于这些优点，贡菜的种植在当地颇具前景，该种植户也非常希望村内贡菜的种植规模能够继续扩大，带动更多乡亲致富。

3.1.2 发展的障碍

以上种种探索虽出于不同因素的推动，但都已粗具规模，若能继续扩展，将是当地种植业转型的重要促进因素。然而，由于一些限制因素，其推广扩展仍面临着障碍，且这些限制因素对于不同的作物而言，有着一定的共性。

首先，在自然条件方面，水资源的缺乏仍然是最主要的制约因素。很多品种的作物能够适应牛街、康郎两村的气候条件，但这样的气候对这些作物的生长而言并不优越。即使是花椒等相对耐旱的作物，也不能脱离水分，若要获得较好的长势与较高的产量，相对湿润的环境或较好的灌溉条件是更为有利的；而贡菜等蔬果类作物对水分的要求更高，需要邻近河流等水源且易于灌溉的土地，而这些土地相比于坡地而言是非常稀少的。在牛街村与康郎村较为干旱的气候条件下，如果这类经济作物的种植规模继续扩大，将会对当地的水资源提出更大的挑战。

其次，作物种植的管理问题。由于当地的地形并不适合大规模机械化耕作，无论种植何种作物，在播种、收获或是其他阶段，都需要投入许多人工。对于花椒、红花这类作物，虽然不需要非常精细的管理或是复杂的技术，但仍然需要农户对其付出一定的管理时间和精力，而对农户而言，其传统的作物品种又难以完全放弃。比如，大部分农户家中都存在猪的养殖，种植的玉米需要满足猪的饲喂需求。因此，许多农户不愿再付出过多时间来管理大规模的经济作物种植。而对于贡菜一类的作物，其管理要求非常高。贡菜收获的窗口期很短，若耽误了合适的收获时机，其开花后便会空心，严重影响产品的质量，导致无法销售；而贡菜的晾晒也需要一定的技术水平才能获得高质量的成品。许多农户因为种植管理技术的复杂性，没有学习的意愿，不愿从事种植。而这又阻碍了已经从事种植新型作物的农户进一步扩展规模，因为他们缺乏足够的劳动力帮助其完成大量的收获与晒制工作。

最后，村民保守的观念也阻碍了产业进一步扩展。很多农户都非常厌恶风险，比起从事新品种作物的种植更愿意安于现状，只有看到许多从事新品种作物种植的农户取得成功才可能有从事的意愿。但是这种成功农户示范效应的取得并非易事。一方面，这些产业的发展还处于起步阶段，一般于 5 年前才开始进行，有的甚至更短，在较短的时间内，很难以稳定的高收益作为示范。另一方面，想取得更高的收益也依赖于规模，正是由于愿意开展新尝试的农户并不多，那些种植新品种作物的农户无法与更多农户合作进一步扩展规模，而仅靠自己一户形成很大的规模需要大量的资金，对于大部分农户而言是非常大的负担，因此，这些经济作物的种植多处于传统作物种植之外的补充地位，通过较小的规模获取少量额外收入，因此难以取得非常可观的收益，从而形成一个很难打破的循环。

3.2 畜牧业的改进

牛街村与康郎村的畜牧业非常普及，几乎每家每户都多少从事一些猪、牛等牲畜的养殖，而其中的生猪养殖又是当地的支柱产业，尤其是康郎村依靠生猪养殖已经入选了大理州"一村一品"专业村①。据村委会公布的数据显示,牛街村 11260 头生猪获得产值 2550 万元,康郎村 12000 头生猪获得产值 3600 万元,足以说明生猪养殖在当地的重要性。在畜牧业方面,无论是农户的小规模经营,还是近年来生猪养殖的合作社模式,都体现着畜牧业生产的改进。

3.2.1 农户的小规模经营

在以往的畜牧养殖当中,农户往往将牲畜养在自己家中,在这种情况下,牲畜的圈舍与人居住的房屋距离非常近,容易产生一些卫生问题,不仅影响人的生活品质,也可能不利于牲畜的疫病防治。而近年来,人畜分离的意识逐渐在村民之中普及。康郎村一户人家将禽畜统一放在之前居住的旧房中饲养,而自己一家人居住在附近的新房屋中,有效实现了人畜分离,提高了生活品质。在牛街村,同样也有农户在自家后院深处修建了规范整洁的猪圈,与自家居住的房屋之间有一片种果树的区域阻隔,也有效改善了人居环境。虽然此举可能需要自家有较大的庭院或多套房屋,相关条件也并不是每一户都具有,但这样较为彻底的人畜分离是一个很好的示范。

当然,农户的小规模经营中仍然存在一些问题鲜少有人尝试去突破。首先,牲畜价格的波动问题。猪等牲畜价格波动呈现出明显

---

① 大理白族自治州人民政府:大理州农业农村局关于大理州"一村一品"专业村拟认定名单的公示,2020 年 6 月 24 日,http://www.dali.gov.cn/dlrmzf/xxgkml/202006/49a83baaea204e01830d2f1fd7a5f025.shtml。

的周期性，若能把握牲畜价格的变化规律，便能据此调整自己的生产决策，一定程度上规避价格波动带来的风险，减少因此造成的损失。然而，大多数村民仍将牲畜价格的波动视为如降水量等不可预测的因素，认为自己无法对牲畜价格波动带来的损失采取措施。也有少数农户了解到牲畜价格变动一定程度上有规律可循，但由于缺少相关信息及时获取的渠道，他们也难以有效地调整自己的生产活动。其次，大多数农户仍满足于自给自足的模式，没有动力去了解牲畜在村外甚至更大范围的销路，仍主要着眼于村内的需求。在这样的情况下，他们一旦扩大规模，就会出现供过于求的情况。并且，许多农户养殖的牲畜由于采用放养的模式，与城市中养殖场统一养殖的牲畜相比，有更受城市中消费者所青睐的优势，而在村中，因为大家都采用类似的养殖方式，这样的优势难以凸显，因此，没有尝试了解更广泛的销路也使这些农户养殖的牲畜的优势难以完全转化为经济效益。

3.2.2 生猪养殖合作社的探索

近年来，正大集团在弥渡县开展生猪养殖扶贫项目，以生猪养殖合作社的形式，实现产业扶贫。在牛街村与康郎村，都建有正大生猪养殖农民专业合作社。这样的规模化统一养殖相较于传统的散户养殖有许多优势。

疫病的流行一直是养殖户非常担心的一大问题。在以往的散养模式下，由于卫生条件、技术条件等因素的限制，农户很难控制疫病对自己牲畜的感染。而在统一的养殖模式下，统防统治更容易进行，所有的牲畜被纳入统一管理之下，消除了由于一户没有做好防疫工作而感染其他家户牲畜致使疫病扩散的可能；相关的技术人员也比普通村民对疫病有更丰富的经验，猪瘟的防控将更加有效。

生猪养殖的环境问题也同样令人担忧。牲畜的粪便以及相关气味会对村民的居住环境质量带来负面的影响，必须妥善处理。统一的养殖可以统一处理污水，建立三级化粪池，配备专业技术人员指导，相较于散户养殖拥有更加规范的处理方式。然而，目前合作社的污水处理仍面临很大挑战。大型养殖场的污水如果处理不到位就排放出去，会对周围的农作物产生巨大危害，而且污染水源；而即使没有随意排放，也会产生气味，为居住在周边的群众带来负面的影响。正大公司面对这样的局面虽有所行动，但仍未能有效解决问题。购置更先进的设备用于整改需要大量的资金，这些资金不可能全依靠县里的支持获得，而若由正大公司全额承担又是不小的投入，因此这笔资金究竟由谁来出仍然悬而未决，统一养殖在污染处理方面的进展也就不太明显。

另外，合作社的模式对于一些观念较为保守的养殖户而言难以接纳。一些农户认为通过自己的直接劳动获取收入以及自负盈亏的模式是更令自己放心的；也有一些农户担忧风险，对公司未来的前景存在疑虑。但散养本身是农户的一大经济来源，短时间内并不能直接取缔以迫使养殖户加入合作社。因此，生猪养殖合作社的形式虽有许多优势，取得了一些成效，但也存在许多问题需要进一步解决，其推广仍任重道远。

3.3 新型农业模式的采用

3.3.1 循环农业与立体农业

近年来,立体农业、循环农业等新型农业模式由于其资源利用效率高、收益可观、环境友好等优点受到重视,在牛街村与康郎村,这些农业模式也逐渐发展起来。

在康郎村,有一户农户的产业很好地体现了这些模式,并且具有较大的规模。这户农户通过土地流转,在河边拥有约三百亩土地,用于香橼的种植,另外还拥有二十多亩的核桃林。核桃林适合进行林下养殖,因此他们饲养了一千多只鸭子在核桃树之下,家禽一定程度上能够减少树下杂草的生长,既减轻了饲喂的成本,也减少了人工除草的负担。另外,这户农户同时也进行着烤酒的产业,酿酒的过程中能够产生酒糟,这些酒糟可以用于一千多只鸭的饲喂,一定程度上减少了饲料的购买成本。正是这样的生产模式,使他们节约了家禽饲养的空间,有效连接了不同生产环节,使原本成为废弃物的副产品发挥出应有的经济价值,并且减少了废弃副产品污染环境的可能。

虽然这一户农户从事的大规模新型模式农业在当地尚属少数,与他们敢于冒险的精神、学习新技术的积极性以及相对较好的经济条件有很大的关系,可能并不能为大多数普通农户所成功效仿,但这种循环农业与立体农业的思想早已蕴含在农户的农业生产活动之中。例如,很多农户会将家中饲养的猪牛等牲畜的粪肥作为农家肥,施于作物种植的过程中;也有很多农户会在种植的果树林下套种一些喜阴的较为低矮的作物。虽然这些生产方式尚不具规模,并且可能还存在套种作物选择不尽合理的问题,但其仍在很大程度上节约了空间与资源,提高了农业生产的效益。

并且,在与牛街村、康郎村两位书记的交流之中,我们也得知村内目前对这些农业模式非常支持,诸如林下养殖、林下种植的模式都是书记们非常支持的农业发展方式,未来也可能会被推广到更多农户的农业活动之中。

因此,虽然这些新型农业模式在当地仍处于起步阶段,较为专业化、规模化生产的农户数量并不多,但这样的模式在当地存在非常广阔的发展前景。

3.3.2 延长产业链

核桃树种植在牛街村和康郎村是种植业中最为重要的组成部分,其相关产业的发展情况直接关系村民的收入与生活水平。近年来,由于气候干旱、核桃单价下跌等原因,两村万亩的核桃林带给村民的经济效益不断下降,核桃相关产业未来的出路成为大家公认的一大亟待解决的问题。

大理的漾濞县是核桃产业发展得颇具特色的一个地区,由于与弥渡县临近,牛街村与康郎村的部分干部也曾去往当地学习相关经验。漾濞县的核桃深加工产业发达,核桃在当地不仅可以作为一种坚果直接售卖,还可以加工为核桃饮料,核桃壳甚至被用于雕刻工艺品,这种延长产业链的方式带来了多样的产品,使当地获得了可观的收入。然而，核桃饮料制作的深加工设备需要大量的资金去购买，核桃壳雕刻的相关技术也有很高的要求，对于牛街村与康郎村而言，难以在短时间内效仿这样的做法。

但是，牛街村的彝韵核桃种植产销农民专业合作社通过其他的方式，同样开始了延长产业链的探索。由于气候原因，近年来，许多核桃树结出的果实较小，属于等级比较低的品种，直接售卖的单价很低，但如果加工为核桃油，其果实的大小并不影响产品的品质。在彝韵核桃就有相关的加工设备生产核桃油。由于核桃油的营养价值高，深受城市消费者喜爱，因此经过这样的加工，原本单价较低的核桃，就能够以核桃油的形式出售，售价显著提高。另外，彝韵核桃也购置了烤制核桃的专业设备，相较于村民传统的煤炭烤制方法，烤出的核桃表面更加洁净美观，也杜绝了煤炭烤制造成核桃含硫量超标影响健康的风险。因此，以这种方式烤制的核桃质量较高，适合用礼盒包装，再以较高的价格售卖。

然而彝韵核桃在现阶段仍然存在着许多需要改进的地方。一方面，其加工的产品相比于一些技术较为成熟的大型工厂仍然较为粗糙，还未能推出针对高端消费者群体的代表性产品，因此销量多靠扶贫大公司来带动，销路还未能进一步打开。另一方面，彝韵核桃从村民处收购核桃作为自己生产的原料，但据工厂的负责人介绍，不同的收购商之间也存在竞争，村民可能出于多种原因将核桃卖给其他收购商，这也是彝韵核桃未来需要解决的问题。

虽然还有许多不足之处，总体上，彝韵核桃种植产销农民专业合作社仍根据牛街村当地的资金与技术水平，用较为经济与可操作的方式延长了核桃产业的产业链,为当地核桃产业的转型升级做了一个示范,也得到了当地干部的认可。在未来,这种方式在不断地改进中也可能在更多其他农产品的相关产业中推广。

◇◇4 未来的方向

4.1 前路

经过多日的走访,我们有幸采访到一些村委会干部和新产业的先锋。他们对村子的未来有着不一样的思考。

村干部们偏向宏观思考。他们有的希望能够增加核桃加工厂的数量,提高对核桃的加工能力,为万亩核桃林开辟一条出路。也有干部从核桃林本身着手,设想能够伐掉一些产量很低、长势不好的核桃树,替代以高产值的经济作物,这样既能增收,也保持了水土。有的干部正在为实现生猪的集中养殖不断努力,他希望能够改善村子的环境质量,以此吸引更多的游客前来参观游览。

产业先锋们则更注重技术设备的完善,寻找新的增收点。有的村民向我们介绍林下种植的种种优势,认为会是一个很好的增收项目。有的村民则希望可以建造高压提水设施,让更高的地方也能种上高价值的经济作物。有的村民计划着未来能够铺设先进的滴灌设备,降低人工成本。

这些思考与设想无疑都来源于他们长期的生产生活实践和对村

子发展状况的观察。虽然目前来看，这些设想的实现都具有各自的困难，甚至道阻且长，但这些想法某种程度上代表着两村未来的发展方向，在不久的将来，一些设想或许就会落地生根，发芽开花。

4.2 建议

我们也根据多日的走访所得，尝试为两村的发展给出建议。水平有限，这些建议或多或少存在着一些不完备的地方。不足之处，请读者多多指教。

短期上，我们建议拓宽农户获取市场信息的手段，降低生产决策的盲目性与保守性。我们建议为广大农户制作相关农产品的价格走势图，举办相关讲座，让农户掌握更多的市场价格信息，提升生产决策能力。另外，我们建议当地可以多组织干部、农户考察外地的成功项目，吸取经验，总结出适合自身发展的方案。同时，当地政府及时、有效地帮扶产业带头人，帮助其解决困难，做出成绩，增强示范效应。

中期，我们建议培养本地的直播带货人才，开拓互联网销售渠道。本地人直播带货，既能更全面地介绍本地农产品的特点，也可以留住中间收益，还能够创造就业岗位。同时，我们建议继续推动本地核桃加工产业的发展，延长产业链，增加产品附加值，提高产品竞争力。还可以积极与高校、科研机构展开合作，提高农业发展的科技含量。

长期来看，养殖业方面，我们建议大力推动生猪的集中化养殖，完善相关污染处理设施；种植业方面，我们建议因地制宜，优化种植作物的分布，使作物与土地状况相适应，实现经济效益与生态效益的双赢。最后，乡村振兴离不开人的聪明才智与艰苦奋斗。解放思想，引入新鲜血液，激发乡村发展潜力也是十分重要的。

◇◇5　结语

产业发展从不是易事。两村的自然与社会条件的确给当地的产业发展带来了诸多限制，但是我们也听到了很多新想法，看到了一些新作为。改变并非一蹴而就，但主观能动性的正确发挥无疑会加快改变的进程，这也成为我们对未来充满信心的理由。这需要党和政府的正确领导，需要村民们的艰苦奋斗，需要基层干部的踏实工作，需要社会力量的大力支持，需要无数的优秀人才、精神与汗水在这里汇集。我们相信两村人民的生活一定会更加美好，乡村振兴的花朵一定会在这片土地上绚丽绽放。

第 七 章

非农就业

◇◇1 引言：内外互动视角下的非农就业

我们了解牛街的整体面貌，就是在了解牛街村民的生活。一个人的想法和行为是复杂的，不同观念和行动是交织的，我们只能从不同方面对其生活进行切片，从某个视角考察一个人的生活。本章关注当地的非农就业特别是外出务工，这涉及村民的生计问题，也是一个关键问题。我们要从什么角度考察外出务工问题？对于村民而言，是否选择外出务工是基于个人和家庭条件以及主观想法进行的决策。以何种方式谋生对于每个家庭来说都是放在首位的决策，这一决策不仅影响劳动者本人，更是整个家庭维持生活的基础，所以我们考察外出务工问题应当以家庭作为基本单位。我们通过访谈的方法可以了解到一个家庭进行外出务工时有哪些主客观因素影响他们的决策，如果我们把这些因素抽象出来，进而将不同家庭加总，就可以实现从微观单位"家庭"到宏观单位"村庄""社会"的分析维度的提升，即每一个影响家庭外出务工决策的因素都可以抽象为宏观层面的某一个社会变量。我们在访谈中会获得大量关于被访个体以及相关群体的各种各样的"事实",这些"事实"丰富了我们对牛街和牛街村民的认识,让我们对村民生活中的具体问题有了基本概念和认知;但我们相信,只限于了解基本事实是不够的,我们的调研和访谈还应当有一个努力方向,就是试图找出不同变量之间的关系,尝试寻找不同事实之间的关联和事件发生的规律。我们应当如何寻找这种关系呢?我们就要从微观家庭的每个决策入手,寻找主客观因素之间的关系,从纷繁复杂的事实中提炼出对宏观变量关系的猜想。由此得到的结论只能是猜想,因为仅从个案入手是无法印证宏观变量关系的,二者是不同的分析维度;但个案分析的重要意义在于,个案为我们提出变量关系的猜想提供了方向和思路。我们还应当意识到,从微观到宏观的抽象过程中抹去个体间的多样性和差异性,个案访谈让我们重新发现这些多样性;宏观变量也无法表现出微观个体对事物和事件认知的主观建构,个案访谈让我们知道,现实中鲜活的人们是如何认识他们周围的一切、又是如何形成他们的主观意识的,这些仅仅靠观察数据是无法获得的。另外,一位村民无论选择哪种谋生方式,势必要与其他人打交道,这涉及人际互动问题。具体地,如果一位村民想在村里找一份零工,他应该找谁?如果想在省外找一份工作,他又应当找谁?具体的工作是以什么样的形式组织的?这也是我们想要了解和考察的内容。

经过我们数天的调研,我们对观察到的宏观变量关系做出如下猜想,可以作为本章内容的提纲。我们把"乡内外互动"作为主线，乡外的经济情况、乡内外的连接情况都可以对乡内各方面产生影响；如果乡内劳动力选择外出务工，那么也会给乡外提供劳动力，由此形成了乡内外的双向互动，如图 7-1 所示。

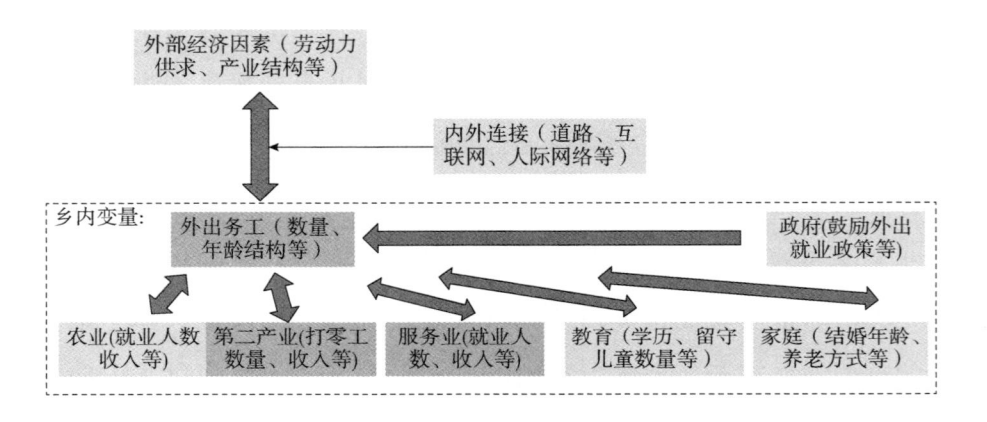

图 7-1　乡内外劳动力互动图

以下是从牛街村村委会和康郎村村委会得到的牛街村和康郎村 2020 年的劳动力基本数据，这些数据有助于我们获得对村庄整体情况的基本认知。2020 年，牛街村农户总数 722 户，总人口数 2762 人，其中劳动力数 1324 人；劳动力中从事家庭经营 1207 人，其中从事第一产业 1027 人，从事非第一产业 180 人；劳动力中外出务工劳动力 117 人，均为常年外出务工，其中乡外县内 68 人，县外省内 35 人，省外 14 人。2020 年，康郎村农户总数 754 户，总人口数 2840 人，其中劳动力数 1564 人；劳动力中从事家庭经营 1007 人，其中从事第一产业 978 人，从事非第一产业 28 人；劳动力中外出务工劳动力 557 人，均为常年外出务工，其中乡外县内 117 人，县外省内 203 人，省外 237 人。由此看出，康郎村居民外出务工的比例远高于牛街村，县外省内和省外务工比例尤其高，这与我们的直观观察情况相符，与牛街村相比，康郎村整体经济情况较好。年龄上，外出务工人员中，中年人和青年人居多，大部分青年人在外上学或工作；性别上，单人外出打工没有明显性别差异，以家庭为单位的外出务工基本上是夫妻共同外出。

接下来各节，我们将介绍与村内非农就业和外出务工有关的各个因素，包括它们的基本事实和我们的分析，由此我们可以思考非农就业特别是外出务工与这些因素之间的互动关系，从而得到关于非农就业的全面、深刻的认识。

◇◇2　乡内就业

一个家庭成员选择外出务工，也就意味着放弃了其他在乡内就业的可能。所以要摸清家庭外出务工的决策机制，就要先研究乡内的工作是什么样的。在牛街乡，我们访谈的家户里有几家非常坦率地解释他们外出务工的主要动力就是外面的收入更高；干部们也有"一人外出务工，全家脱贫"的说法，非常乐意看到村民外出务工。他们还为我们提供了一些外出务工和乡内就业各个特点的比较。我们更加深刻地意识到，收入也不是全部的因素。

下面我们挑选几种最常见的乡内就业来谈一谈它们的特点，也会提到一些它们和自 2010 年以来外出务工潮的联系。不过有必要说明，下面的这几种工作一般是可以叠加的。这是因为和常见的雇佣劳动不同，这些工作不会占用全部的劳动时间，比如，农业就有农忙和农闲时节。我们访谈对象里的一个养殖户可以在养猪的同时种一些烟草，一个种植户也可以农闲时打零工。外出意味着这些活都干不了。换言之，村民其实是在乡内就业的组合和外出务工之间做权衡。另外，一个人也不是一辈子都要从事一种行业，尤其是许多外出务工者也会返乡从事下面的各种工作。

2.1 农业

2.1.1 种植

在我们的访谈中，村民和干部们都和我们强调过近两年种地的收入太低。也曾有干部们告诉我们"外出务工是最稳定的工作"。这自然与云南省近年大旱的背景有关。能得到稳定灌溉的土地并不多，基本上都在河边，而且依然需要依靠不可预测的雨水。农民依然"看天吃饭，靠雨水赏饭吃"。

下面简单地根据农作物做具体分析。如果想了解更多细节，请看本书第六章。牛街乡主要的几种作物是玉米、核桃和烟草。玉米一般用于自家养殖的饲料，很难衡量种玉米的收入。不过，很多农户都明确告诉我们玉米"赚不到钱"。此处的赚不到钱指的是无法支持一个家庭的花销。种核桃的劳动力需求不高，看似很适合空心化的乡村，但是由于最近核桃跌价和天气干旱，村民们打理的积极性也下降了。

不过，我们访谈的种植烟草的家庭往往有可观的收入。然而种植烟草和其他两种作物不同，它的种植需要一定的水土条件，不是什么地都能种；它的种植面积是由烟草公司分配给各村，然后再分配给村民；而且烟草的劳动力需求很高。一位家里种了烟草的牛街村干部告诉我们，如果出去打工却没适应外面的工作，回来就承包不到烟草的面积了。他还告诉我们，牛街上村种烟多，牛街下村种烟少，而下村外出务工更多。如果再考虑到外出务工意味着劳动力减少，一家人种烟草往往意味着家里没有人出门务工，确实可以解释二者外出务工的区别。

总之，在不考虑烟草的情况下，外出务工的收入更高，也不用"看天吃饭"。对于一个有条件种烟草的家庭，烟草和外出务工不能兼得。

此外，种植也有打零工的工作，比如我们采访到的一家就在乡里的香橼园里打工，每年闲暇时上工干大约3个月。此外，村民还可以打工帮忙育苗等。

在访谈过程中，我们还反复听到这样的说法，种地相比务工是一份非常劳累的工作，对年轻人的吸引力已经大大降低了。由于年轻人多去外面务工、读书，他们正在失去农业技能，"好多人都不会用锄头"。另外，2010年以来的外出务工增加导致撂荒的危险加大了。如果没有老人在家里盘地，外出的家庭往往会把土地交给他人耕种，希望这块地不要荒废、长树。这种现象将在本书第十章更详细地分析。显然外出务工潮已经开始冲击牛街的农业生产。外出村民们正在抛弃"农民"的身份，选择更有吸引力的出路。

2.1.2 养殖

牛街乡最引人注目的养殖行业就是养猪了。以前，很多人养猪是为了过年时自家食用。但是在最近几年，由于猪肉价格上涨、村里也允许散户养猪，更多家户开始扩大养猪规模，有的达到30—40头猪，也有人甚至盖了能承载200头猪的大猪圈。由于前几年养猪造成严重的环境问题，现在猪圈也有其卫生标准。无论是修建大猪圈还是按照卫生标准翻新猪圈都势必需要一笔投资（200头猪的大猪圈成本是30万—40万元）。由于向银行贷款的额度也受限于本身资产总额，只向亲朋借款又远远不够，修这种大猪圈扩大生产规模对于很多贫困户来说是不太可能的。

巨大的初始投资已经让许多贫困户望而却步。然而，修好了猪圈也并不能稳定赚钱。"猪周期"的存在却让村民陷入"赚一年，赔一年"的困境。农民自然无法掌控猪肉的价格。一养殖户告诉我们，去年生猪价格一度达到30元/千克左右，养殖户赚得盆满钵满；今年却一路跌到了12元/千克左右。对于这样的价格波动，有的村民评价说去年养猪的都赚到了，今年养猪的都要倒贴钱了。如果再加上初始的固定成本，养猪户很容易出现"负资产"。这也为"外出务工是最稳定的工作"提供了一个注脚。

很多农户刚进入养猪行业几年，也不可能迅速掌握猪周期的状况。"追涨杀跌"目前还是一种普遍的现象。外界猪价的猛烈变动对于初入养猪行业、缺乏猪周期经验的家户就像雨水一般不可预测。一旦修了大猪圈，村民也很难从中"脱身"，因为猪圈只能用来养猪。和领工资的外出务工相比，它有机会赚到更多钱，但风险也大，可能导致村民陷入"负资产"状态。

外出务工也可以通过这样一种渠道影响到进入养殖业以及决定生产规模的决策。外出务工人员回乡后一般拥有一定的储蓄，他们更能负担进入养殖业以及大规模生产所需的初始成本。例如，在我们访谈的一户人家中，这一家人外出务工多年已经积累了16万元左右，于是再加上贷款和亲朋借钱后修了一个能容纳200头猪的大猪圈。然而16万元对很多人也算是一个庞大的数字了。对贫困户来说无须初始投入的外出务工是更现实的选择。

2.2 服务业

服务业是一个非常宽泛的概念。跑客运、卖货、开餐馆，都属于服务业范畴。和养殖类似的是服务业也需要不小的初始投资（雇佣劳动会好一点）或需要特殊技术，对于此前从事农业的贫困户也很困难。服务业也有打零工的情况，比如饭馆雇人帮手，但现在饭馆的客人也减少了，平常用不到零工。如果想更详细地了解村里服务业的情况，本书第八章中会有更详细的介绍。本部分主要介绍一些和外出务工有关的情况。

我们发现，服务业的情况其实不太好单独剥离出来和外出务工做比较——它本身就受到外出务工状况的直接影响。首先，外出务工带来的收入可以提高服务业的需求；其次，人员外出之后对村里的服务业需求也势必降低。下面我举例说明这两种力量的影响。

对于第一种力量，商业的情况比较明显。商业繁荣的基础是整体收入的增长。随着牛街乡经济总收入的提高，很多生活资料的消费大幅提升了（比如家电销售）。即使一家人中有人外出务工，也可以寄钱回家让村里的亲人进行这些消费，提高生活水平。然而增加的消费也有一些其他附带的影响，即对专业化服务的需求降低了。比如随着很多家庭开始购置私家车或摩托车，县和乡之间的客运生意就冷淡了（以前每年能有5万—6万元的利润，现在压到了2万—3万元）。

对于第二种力量，餐饮业的情况也很明显。我们遇到的一家餐馆是一家经营了两代人的老餐馆，能明确感觉到随着外出务工者越来越多，餐馆的生意越来越不好做。牛街的饭馆大多也算不上高档，对于他们，一般来说人口越密集生意越兴旺。这种情况下村庄的"空心化"就会极大地影响他们的收入。客运业也会出现这种情况，由于壮劳力长时间不在乡村，客流量就下降了。

冲击服务业的因素还有很多，比如一位经营客运的司机告诉我们，他原先跑的线路由于高铁的建成乘客数量大幅下降，只好改跑从村到乡的线路。对于那些服务业需求的负面冲击，村民们也有一些积极的应对。比如有开客运的在乡里改开吊车，投入了建筑业。然而并不是所有人都可以实现这样的转变，因为进入一个新的行业往往需要投入大量初始资本，比如学习新技术、购买特殊车辆需要很多时间或很大的金钱投入，转行并不容易。

还有一种属于服务业的形式特殊的长期雇佣劳动，即为村委会做公益性工作并获得一笔收入。村委会为很多困难家庭成员安排了清理厕所、维护街道卫生这样的工作，我们所知道的工资大约为800元/月（附注）。村委会还有很多兼职工作，但是收入一般很少。有一家老人告诉我们，他的儿子以前在村委会做了6年兼职，一个月兼职大约只有200元/月，因为收入太低去了大理务工，现在已经8年了。因为乡里有各种原因无法外出务工的家庭，其实这些工资不高的工作对于家庭致富也是很有意义的。

2.3 工业

2.3.1 打零工

乡里的第二产业主要是建筑业，几乎没有工业。它和外出务工非常相似，也是领工资，不用承担风险；不同的是，留在乡里就可以避免很多外出务工带来的问题，比如老人赡养和儿女看管、教育。

建筑业就业的主要特点是打零工。打零工很早就有了，以前农民就会在农闲时节去帮忙修房子等。近年来农村收入的提高（很多外出务工人员愿意寄钱回家修缮房屋）、养猪的热潮让村民修房子和盖猪圈的需求都提升了。干这一行的一般是"雨水天不做，农忙天不做"。不过，建筑业的活不一定常有，很多要靠包工头的联络才有活干；每次工程时间也不一定，比如盖房子要两三个月，修墙（用来防洪等）只用两三天；工人不用每天都去；工资有时几天一结，或者根据工人需要结算。一家施工队介绍说干体力活的小工是100元/天，干技术活的则达到150元/天，如果愿意，技术活是可以跟着施工队里的师傅学的。我们在一家工地上得知小工的工资是一天七八十块。总之，建筑业的零工非常灵活，也会出现技术档次的差别，类似于外出务工的情形，但不一定能经常找到活，工资水平也不算高。近两年由于雨水减少，农业种植的不景气让人们投入建筑业的时间增多了。比如一家已经做了4、5年的小施工队包工头告诉我们，本来只是农闲时节做建筑业，但是因为雨水情况不好，近两年就一年四季都在做。

当然并不是所有人都处于打"零"工的状态。乡里也有施工队雇佣的是本地的长期技术工，他们的技术和上面小工的技术不在一个层面，是开各种特殊工程车辆等，每人一年工资要开出惊人的三四十万。不过，大部分人都没有这样的技术。

2.3.2　村内零工的组织方式

村内"打零工"是如何组织的？我们访谈了一名包工家庭，组织村内各种建筑工作，让我们对村内雇佣劳动有了深入的认识。当时一位村民正在建新的猪圈，我们就以此为例说明这样的工作是如何组织的。当这位村民（即猪圈的主人）有了建猪圈的想法后，就找到了这位包工头，让他来组织猪圈的建设。包工头掌握建筑技术和生产设备，同时还有广泛的工人圈，并且能够联系到建筑原料的商家。包工头根据主人对建筑原料的要求，从县城购买水泥、砖块等原料；临时召集若干名工人来建猪圈，这些工人和包工头相熟，包工头接到活以后就会找他们，工资是包工头定的，工作期间的饮食由包工头家中负责；建设猪圈的工具也是包工头提供的。猪圈建设完毕后，主人会把事先商定好的资金给工头，这种组织方式叫作"包工包料"，即工人和材料都由包工头负责，另外也有只包工不包料的情形。

包工头的技术是自己掌握的，我们访谈的包工头原先跟岳父学会了木工手艺，会雕刻木质手工艺品，也会盖木质房屋；混凝土替代木料成为主要的房屋原料后，他自行学会了新的建筑技术。包工头之所以能成为包工头，与他掌握的技术有很大关系，这是包工头与一般工人的主要不同，虽然包工头也会参与一般的建筑劳动。工人和包工头有固定的联系，包工头在村里也较为知名，可以说包工头也是建筑工人和建筑需求者之间的人际桥梁。

2.4 乡内就业总结

我们发现乡内就业的一个特点是大部分工作的收入比较低。而那些收入比较高的行当，往往需要投入大量的初始资金，或者拥有某些技术、手艺。另一个特点就是随机性强，无论是雨水、猪价波动还是建筑业的找活干，都不是很稳定。在所有就业中最主要的农业种植，更有劳动强度高而不受年轻人待见的特点。外出务工自然也有一定风险，比如在外面找工作很难，不过一旦稳定下来就会有可观的收入。虽然我们很难总结出村民们同时兼职这些工作的规律，在访谈中一直有人告诉我们："能出去的都出去了。"我们觉得，至少就前几个方面而言这种"用脚投票"基本能说明对于外出者而言，即使几种乡内工作组合起来也不如外出务工。

不过，什么叫作"能出去"呢？我们也访谈了很多回来的家庭和没有外出的贫困家庭。现实中家庭还要考虑婚姻、养老、儿女教育、年龄等一系列的问题，还有一些家庭受到疾病、户口等问题的掣肘无法外出。它们也是外出务工决策机制中的重要维度。我们会在接下来的部分详细探讨它们的作用。

◇◇3　家庭

3.1　婚姻

婚姻是牛街生活中非常重要的一件事，不论从家庭结构还是经济方面都是对牛街村民一个巨大的影响，所以村民在做许多决策时必须要考虑婚姻的因素，外出务工的选择也不例外。

婚姻对于外出务工的影响是分阶段的，首先是结婚之前，单身的青年男女或是结伴或是经同乡介绍去往省外工资高的地方打工，他们对于婚姻还没有迫切的需求，选择较为自由；而到了应该结婚的年龄，现在可能是二十七八岁，没找到男女朋友的会在家长的要求下回家乡附近相亲，打工地点转移至县城，而找到对象的，无论打工时认识的或是相亲认识的，最终都需要回到村子里操办婚礼，然后组建家庭生儿育女，由于哺乳期内孩子需要照顾，家长此时也就无法再外出务工了。在孩子断奶之后，有些家庭会选择留在村里照顾孩子，也有的家庭会选择再次外出务工，将孩子留给老人照顾，需要看老人的情况而定。

夫妻一同外出的情况也有很多，二人也很有可能在一个工厂中，一是生活中可以相互照顾，二是共同租房可以减少成本。结婚后相较于结婚前，个体要承担更多的家庭责任，无论是子女教育还是日常开支都是一笔巨大的经济支出，这就要求婚后个体必须有储蓄的能力，于是从事的工作也必须稳定一些，我们访谈的对象也反映出结婚者比单身者工作稳定这一点。

村落整体的婚姻情况在近些年也发生了一些变化，例如刚刚提到的平均结婚年龄就相比之前有所推迟，结婚对象也由家乡附近的村庄拓展到省外，男性找对象的难度增加了，这些变化有些是出于人们观念的变化，有些是经济条件的变化。

从外出务工的角度可以有部分解释，一是外出务工过程中会认识到外面的世界，年轻人开阔了眼界后会对外面更加向往，女性可能更加倾向于嫁到乡外去，家乡男性找对象的难度也就提升了。我们在调查之中还遇到了一户人家，户主的老婆是从缅甸来的，近些年也存在其他从缅甸找老婆的现象，都反映了当下男性找对象的困难之处。二是结婚年龄的推迟一部分也与此相关，另一部分则是经济原因。为了更好地生活，个体会选择多打几年工，挣更多的钱再回家乡结婚。

3.2 养老

赡养老人也是大部分家庭都会遇到的问题，在牛街传统的家庭结构中，如果有多个兄弟，那么其中一个主要负责赡养老人的义务，其他兄弟姐妹则在必要时给予支持。承担赡养老人义务的个体在面临外出务工选择时，需要考虑的因素更多。

老人的身体状况是最需要考虑的，牛街村的老人大多是农民，积累了丰富的农业经验，如果身体条件允许是可以自己种地养活自己的，闲暇时也可以帮忙照看孙子孙女，像这样的家庭可以选择将孩子留在村子里而自己外出务工；如果老人身体很好年龄也不是很大，可以一起去城市中从事像保洁这样的工作。而如果老人的身体状况不能支持下地干活，必须有人照顾，那么子辈的压力就会比较大了，我们访谈的家户中就有因老人病倒而不得不终止外出务工回家的。

经济方面也是重要的因素，我们访谈的那些孩子外出务工的老人中有的当过兵，领取退休工资，有的自己种地，有的则需要依靠低保，出乎我们意料的是会寄钱回家赡养老人的不多，大部分只在有特殊需要的时候提供帮助，一方面是孩子自身生活的支出压力很大，一方面是老人不想太多麻烦孩子。自给自足是老人生活的常态。

我们原以为空巢老人在生活上比较孤单，但事实上并不完全如此，农村人有农村人的生活方式。对于有些老人来说种地已经不是维持生计的手段了，长期的生活习惯让他们保持这种生活方式，为的是不让自己闲下来和锻炼身体。老人平时也会看电视节目来娱乐，有的老人还会使用智能手机看抖音和快手等短视频消遣，和村里人聊天、打牌也是常见的娱乐方式。和家人通电话是经常的，甚至每天都会打一通，交流感情是保持良好精神状态的必要方式。

在牛街乡有一所公办的敬老院，2016年建设的，如图7-2所示。

目前大约有 50 个老人,但其中大多数都是三无老人,无儿无女无家庭,这样的老人享受免费护理,有家庭的老人只有 8 位,是因为子女外出打工赡养不方便才来的,收费 835 元/月。将老人送到养老院不是一种主流的养老方式,只有老人实在觉得孤单才会选择入住养老院,同时也需要村委会来审查,满足一定的条件才允许入住。

图 7-2 牛街敬老院

◇◇4 教育与技术

4.1 教育

任何时候,教育都是一个家庭、一个地区的头等大事,而教育对于非农就业的影响则分为两个方面,一是自身教育水平,二是子女教育问题。自身教育水平对于寻找非农就业工作来说是一个重要的影响因素。而这种因素在不同的年龄层出现了极大的差异性，影响机制也呈现出不同年代的差异性。

首先介绍下牛街整体的教育产业情况，牛街村有一所小学，整个村的儿童都会在这里就读。牛街乡则有一所初中，牛街彝族乡民族中学，覆盖全乡的初中教育，共有730个学生，60位老师，目前在全县排名前二，毕业生中有55%可以上普通高中。高中只有弥渡县城才有，普通高中包括弥渡一中，弥渡二中，而大理州则有五所更好的高中，特别优秀的学生可以就读。总体来讲，牛街的教育整体上不算很强，但这几年一直在进步。

回到自身教育水平，从年龄整体上看，50岁以上基本是小学学历，有的只上到小学2年级；40岁左右有部分读过初中；30岁左右80%上过初中，10%左右上过普高/职中；20岁左右则是50%上过普高、50%上过职高，其中有部分考入大学。性别差异也与年代有关，以前是男性的教育水平更高，2016年以后基本消失。

虽然缺少明确的计量工具，但我们依然可以通过与村民的访谈探索教育水平的变化机制。我们访谈的一位71岁的老人曾经是一位小学老师，他因为学历较高从1966年开始边教边学，一直教到2000年，过去的教育十分艰苦，曾经经常去适龄儿童家里面做工作劝家人让孩子读书，还为了筹集学费带领学生种地，常有人因为出不起学费而不上学，对于这些人来说，上学的收益抵不上帮助家里种地的机会成本，所以会选择辍学，这也是过去教育停留在小学的主要原因。因经济问题而辍学的情况直到2012年以后才基本不再存在。

牛街乡初中教育这些年发生了很大的改善，牛街彝族乡民族中学从过去乡里面最后一名到排名第一，一个很重要的原因在于管理结构的调整，在2001年以前民族中学是由弥渡县直接领导的，与牛街乡是同级单位，牛街乡无法进行管理而县里关心程度不够导致办学质量低下，直到2001年之后由乡直接管理，再加上乡领导对于教育的重视，民族中学才办得越来越好。

从教育水平对非农就业的影响机制来说，也发生了很大的变化，通过我们访问的30岁以上的村民，他们外出务工从事的多为体力劳动，包括工地中搬砖、船厂中涂装，工厂中的活技术性也不高，不需要很高的教育水平就能完成，一些要求技术的工作更多地需要长时间的工作经验，随着经验增长而提高工资，对于这部分工作来说教育的帮助并不大。

而近些年发生了一些变化，很多村民反应纯体力工作挣不到多少钱了，同时没有技术、没有学历很难找到工作，非农就业市场对于教育水平的要求提高了，反映在家庭中就是学生的受教育年限增长，更多地鼓励孩子上学，拿到更高的学历。

中专、职高、卫校等就是针对职业教育的一种选择，每年都有50%左右没考上高中的初中毕业生会选择，包括汽修、烹饪、航空等专业，以汽修专业为例，在学校上3年学，然后分配到4S店实习1年。毕业之后也倾向于留在城市中生活，无论职高还是高中毕业生都很少有回家从事农业的。

非农就业的选择和子女教育的关系也非常密切，这几乎是所有家庭都会面对的一大问题，选择哪里就业、选择哪种就业都会对子女教育产生重大影响，也反映了家庭对于教育的重视程度。

孩子从出生就一直需要照顾，选择外出务工就必然存在对孩子照顾上的缺失，如果带着孩子去城市中，吃住是一方面，耗费的精力是一方面，边打工边照顾孩子是十分困难的，孩子太小无法照顾自己，上学辅导也精力有限；而如果像大多数务工的家庭一样将孩子留在家中由老人照顾，学习上也很难有帮助，老人的观念也相对落后，并且这依赖于老人的健康状况。所以如果父母重视教育，那么他们更可能会选择在村里从事农业，或是在就近地区工作。

留守儿童问题越来越严重，民族中学的 730 个学生中大约有 130 人是留守儿童，他们的父母大多外出务工，只有过节才能回家一次，父母在教育上的缺失产生了巨大的影响，留守儿童内部出现了两极分化的现象，优秀的学生可能由于家庭原因更加努力，例如 2021 年的校中考状元就是一名留守儿童，但是后面的学生就因为缺少监管而荒废学习，平时不听课的大有人在，有些学生甚至学籍在校但平时并不来上课，而是到县城去做刷盘子一类的工作。民族中学最近也开始重视留守儿童现象，刚刚建立了一个心理辅导室，但能起到的作用有限。

在牛街，这些年教育观念有了很大的改善，再加上经济的改善、人社部门的宣传和扶贫项目的实行，从 2012 年、2013 年开始就基本不存在因为穷而上不起学的了，2016 年已经完全不存在因为经济原因辍学的现象了，性别差异也基本消失。家长对于完成学业和继续读普高或是职高都比较支持，很少会出现读完初中就不读书的情况了。有钱并且重视教育的家长会在寒暑假送孩子去弥渡县城参加课外辅导，每年有20—30人。网上辅导效果很差，学校也不鼓励进行。收入更高的家庭可能会让孩子去外面上私立学校，三年学费大概15万。但最一般的情况还是没有参加课外辅导的，家长的支持也多是经济层面上的，精神上的关心比较缺乏，比如小学校长让家长买课外书却只有小部分家长能做到。

对于那些带孩子外出务工的家庭来说，学籍是一个刚性的约束，即使初中在外面上学，中考却必须要回到大理州，因为孩子的原因他们不得不从城市中回来，也可能会选择终止外出务工。

4.2 技术

牛街的村民世代都是农民，他们在土地上的实践积累了丰富的知识和技术，而当这些农民转入其他非农行业时，不得不学习新的技术。如在教育中提到的一样，现在的非农就业越来越需要技术了，在当地打零工，一个普通的工人工资每天只有100元，而技术工人能达到200元左右，外出务工也是如此，仅仅是修理共享单车，技术好的比技术一般的工资要高出一倍。专业化更高的行业更是如此，例如开吊车可以达到一个月几万元的收入。

显然，越丰厚的回报对应的是越高的门槛。技术的学习包括三种途径。一是干中学，维修共享单车就属于此类，它的入门难度不高，一般只要有体力就能做，但是是计件工资，想要更高的收入就必须从工作中提高熟练度，现在对于高熟练度工人的需求也在提高；二是拜师当学徒，这类工作往往是专业化很高，需要师傅亲手教导的，例如开吊车、开挖掘机，拜师也不是随便能拜的，一般需要有关系，亲戚之间更愿意教给你，我们访谈的一位村民是跟着丈人学的木工，一位是跟着小姨夫学的开吊车；三是在学校学习，职中就有烹饪、汽修、计算机等专业，现在有一半左右的初中毕业生会进入职中。

技术之间也存在着差异，有的技术是铁饭碗，有的技术则可能面临着淘汰。开车就是一项长期稳定的工作，中国近年来基建火热，在牛街大大小小的建筑工地这些年也越来越多，很长时间内都需要开挖掘机或是搬运材料的运输车司机，一旦学会开车就可以跟着一个施工队干很多年，而且开车除了工地也可以做运输等行业。而上文提到的木工，已经是一个被淘汰的行业了，这位村民家里几代人都是木匠，现在也不得不转为建筑业，但木工知识有一定的帮助。像修理共享单车、刷油漆这类工作，浮动比较大，身体也是限制因素，年龄大了体力会跟不上。

◇◇5　政府

外出务工的决策除了要考虑上述各种因素之外，还需要考虑政府对外出务工的支持。由于外出务工可以显著改善一家人的收入水平，政府乐意看到村民选择外出务工。我们也确实在村里的公告栏看到了一些支持外出务工的政策，一般都是直接给金钱补贴，比如"外出务工奖补""寄钱回乡奖励"等。非金钱形式的鼓励也存在，比如在村委会外面有省外用工企业的招工信息介绍，政府也会组织劳务输出。

然而，在和有外出务工经历的村民们的交谈中，我们发现他们对这些政策大多没有什么感受。原因之一在于，像"外出务工奖补""寄钱回乡奖励"都是针对建档立卡的贫困劳动力的。这就把很大一部分村民排除在外。如果考虑到很多建档立卡户都有不便外出务工的情况（比如家里有得重病的成员等），有的家庭因为没有在乡里读书的小孩或在家的老人而并不寄钱回家，那么可想而知这些政策的影响就更弱了。康郎村的干部告诉我们，前两年大约有130人得到务工的补助、不超过10人得到汇钱的补助。而"鼓励组织劳务输出补贴"等是针对人力资源服务机构、农村劳动力经纪人、劳务中介和村委会的，自然普通村民也是无感的。原因之二在于，像"寄钱回乡奖励"和外出务工返乡的交通费用报销都需要凭证，而一位干部告诉我们现在村民保存各种凭据的意识还不够，所以村委会是不能拨出款项的。因此，这也导致一些村民出现了"听说过，但从没拿到过"的感觉，产生了"政策是有的，但没有落实"的牢骚。我们猜测这也可能是因为他们误以为建档立卡户以外的人也能享受某些政策。

另一个问题是政府提供的非金钱的鼓励不实用。和自己到外面找工作一样，政府找的工作也不一定适合，可能同样干不了几个月就放弃了。参与政府经手的劳务输出的人也很少。康郎村之前也集中组织过这样的外出务工，公司先与县和乡接洽，再发给村里报名。结果只送出去十几个人，主要留在了制锁厂、鞋厂。另一方面，村里的职业技能培训主要针对种植、养殖业，不对外出务工人员做培训，工人依然是在厂子里"干中学"。"雨露计划"是给年轻人提供职业教育培训的计划，但只针对建档立卡户子女。不过，新一代年轻人也许对在村内接受技能培训的需求会少很多。他们很多人到外面读书之后便在外择业，而技能培训的职能其实也可以被直通就业的技校替代。

但是，虽说对非贫困户来说外出务工相关政策的存在感很低，但并不能说政府的支持是无效的。事实上，政府用隐性的方式发挥了关键的作用。比如2011年牛街村的主干道变成了柏油路，县到乡的柏油路也在2014年完工，都大大改善了交通条件；2018年左右的通网，以及随后而来的智能手机的普及，也给了村民更方便地和外界信息交流的渠道；2019年政府主动拨款普及电视，让村民更好地了解现在的政策和政府工作……这些耗资巨大的措施也提供了促进外出务工所需要的硬件条件。我们难以估算政府在减少交通成本和信息交流成本上做出的贡献。如果没有这些措施，现有的外出务工潮是不会发生的。

◇◇6　内外联系

6.1　人情关系

与城镇相比，村庄人数较少，人员之间的关系更紧密。人情关系在非农就业方面的突出表现就是找工作的方式。根据我们的访谈可以举出以下实例。对于村内"打零工"，工人与包工头之间保持联系，工人通过包工头找到工作，建筑需求者也是通过包工头找到工人。在乡内果园打工的案例中，打工者的妻子跟老板曾经在工作中相识，通过这种关系找到了在果园的零工。对于外出务工人员，有的家庭加入了在外打工的亲戚工作的地方，有的家庭通过同村人的介绍到外省打工，有的通过在外打工认识的来自其他地方的打工者找到了新的工作。根据访谈对象所说，独自到外地找工作的人很少，因为"人生地不熟"的情况下找工作是困难的。

我们可以猜想，在村庄的"熟人社会"里，无论是村内工作还是外出务工，通过人情关系找到工作的比例应当比城市更高，他人介绍几乎是找工作的必要途径。

6.2 互联网

牛街地理位置偏远，四周被山环绕，交通不便，与外界的沟通受到很大阻碍。不过，互联网的普及在很大程度上弥补了地理上的不便。根据康郎村村委会干部的介绍，当地电视普及在很早就已经开始，2020年村委会给没有电视的家庭都安装了电视，这样家家户户都有了电视。智能手机和互联网在牛街普及大约是在2017—2018年，一个标志性的变化是村委会的工作方式发生了改变，几乎每个家庭都有了智能手机，他们建立本村的微信群，村委会有事就在微信群里通知，简单方便，很少使用村里的喇叭了。

手机和网络对村民生活的影响是巨大的。一个直观的改变是，互联网改变了很多人的娱乐方式，抖音、快手等短视频应用成为中青年群体的主流娱乐方式。手机和网络让村民特别是年轻人看到了大山外世界的精彩，一定程度上增强了很多人外出工作的信念，刺激了外出务工人数的增加,还有些村民是通过手机上的招聘应用找到了外面的工作。互联网对婚姻也产生了影响,根据一位村民的描述,现在村里的年轻男性找对象越来越困难,因为村里很多青年女性通过手机看到其他人的生活,思想变得更"现实",希望找更富有的对象,逐渐瞧不上本村的青年男性,加上性别比例失衡,"打光棍"的男子不在少数。网络对教育也有影响,根据牛街乡民族中学校长的描述,网络给当地中学生带来很多诱惑,让有些学生难以安心学习,放弃升学外出打工。2020年新冠疫情暴发初期,学校尝试线上教学,效果很不理想,很多学生借此机会沉迷网络游戏。可以说,互联网的普及改变了牛街的方方面面,网络改变了村庄的传统形态,深刻地影响着村民的生活方式和思考方式。

◇◇7 外出务工的保障

7.1 户籍

在访谈中,我们确实发现了黑户口的情况。但和城市户口的获得相比,黑户口就是一个小问题了。其实农村户口也可以长期寄留在城市,但是会面对得不到各种城市福利保障、子女教育机会,甚至遇到就业歧视的问题。而且,户口本身就会给人心理上的影响,让很多务工人员抱有"年轻时吃青春饭,年老了回乡"的人生轨迹预期。要想真正归属于城市,城市户口依然是重要的。

现在，当兵退伍后也不能保证获得城市户口，就业获得城市户口的最主要的几种出路就是成为国企职工、公务员或老师，换言之就是扎根体制。不过现在进体制的门槛也高，需要高学历和通过竞争激烈的考试。很多户口迁移是通过结婚完成的，理论上通过结婚也有机会获得城市户口，但是我们并没有访谈到牛街乡这样的案例，一般在外结婚的都是在民工之间。对于新一代的农村大学生，如果能在人才引进项目中获得名额，也有机会获得城市户口，但注定是凤毛麟角。总的来说，想要获得城市户口是非常困难的。

7.2 身体状况

在外出务工前期，要想扎稳脚跟，不但要适应新的工作，如果到了外省，还要克服身体出现的"水土不服"（包括饮食习惯）现象。在扎稳脚跟后，外出务工人员又要面对身体状况的恶化。细分的话，身体状况的恶化可以分为人自然衰老导致体力和健康都滑坡，以及不可预测的突患重病或出事故导致丧失劳动能力。不过，我们访问中没有接触到因为自己患病或出事故回乡的村民，很多村民是因为家里人患病才回来的。

而年龄越大，工作机会越少。我们不止一次听到这样的说法，外出务工是吃"青春饭"，老了之后就"没人要了"。很多工作都是繁重的体力劳动，有时配以辛苦的计件工资，随着工人体能的下降，或者体质变差，更容易生病，就很难承担工作的重压。和年轻人可以进厂或者为个体户打工相比，年纪稍大一些的四五十岁的工人能找到的都是保洁、保安这样的工作，60岁以上基本就不出去了。由于这些原因，有打工经历而现在返乡的一家人告诉我们，出去打工"不是长远之计"，年龄大了还可能被辞退。不过，这也是由于现在40—50岁的村民普遍学历很低，外出务工干的都是"卖苦力"。新一代年轻人的学历提高，尤其是本科学历比例上升后，这种情况应该会有所改善。

我们也听到了这样的说法，年轻人趁着年轻就往省外跑，还能多挣一些钱；年纪大就只能在近一些的地方找工作了。这不仅仅是因为年纪大了身体很难适应外省的生活（比如之前所说水土不服以及语言交流的困难），也是由于东南沿海的用工大省有来自大批青壮劳力的激烈竞争（此外现在纯体力活的比例变少也是不利于上一代农民工的）。而近一些的大理、昆明等至少是同样的人文地理环境，更容易有认识的人照应，不过工资水平会低一些。

最后，顺便谈一谈外出人员的医疗情况。理论上来说，进城后有机会享受到比村里更优质的医疗服务，找好医院会更方便。但是外面的医疗费用也更高，而如果医保是交在乡村的，在外面看病就用不了，结果出现了陪同家里外出的老人得病还要回乡里看的情况。从这个角度来说，医疗反而是不便的。可见，完善农民工医保对于减轻外出务工医疗负担、提高工人健康水平是很有必要的。

7.3 劳动保障

在外务工时经常要面临这些问题，即薪资会不会被拖欠？出了意外有没有赔偿？这就引出了务工人员权益的保障问题。

未收到工资的案例确实存在。一个温州老板雇了牛街村民后不但找理由少发一个月的工资，之后还破产跑路了。不过，这个案例的时间点在2005年左右，比较久远。现在这种情况已经越来越少，不仅是因为法律法规落实的更为到位，也因为现在工人们防范意识增强，往往会参考人际圈子里的信息，寻找稳定靠谱的企业。近年来村民们也熟悉了劳动合同的概念，即便有的村民频繁换工作，也是签合同的。我们也遇到过一个在大理与熟人合伙经营液化气运输的案例，虽然不签劳动合同、不分店里利润而是口头定工资，但因为是熟人合伙，风险毕竟要小很多。

至于各种保险，干部们介绍说现在的用工企业基本上都交五险。村民对此也知情，有一位还对交五险后工资变低发了牢骚。不过要真出了意外、劳动能力丧失，一个家庭很容易坠入贫穷的深渊，五险就很重要了。现在，无论是企业还是工人都更为重视劳动中的劳动风险问题。有的工作风险较大（比如船厂），老板们"生怕出事"，所以主动买保险。最近几年也出过2、3场工作意外，比如有一位村民不幸遭遇了叉车事故去世，就得到了妥善处理。他的家人事后每个季度还会收到抚恤金。

现在外出务工人员也越来越重视寻找正规的企业，同时倾向于进厂工作，不频繁调换工作。由于我国整体法制建设更为健全，现在劳动保障的情况已经大大优于改革开放早期了。我们另一个感触是很多村民们（包括一些上年纪的村民）非常熟悉关于劳动保障的名词，这反映出现在劳动保障意识已经大为增强。

7.4 请假和加班

由于有的外出务工人员往往还有子女教育、老人赡养的问题，有时还分居两地，他们非常重视能否灵活请假。然而有的单位（尤其是一些缺人手的工厂）不准请假，遇到急事（比如给孩子开家长会、家里老人得病）也不让走，这种工作就很不合意。

而说到请假，就要提到加班。加班部分是因为很多工作的劳动时间分布并不均匀，有的时候很闲，有的时候会非常忙碌（比如接到订单），这时工人就会加班到很晚。但更多的情况是计件工资的工作。虽然有机会得到更高的收入，但因为加班多、强度高，其实计件的"名声"不佳。一位之前做过自行车装配的村民告诉我们，不仅仅是年纪大的工人，很多年轻人都无法忍受这样的强度（很多年轻人正是为了躲避繁重的农活才外出），因此近年来招工很难，工资也上升了。

◇◇8 外部经济因素

8.1 劳动力供求

自改革开放以来，我国进入了40多年飞速城市化、工业化和现代化的时期。而我国的经济又具有明显的二元经济特征，城市发展速度远远胜于农村。城市有着旺盛的劳动力需求和相对完善的劳动力市场，而从土地里解放的农村剩余劳动力向往更高的收入和生活条件。结果伴随着经济的快速增长，一个庞大的流动群体——农村进城务工人员出现在了中国，并且成为城市化和工业化进程中的主角。

在我们的访谈中，我们发现 2010 年后牛街乡开始出现外出务工的大潮。然而中国的"民工潮"主要是在 20 世纪末。我们猜测，这可能是因为牛街乡处于较为闭塞的山村，以前基础设施薄弱，对外交流较少，以至第一批进城务工的人出现时间偏晚，对他人外出的辐射作用也就更晚。此后随着交通、通讯的改善，劳动力供给的潜力得到了释放，务工潮才真正发展起来。

然而 2010 年后的外出务工人员又要面对这样的经济局势，即高速增长已经转为中高速增长，产业结构不断优化升级，以往的要素投入带动经济增长逐渐变为创新带动经济增长。简单来说，对于只有初中或更低学历、只能做体力劳动的民工而言，就业形势实际上就变得更困难了。不过，由于目前牛街乡的基础设施建设、政策环境都在向好发展，生活条件和收入水平相对以往有了很大的提升，返回牛街乡也不失为很好的选择。

8.2 产业结构的变迁

在我们的访谈过程中，有的村民提到城市中的"体力活"比例在减少，而"技术活"比例在上升。我们虽然无法具体掌握这样的比例，也很难界定所谓"技术活"的含义，但我们猜想这很可能反映的是中国正在经历的产业转型。从高消耗到低消耗，从低附加值到高附加值，从粗放到集约。中国的制造业已经不仅仅满足于低端的生产。用工企业需要的不仅仅是"工"，更需要有一技之长或有高学历的"人才"。与此同时，中国的比较优势逐渐由成本变为人才、基础设施的优势。产业转移也在发生，曾经容纳许多农民工就业的轻工业正在移出东部沿海用工大省，甚至移到了国外。上述发展态势对热衷延长教育年限、获得更高学历或学习更多职业技能的新一代年轻人来说，其实是一个机遇。然而对于老一代务工人员而言，本身就业机会就在减少，而随着年龄增大，他们也面临着更强青壮年劳力的竞争。用一位返乡村民的话来说，"终究是吃了没文化的亏"。

◇◇9 展望与总结

9.1 农民问题

在之前的部分中，我们提到了年青一代农业技能的减退、劳累的农业生产失去对年轻人的吸引力。许多年轻人选择走出乡村，接受更好的教育，在城镇中寻找就业机会。一位牛街下村的干部自嘲说，他们这一代将成为"末代老农民"。这让我们不禁思考，我们的政策中经常提到守住"耕地红线"，那么，有没有"农民红线"

呢？如果新一代年轻人不再从事农业生产，那么谁来耕耘我们的土地呢？

我们也听到了很多乐观的声音。比如牛街上村一位干部估计，从事农业生产的还是大头，估计20年内也不会撂荒。康郎村的一位干部提到现在准备种上经济林如核桃来应对年轻人外出的大潮，一年收一次就不需要太多人手。有人认为，农业技能其实没有想象中那么困难，是可以捡起来的。但问题依旧是年轻人不愿意从事如此劳累的工作，对农活敬而远之。让年轻人愿意下地干活，就要解决传统农业收入低、看天吃饭、劳动强度高等问题。还有一种说法是，现在外出者闲置出来的土地可以被种植大户更有效地利用，用于发展更有经济效益的种植产业。（此处关于土地的使用将在第十章中详细探讨。）不过，山地农业的碎片化、气候特点使得大部分山上的耕地都不能农场化。

现代农业是一条值得期待的出路。不过要想推广现代农业，政府也必须给出配套的环境治理、补贴政策、科研支持。最理想的情况下，未来的农业生产不需要那么多的农民完成，需要的是少量拥有专业现代种植技术的专家和经营管理思维的种植大户；山地的灌溉问题得到解决，同时可以实现多业态经营；商品化程度高的特色农业还可以形成产业，把劳动力转移到产前、产中、产后的服务中去，提倡乡村就业，缓解乡村人口向城市流动的大潮；商品化和产业化，甚至品牌化也可以增加农民收入。现今，贵州等省已经在研究在不适合农场化生产的山地投入高效的特色产业。但是，很多这样的产业是由外来者经营。比如在贵州，当地人前往人口密集的东部沿海地区打工时，拥有更先进的苗圃技术的浙江茶农进入当地茶园，让黔茶种植走上了新台阶——这种反方向的人员流动也会让农业生产的质量提升。

其实，年轻人也可以以其他方式为农业生产做贡献。在我们访谈的一家人中，姐弟两人都上了大学，选择了养蚕和热带经济作物作为方向。未来的农业生产不仅取决于辛勤耕耘的农民，也取决于年轻人们头脑中的知识和技术。以这种方式，外出读书的年轻人也可以回馈农业，虽然不一定是家乡的农业（仍举刚才的例子，大理州的蚕业并不重要，养蚕知识在云南其他地方更能大展身手）。

总的来说，农民问题很难解决，但"车到山前必有路"，我们应当相信未来的农业生产是有前途的。

9.2 人才流失

对于离开土地的人们而言，他们追寻更好的教育、工作和生活条件，脱贫致富，在个体层面上是生活水平的改进。然而这是一个类似"留学生"的困境，年轻人到城镇接受教育，但是未来得到高学历后不回馈乡村（一般没有人上完大学就回家乡）。可是，"乡村振兴战略"正是用人之际，也需要教育水平高的人才。"留住一部分乡村优秀人才，吸引一部分外出人才回乡和一部分优秀人才下乡，以人才汇聚推动和保障乡村振兴。"这是我们在村里看到的宣传口号，如图7-3所示。但是，留住人才谈何容易，不仅需要对乡村"真情实感"的情感驱动,也需要"真金白银"的经济动力。

图7-3 村里的宣传口号

村子里面已经有一些吸引外出人口回流的优惠政策,比如返乡创业贷款。这是一种无息贷款,可用的范围广泛,一般可以借10万—20万元。我们也知道有的养殖户的猪圈就用到了返乡创业贷款。不过,我们看到的例子大多是上一代外出务工人员,那些教育程度高的年轻人是否会考虑回乡创业还有待观察。康郎村的干部告诉我们,目前鼓励创业的政策已经有了,但是乡村条件差,仍然没有大学生回来。

我们也看到了本地高学历人才返乡加入村委会为家乡做贡献

的例子。一位牛街的年轻干部就是在昆明读大专毕业后到一家林业调查公司工作，但是听说村委会需要有大专学历的人才后很快便回来，做村委会的民政工作。他觉得还是自己家好，希望为家乡做绵薄贡献。我们觉得这是人才回流的一个很好的例子。事实上他们家是不算很富裕的种植户，而村里常常是家富的才当干部，可以知道他的选择难能可贵。可见，我们也不应该低估这一代年轻人的家乡情怀。

至于吸引优秀人才下乡的战略，不妨先看看目前对教师的政策。民族中学的校长告诉我们，在2001年以前年轻教师不敢下山区，"来了怕走不了"。但是随着教师的轮换制的落实，年轻老师可以在工作一段时间后轮换，这样积极性就提升了。可见政策本身不一定要消弭城乡之间的巨大差异，在体制之内也可以利用轮换的思路让乡村更有吸引力。公务员也是一样的道理，可以先在乡村干一段时间再到城镇去。虽然最后人才还是到了城镇，他们留下的工作对乡村振兴却大有裨益。但是，在体制之外就很难这样处理了。

城乡之间的收入和生活条件的差距短期内无法缩小，人才的回引更多的是依赖政策力量。目前，康郎村的干部告诉我们，当地乡村振兴战略的细节还没有下达到每个人。让我们期待未来能对人才流失问题给出满意的答案。

9.3　总结：村庄的"冲击"与"反应"

我们强调非农就业的"内外互动视角"，是因为我们意识到，大部分因素的变动不是村庄内部因素自发形成的，而是外部环境的冲击被动带来的，非农就业特别是外出务工正是牛街对这种外部冲击做出的"反应"，是牛街卷入"时代浪潮"的结果。这样的"冲击"与"反应"究竟给牛街带来了什么？我们从访谈的一个个家庭中找到了答案。我们认识到，冲击和反应的背后是牛街村民积极努力改变生活面貌的行动；同时，淳朴的民风仍然得以保持，更让我们对牛街的未来充满了信心。

第八章

土地之外的故事

——本地非农就业概况及因素分析

发展本地非农产业是农村脱贫攻坚中重要的一环。在非农产业与农业的比较生产力差异下，仅以务农作为唯一收入来源的农户家庭很难获得可观的收入。而由于赡养老人、照顾孩子等原因，并非所有家庭都能够通过外出务工实现"一人外出，全家脱贫"。对于那些被迫或主动留守农村的家庭而言，如何让他们实现增收，是农村工作需要关注的一个重要问题。发展本地非农产业就是其中一条重要的途径。

我们组以调查牛街、康郎两村的本地非农就业情况为目标，调查对象主要包括个体工商户与乡镇企业两部分。遗憾的是，两村目前均没有正在开办的乡镇企业。因此，我们将调研重点放在了当地从事非农行业的个体工商户以及集体经济上。在此需要补充的是，由于当地非农情况的限制，我们不能将其狭隘地定义为被调查者主要从事非农的工作，即除去农林牧副渔之外的行业，而应该将其宽泛地定义为被调查者有从事过或者正在从事非农性的工作。展开来说，我们将满足以下条件之一的人或家庭定义为非农就业。一是调查期间内正从事非农工作；二是调查期间内主要从事农业活动，但同时也从事非农行业的工作。

在牛街的七天里，我们走访了当地的多家餐馆、客栈、零售店、铝业店等，了解了他们的创业历程、经营模式、盈利状况等；我们也访问了当地乡政府、村政府的相关负责人以及农信社行长，了解当地非农就业的总体发展情况与政策环境。从与他们的交谈中，我们对当地非农就业的发展情况有了基本的了解，也对非农就业的发展规律有了更深入的思考。

在本章接下来的内容中，我们将首先对牛街村与康郎村本地非农产业的基本情况进行介绍。然后，我们将分享几个调研过程中给我们留下深刻印象的个体工商户案例，探索他们作为当地脱贫致富佼佼者的模式与经验。紧接着，我们将就调研过程中发现的两个问题进行讨论与解答。第一，哪些宏观因素在影响着本地非农就业的兴衰；第二，哪些微观因素导致了不同个体在从事非农就业上的异质性。最后，我们将对调研结果进行总结，并尝试给出促进当地非农就业进一步发展的政策建议。

◇◇1 既窈窕以寻壑，亦崎岖而经丘
——本地非农就业状况概述

云南大理州弥渡县牛街彝族乡作为已经脱贫摘帽的山区乡镇，交通条件相较以前有相当大的改观。但即使有了盘山公路，依旧无法改变它交通上的天然劣势，正是这不利的交通给当地居民的生活和生产带来了极大的影响。这种影响在乡村企业上表现得尤为突

出。企业的建立需要考虑区位等多种因素，但是交通条件的不利成为阻碍当地乡村企业发展的首要因素。在牛街村与康郎村，实际上并无乡村企业的身影，因此我们不得不将目光转移至当地的个体工商户和集体经济上。

在详细深入调查之前，我们不妨先通过当地的经济数据了解一二。参阅牛街村与康郎村的经济年报，从中我们可以发现，2020年牛街村1783名从业人员中有23位从事第二产业，而有263位从事第三产业，对比之下，康郎村1564名从业人员中有153位从事第二产业，183位从事第三产业，我们将各产业从业人员占总从业人员的比例整理成柱状图，如图8-1所示。可见康郎村的第二产业从业人员比例要远高于牛街村，但是第三产业从业人员比例要低于牛街村。

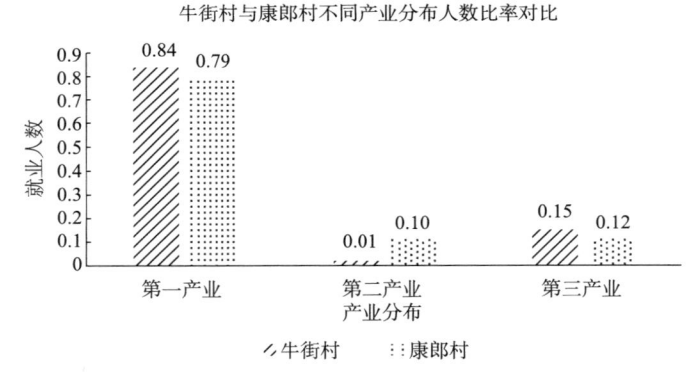

图8-1 牛街村与康郎村不同产业分布人数比率对比

数据来源：牛街乡2020农业综合年报。

在走访中我们发现，牛街村较高的第三产业从业人员比例很大程度上在于它拥有一条相对发达的商业街——牛街。牛街的历史可以追溯至元朝，那时的牛街老街位于牛街下村老米树脚（现牛街大帅府旁）。元末明初，牛街多居住以汉族为主的庄户（富农家庭，即地主家庭）、庄子（地主所养长工）。因为地点适中、人员集中连片、经济繁荣、区位优势明显，群众自发形成以每月逢二、逢七在此赶集的习俗，此地也因此获得俗名"二七街"。清道光三十年（1850年），街期改为属牛日，每逢丑日，四方商旅，各处人民，都来此贸易，故名为"蜜滴牛街"。此街期延续至1969年改为新历逢五即每月5日、15日、25日进行集中贸易。

新中国成立后，信用社、乡医院等乡属机关站所皆成立于此。此时由于交通变得愈发便利，摊点增多、市面繁荣，街面狭窄且十分拥挤的老街不足以支撑活跃的交易，急需另辟新市场繁荣牛街经济。为了解决老米树下老街址贸易困境，1990年牛街乡政府决定在乡政府大门外开辟新农贸市场，并定星期日为大街，星期三为小街。因新农贸市场位于水牛公路两侧，交通便利、地势宽敞平坦，便于贸易，新农贸市场一片繁荣，越来越多的人员集中于周边，本地百姓更是以贸易为生，逐渐形成了目前农副产品、日用消费等现货商品交易的固定场所，包括以个体经营为主、多种经济参与的各类综合性市场。

20世纪80年代的一场洪水意外地促进了牛街的进一步发展。那场洪水使得牛街大部分的田地受到损害，迫于生计，很多人不得不从事一些非农性的工作来获取足以养活自己的收入，于是就在老街的两侧做起了小本买卖。如我们调查中的源源超市，老板娘告诉我们，他们家的田地在那场洪水中遭到破坏，而田地修复需要时间，为了养活自己和家人，她就在街边开了一家小吃店。途经此地的客人与商贩往往会在这里歇脚，久而久之生意越做越大，于是把小吃店改成了超市。源源超市是开设最早的一批店铺，因此我们可以推断，牛街村的店铺在30年之前就已经存在并逐渐增多，这是最早的非农就业形式。

随着经济的发展，牛街两侧的店铺越来越多，有做移动手机专卖店的，有做铝材加工的，这意味着越来越多的人做起了非农工作。我们在调查中发现当地的非农就业（个体工商户、集体经济以及企业）有以下三个特点。

第一，发展程度低。衡量非农就业发展程度的指标很多，但是牛街村有一点足以说明当地非农就业发展程度相对较低，即当地发展至今仍然没有乡村企业的身影。

第二，经营范围有限。当地非农就业者所生产的产品往往销往本村或本乡。受制于地理因素，他们的经营范围往往十分有限。如当地的养猪合作社，负责人把全村的猪收集起来一起卖出去，销售范围主要是本村或本县，很少运往县以外的地区。再如牛街下村的一家做铝材加工的商铺，所制作的门窗也只销往村或乡中，很少销往县内其他乡。

第三，兼业经营。当地大部分非农就业者依旧在闲暇时从事农业生产，而非完全投入在非农工作上。这是因为许多外出打工的家庭由于田地无人照料，只能委托熟人看护，或者出租给他人，由此留在村上的人家平均每户拥有的田地面积都不少。而农业同样作为家庭的重要收入来源，因此他们不得不分出一部分时间来从事农业活动。

◇◇2 人生在勤，不索何获？
—— 案例分析

2.1 伟业铝材

我们在调查家户的过程中，于牛街下村的店口采访到一位从事铝材加工业的老板娘。在深入交谈之后，我们发现她的经历和创业精神在我们所了解的当地非农就业者样本中可谓出类拔萃，非常具有代表性。我们尝试通过对她的案例分析，展现当下农民面对产业转型期摆脱土地引力的思想与行为转变。

2.1.1 基本背景

老板娘和她的丈夫自2007年开始经营铝材加工店，是整个村内的第一家，迄今为止已经有14年的时间。与其他牛街下村的农户一样，她也是因为1986年的洪水将自家田地冲毁，产生了向非农领域转移的动力。但是那个时候没有第一时间从农业中脱离，近四五年，山内的气候越来越干旱才彻底结束务农，全面投入铝材店的经营。

经营铝材店的想法也并非空穴来风，那个时候村里有一个从大理来的人做相关的工作，但因为早期需求量较小，加上乡缘联系薄弱等原因，绩效并不理想，于是老板娘及其丈夫就将他的店盘下，修习技术开始重新经营。开张至今，老板娘告诉我们她的客户基本上也就是当地的农户，单笔订单的需求量也比较少，不会超过10万，但由于乡邻之间的信任、上乘的质量和良好的口碑，整个牛街乡的人都来找她定做，这也是生意能够周转顺利、越来越红火的原因。

2.1.2 集资方式

集资困难是阻碍农民创业的主要原因。从事第二产业加工业，对启动资金的要求相对较高，为此我们详细问询了老板娘当初的集资经历，尝试从中得出农户自发的对于创业阻碍的纾解方式。

初创之时的主要开支包括设备和材料的采购、地租（自家的宅基地为店面，设备机床放置和仓库需要占用更大的面积）以及店面装修等。老板娘用了不到1000元购置了切磨的机器，其中自己垫了一部分，向采购商赊了一部分，还有最初赊的一些农户订单的货品，这些帮助她度过了最初的资金难关，反观从农信社却因为资产状况没有贷到太多的钱。

随着生意的运营周转，最初的赊账赊货情况也很快消除，资金流的提高和资产规模的扩大也使她在农信社以及其他各类银行获得了更高的贷款额度，慢慢地也越贷越多，去年就在农信社贷款20万、在农行贷款30万来更新设备和技术。

值得一提的是，老板娘对于金融状况和风险管理的意识也在众多农户中令人眼前一亮。我们了解到农信社有专门帮扶农民创业、贴息力度较大的"创业贷款",所以我们也特地询问了相关情况。令人讶异的是,老板娘表示自己没有借过创业贷款,因为创业贷款需要每个季度还款,而普通贷款只需要每年还款就可以,能够给她留下更多余地来周转资金,缓解债务压力;同时,她也是我们采访的非农就业人群中为数不多有自己记账本的个体经营户,财务意识在同群人中非常超前。

2.1.3 经营方式

老板娘店铺的经营范围主要是铝材加工门窗,近年来因为市场的需求和成本价差做出了灵敏的调整,从去年开始增设了钢材原料售卖和猪棚通风口的加工业务。

现在的设备规模有压瓦机、水槽机等大型设备三台,小的机床有十余台,平时主要是自己加工,而丈夫负责为家户安装和售后维修,平时如果忙碌会雇一些工人,最忙的时候多达八人。值得注意的是,她也是我们采访到的除采砂场之外唯一一个雇佣长期合同工的个体经营户。铝材加工有两个长期工人,但是依然按照天数计薪,而非月薪制。在合作工人中,加工制成品的小工日薪相对较低,约150元,而技术含量更高也更加危险的电焊工则可以拿到200—250元一天。开支的另一方面,他们的原材料来自广东的两家商户,也通过处于弥渡和南街的两家代理商作为中介,铝材的价格亦有波动,而每次进货的量级也是根据经营状况来确定的。

在交谈中,我们发现老板娘对自己现今的经营模式也有很清晰的认识,她说自己的生意是小本买卖,更是一种家庭式的经营。在问及有没有考虑过转为企业式经营,她表示对于自己现有的经营水平和资产目前转型的风险和成本还偏高,如果是公司需要去资源中心招标,小本生意是压不住的。

2.1.4 经营理念

在之前的描述中可以看到,铝材店老板娘有着灵活的经营方式和资金资产管理方式,但令我们印象深刻的是她对于经营发展的理念和看法。

首先,她对于金融管理的想法脱离了传统家庭陈观的桎梏。她告诉我们自己从来不会储蓄,赚来的钱要么用来投资,要么投入再生产,"钱要用来生钱,如果真的碰到急需用钱的时候我们会借亲戚朋友的钱,相对应的如果他们遇到困难我们也会毫不犹豫地出手相助"。这是她的原话。

其次,积极获取信息、与时俱进的积极态度。不管是观察外部市场的价格、供需波动来调整自己的供应量、供应种类,还是每过一段时间就会更新设备机床,学习新的技术,都可以看出他们在积极适应市场、拒绝原地踏步,这种态度相对于牛街村其他的受访者来说,显得弥足珍贵。

最后,敢于拼搏、勇往直前的发展意识。老板娘透露,现在一年如果在较为利好的情况下可以净赚 20 万—30 万元,这比起她们原本的生活已经好太多,但被问及是否有做大的想法时,她非常坚决地回答如果有机会她一定会选择扩大规模,自己就是这样敢于挑战的人。我们认为就是这样的精神,支撑着她走过土地的贫瘠与荒凉,走过初创时期事业和家庭的双低谷,才能拥有现在这样富足安逸的生活。她是当地非农就业者中具有代表性的一户,也让我们见识到久囿于山路险远的农民,也可以凭借自己的勤劳和智慧,在土地之外,谱写他们精彩动人的故事。

2.2 采砂场

在乘车往返牛街村与康郎村的过程中,我们在两村之间的河谷边发现了一个规模不小的采砂场,如图8-2所示。在第二产业并不发达的牛街,这样的工程实属罕见。于是,我们分别采访了采砂场的经营者李洪进以及牛街村委会的相关负责人,了解了采砂场的建立历程与经营情况。

图8-2 采砂场面朝河流部分

2.2.1 采砂场的建立

采砂场看似"场",实质上并不能算企业,而是村委会承包给个体经营者的一个工程项目。它的建立来源于村委会清理河道淤泥的需要。2014—2015年间,牛街村旁边的河道上为建立水力发电厂而建设了一座大坝。大坝导致上游产生了淤泥堆积,从而致使河道周边的农田遭到了破坏,农户无法继续农业生产。因此,村委会决定将清淤项目承包给附近从事采砂工作的人群。

当时,牛街村有多人在进行与采砂相关的工程。2016年,村委会正式就清淤工程承包权展开竞标,综合出价、已有资本、经营能力等因素决定胜出者。胜出者将得到附近采砂的唯一经营权,同时也需要承担清淤义务。在参与竞标的3人中,已有资产最丰富的李洪进最终以每年向村委会缴纳8万元的价格获得清淤工程三年的承包权。

2.2.2 李洪进及其经营状况

在获得清淤工程承包权之前,李洪进已经做了好几年工程。竞标时,他已经拥有两辆挖掘机,雇了两三个工人。而在此之前,他只是一个普通的农户,靠种烟草维持生计。

拿到承包权后的几年里,李洪进不断扩大采砂场的规模。建立采砂场需要一笔不小的投资。从固定成本来说,购置一辆大的挖掘机需要七八十万,小的挖掘机也需要六七十万,卡车、装载机等也需要10万—20万不等。从可变成本来说,采砂场每年在设施维护以及油费上也需要花费上百万。李洪进找了十几个朋友帮他从农信社贷款，有人贷出几万元、有人贷出几十万元，前前后后凑齐了将近 200 万的资金，用于购买新的挖掘机和卡车、雇佣工人。当被问及背负着如此大额的贷款是否担忧过风险时，李洪进说："闯一闯嘛，不怕亏钱。"

现在，李洪进雇了十多个工人为他工作，拥有 3 辆挖掘机、3 辆装载机、3 辆卡车、三四辆货车。他将砂石运送到全乡，用于居民建房，从中挣得利润。李洪进本人对技术并不在行，技术方面主要依靠雇佣的工人。李洪进全职经营着采砂场，将家里的田地以及从本村其他人那里承包来的土地共计三十多亩，交给雇工进行种植。

采砂场的利润与天气高度相关。在雨多的时候能采到更多砂石，在天气较旱的时候则只能采到较少的体量。拉一车砂石能挣得几百块利润，但订单的多少也很不稳定，多的时候一周能拉几十车，少的时候甚至一车都没有。

尽管存在如此多的不确定因素，李洪进还是通过经营采砂场获得了一笔不菲的收入。短短五年时间，他已经还清了当初借的两百万贷款。而他手下的工人也能每年获得 30 万—40 万的收入。2019 年，三年的承包到期之后，李洪进在村委会举行的新一轮竞标中再一次获胜，获得了新一轮承包权。

李洪进的成功，与其个人素质是密不可分的。能够找到十几个朋友无偿帮他借得共计 200 万贷款，必与其平日为人、信誉有关。而以如此大的杠杆率进行投资，也需要常人无法企及的魄力与勇气。采砂场的持续性盈利与不断扩大的规模，也体现了其卓越的经营能力。

2.2.3 清淤—采砂的商业模式及其对全村的影响

清淤工程的实质是一种巧妙的商业模式。按照李洪进与村委会的约定，除了上交村委会的每年固定的 8 万元以外，采砂场的利润全部归承包者。村委会定期派专人检查采砂场的安全工作，以及是否完成了清淤义务，除此以外不对采砂场的经营进行任何干涉。清淤工程的承包者通过承担清淤义务换取了全村采砂的垄断权，用清淤带来的正外部性抵消垄断造成的福利损失。

通过与村委会相关负责人的交谈，我们对于清淤工程对全村的影响有了大致的了解。首先，清理淤泥防止了淤泥在河道的堆积，保护了两边的农田。其次，承包者每年给村委会缴纳的费用被村委会用于补贴 2014—2016 年间因淤泥失去田地的农户，弥补了他们的损失。采砂场的存在，也给本地人创造了就业机会。至于垄断带来的福利损失，村委会负责人认为影响并不大。由于承包者仅仅获得了本村砂石的垄断经营权，他依然面临着来自其他村从业者的竞争。因此，垄断经营者的砂石售卖价格与外部市场价格基本一致。总体来说，我们认为采砂场的建立给经营者本人、雇佣者、周边农户、村委会均带来了净效益。

2.3 棉花村兼业经营者

棉花村是牛街村下属的一个自然村，当地住户多为彝族百姓，地理位置十分偏僻。当地居户多以种植烟草、养殖为生，但是大多数人家的种植规模与养殖规模都较小，全年的收入仅够维持自家的基本开支。而在这样一个偏远且交通不便的地方，我们却发现了一座三层豪宅，这不禁引起了我们浓厚的兴趣。

通过采访，我们了解到户主是一个 48 岁的彝族男人。他家有一栋豪华住宅，三辆小轿车，其中一辆为奥迪 A4，另外两辆为东风。其中奥迪是一年前刚购置的二手车，由他与两个儿子乘飞机去上海购买，然后一路开着车旅游回来。这种与村内平均水平截然不同的生活使我们不禁发问：到底为什么他们家的情况与周围的家庭形成如此巨大的反差？

2.3.1　收入构成

按照询问下来的信息，他们家全年的收入来源有六个。一是烤烟，年收入大概 15 万，定本要 1 万；二是养猪，现在养了大概 50—60 头，去年收入 14—15 万；三是种植核桃，有六十多亩地，年收入大概 1 万，收成时节每天需要雇工人 7—8 个，工作时间早八到晚八；四是小卖部，这个小卖部明面上是卖日常用品的，但实际上靠卖五金和农药赚钱，这个小卖部每年能赚 2 万左右；五是户主的维修工作，他自称什么都能修，大概每年能赚 2 万；六是运输，他自己有一台拖拉机，靠拉粪草每年能赚 1 万。对于每年的开销，主要是养猪的投入成本，包括饲料、玉米大约 6 万，他在银行也欠款 10 万，这个是他买奥迪的时候借的，借的是养殖贷款，月息 5 厘，借这个贷款的时候他正在盖猪棚，他打算把养猪的规模扩大至 200 头左右。

2.3.2　经营方式

相对于其他农户有限的土地，这位户主家中的土地不可谓不多。何以获得？事实上，户主有两个姐姐、两个妹妹，在包产到户的时候，全村按照家庭人口数分配田地，由于他们家人丁众多，因此分到的田地也较多。加上他的四个姐妹依次嫁到外省或县城，姐妹们的田地就由他一力承包下来进行种植，加上他自己的自留地，这部分一共有40—50亩，另一部分的田地来源于他在十多年前与朋友一起出钱买下的一块近10亩的地，当时之所以会想到购置地皮，是因为户主认为，毕竟自己有两个儿子，以后分家的话需要多一些田地才行，并且田地多了才能进行规模化经营，收益才会更大，这块地现在被他用来种植烟草。

我们不禁又好奇，这么多田地与养殖是否全部由他与妻子两个人种植？尽管在我们调查时，户主的两个儿子也在田地帮忙，但是据户主所说，两个儿子是因为疫情才回到家中，以往都是在外面打工，一年都很少回家。大儿子靠两年的打工收入自己买了一辆15万左右的东风汽车，且这一支出全部由自己承担，可见儿子打工的收入是非常可观的。那么儿子不在家时，非农忙时期都是他与妻子两个人进行种植，而他的母亲负责看管小卖部；在农忙时，他会雇佣8个左右的小工进行帮忙，每个人的工资大概120元/天，但是基本上只雇佣一天就能完成所有的农活，因此也没有长期的雇佣劳动行为。

2.3.3　个人条件

户主的收入来源之一是机车维修，这在农村并不常见。经过询问，户主透露，修车的技术是他自己钻研出来的，当时他的父亲丢给他一辆拖拉机干活，但是有一天这个拖拉机出了故障，他打电话给维修工人，可是人家迟迟不来，无奈之下他不得不自己进行修理。他忙活了三天，把摩托车全部拆成了零部件，靠自己的学习和动手能力在三天内学会了许多的修理知识，而当时他仅仅初中毕业。从此之后，他不断钻研着更深的修理知识，从而掌握了修理机车的本领。不过这也仅仅是他的副业，毕竟修理机车的收入远远没有养猪、种烟草高。户主还告诉我们，他现在还在用拖拉机，如果有活，他还会开着拖拉机去拉粪草等。这让我们不禁感叹于这位户主的勤劳。

最后，丰裕的家庭背景也是此户主创业的重要支持。我们就户主的第一桶金来自哪里进行了询问，户主表示，他们家的家境从他父亲那一辈开始就很不错。当时他父亲去世时留给他5000块钱，而在那个年代，"万元户"已经是可以登上人民日报的级别。因此，事实上户主在当时的家庭条件就远超他人，这也印证了我们"后期的资本积累极大地受到原始资本的影响"的观点。

◇◇3 非农就业影响因素分析

在调研过程中，我们发现非农就业在空间与时间上都存在发展情况或发展速度上的不均衡性。从空间上来看，个体工商户在各自然村的分布并不均匀，有个体工商户非常发达的牛街下村，也有非农就业相对较少的河西村。从时间上来看，2010年之后是个体工商户兴起的重要时间。通过询问非农就业者从事经营的背后动机，结合从其他途径了解到的政策环境背景，我们归纳出几个影响非农就业发展的宏观因素。

3.1 需求强度及聚集程度

需求的大小影响着任何一个行业的兴衰。而对于牛街，其第二产业以建筑业为主，第三产业则以零售、餐饮为主，这些行业目前主要服务的客户都是牛街本地人。因此，牛街本地需求的大小对个体工商户的发展有很大的影响。

需求的大小可以从两个角度进行考虑。一是当地每一个消费主体的消费意愿，主要由其可支配收入及预期收入决定。2010年以来，随着扶贫项目的开展，农户可支配收入得到提高，加之政府对各类建筑或修缮房屋的补贴，农户对于消费以及修缮房屋的需求大大增强；而政府进行的"新农村建设"，即在当地进行的公路翻修等基建项目，更是直接向第二产业提供了需求。因此，我们推测政府扶贫项目的开展是2010年之后个体工商户大量兴起的重要原因。我们的一位受访者从2013年开始从事为本地居民建造房屋与猪圈的工作，他表示，他从事此行业的重要原因就是感受到周边农户盖房意愿的增强。

二是当地消费人数的多少及聚集程度。在这一点上，农村住户相对分散带来的需求不聚集是非农行业发展的一个天然劣势。多位从事餐饮业或零售业的受访者都向我们表示，由于消费人群数量有限，"农村的生意不好做"。河西村是我们访问的自然村中个体工商户较少的一个。河西村的党支书告诉我们，河西村村民较少、住得相对分散，因此零售业很难在此发展起来。而近年来，年轻人外出务工使本地消费需求更少，对个体工商户的进一步发展形成了制约。

3.2 交通条件

农村基础设施的发展与完善对于农村经济的发展有着积极的促进作用，[①] 而改善交通条件又是基础设施建设的重中之重。对于工业而言，交通条件影响着原材料以及工业成品的运输；对于运输业，交通情况更是直接影响着其从事工作的方便程度；而对于零售业、餐饮业等第三产业，交通条件也通过影响当地人流量的大小影响着其经营情况。因此，交通条件的改善能够从降低成本、提高需求两个方面促进非农就业的发展。

在 2012 年左右，牛街下村的主干道由土路翻修为柏油路，这给当地非农行业的发展带来了极大的便利。一位从事运输行业的受访者也表示，他明显感觉到近七八年来附近从事拉货工作的人有所增多，这与交通条件的改善密不可分。而我们在牛街下村访谈的多户在路边开餐馆或客栈的家庭，也均是近几年柏油路修好以后才开始经营的。这反映了交通条件的改善对于非农就业发展的促进作用。

与之相反的是河西村的情况。由于住户分散、道路施工成本高等原因，河西村的道路翻修项目暂时未能获批资金。因此，目前连

---

① 刘正桥、张亚斌：《中国交通基础设施与农村经济增长的实证研究》，《财经理论与实践》2013 年第 3 期。

接河西村与村外的道路仍是一条泥泞而狭窄的土路。在交通如此不便的情况下,村民几乎不可能像其他村的部分农户一样靠运输业致富,而从事零售业等其他二、三产业也会因为货物运输不便而变得十分困难。该村村支书表示,这是导致河西村个体工商户相对较少的另一个原因。由此不难看出,"想致富先修路"确实有其深厚的道理。

3.3 政策环境

政策环境主要指非农产业从业者在信贷、补贴、营业审批等方面所面临的政府政策条件。

从我们访问的样本上来看,总体而言,当地非农产业从业者并未在信贷、补贴等方面获得特别的政策优惠。由于非农行业整体生产率相对农业更高,非农从业者相较单纯以农业为生的农户能获得更多收入。所以,大多数非农产业从业者未曾进入"贫困户"行列,因而无法享受扶贫带来的贷款贴息等政策福利。而创业贷款也没有成为这些个体工商户的主流选择,根据我们的一位受访者的描述,这或许与创业贷款在手续和还款上要求较多、操作不灵活有关。大多数个体工商户仍选择以普通贷款或从熟人贷款的方式获得资金,并支付一般水平的利息。

而政府对于非农产业从业者经营范围管制的宽松程度,则更为明显地影响着非农就业的发展。例如,在耕地红线的要求下,近年来政府对于耕地流转为商业用地进行了更为严格的限制,我们的部分受访者表示这一政策客观上的确限制了他们经营规模的扩大。

3.4 自然条件与偶然因素

有时，部分地区在农业生产上的劣势反而会转化为其从事非农行业的比较优势。牛街下村商业街的兴起就是对这一猜想的印证。1986年，牛街村经历了一次较大的洪水。牛街下村一带很多农户的水田在河道旁边，由于在洪水中遭到破坏，他们无法再从事农业生产，不得不开始经营零售店、五金店等以维持生计。我们所访问的多家零售店或铝制品店均是因为这种情况才开始从事非农行业的。如今，牛街下村已逐渐发展为牛街村最重要的商业街，而正是当年的这场洪水对这条商业街的出现起到了推动作用。除此以外，近几年当地气候变得愈发干旱，使得农业收成减少、利润下降，这也促使部分农户逐渐开始兼业经营非农产业，或从兼业经营转向全职经营非农产业。

◇◇4 非农就业样本异质性分析

我们在进行入户和走访调查时，接触的农户和从事非农就业的人员是千差万别的，他们的行业、规模和经营都各有不同。那么，当我们知道一个地区整体的非农就业发展程度的影响因素之后，就不可避免地会对造成从事非农就业的农户之间的异质性原因感到好奇。基于我们现下所获得的样本进行分析，得出造成农户之间差异的因素。

最基础的是体制因素,一般指对农民参与非农就业有直接或间接影响的区域环境因素,与前文所述的影响地区整体非农就业的因素有异曲同工之妙,比如基础设施、经济发展水平、经济制度、社会制度和政治制度等。这些制约着地区整体的非农就业水平,自然也制约着农民个体的非农产业的发展水平,因而对于其他因素而言,体制因素是基础性的。然而,我们在分析农户个体层面上的差异时,此因素基本上可以视作外生的。真正的影响因素则包括外部环境因素、家庭背景因素和个人素质因素,而这三者也是相辅相成的。

4.1 外部环境因素

4.1.1 信息的可获取性

信息的可获取性,即所谓的信息优势,比如住所邻近政府或人际关系网中有政府工作人员能够更容易获取政策信息或住所邻近商业区更容易获取市场信息等,譬如牛街下村的商业街中的商户,很大程度上是因为能够更加便捷地获取市场信息而开始或改善经营的,我们采访过下村街上一家铝材加工商店的老板娘,了解到她去年增加销售原材料和加工猪棚通风口的业务就是基于对市场需求的观察。另外,信息的获取也依赖于个人的敏锐性,这与影响因素中的另外两项——家庭背景因素和个人素质因素息息相关。

4.1.2 机遇

另一方面就是机会问题,许多农户接触非农就业领域或者开始兴建、扩大自己的产业都是源于偶然的机遇。比如我们也与整个牛街乡唯一获得河道采砂许可的项目负责人交谈过，当地兴修水坝从而造成了河道淤塞，于是村委会决定通过商业外包的形式解决问题并进行公开招标，他作为在村中参加过施工队并有一些自己的设备的工程人员，抓住了这次机会成功中标，才有如今小范围垄断的巨大盈利空间。如前所述，这与个人特质也关系密切。实际上有研究表明农民是否能运用所积累的经验和知识识别出创业机会，这一过程是通过"创业警觉"这一中介机制完成的，个体对于创业机会的警觉性是在实践学习积累中沉淀出来的一种认知特质，其中正规教育是提高这种积累的一种重要方式，而创业者的个人特质、社会资本和先前经验都可以视为"创业警觉"的前因。那么对于受教育程度普遍不高的农民群体来说，认知水平的提高更多依赖于正规教育之外的知识经验积累，从而提高他们识别创业机会的概率。①② 然而，在我们讨论"机遇"这一前提时，要充分意识到优质的机会并非招之即来之物，而是可遇不可求，大部分并非人力可决定。

4.2 家庭环境因素

人能决定的是什么呢？家庭环境因素。包括家庭人口、土地、原始资金和社会资本等，特别是在我国农村产业主要为家庭经营且

---

① 汪良军、杨蕙馨：《创业机会与企业家认知》，《经济管理》2004 年第 15 期。
② 郭红东、周惠珺：《先前经验、创业警觉与农民创业机会识别——一个中介效应模型及其启示》，《浙江大学学报》（人文社会科学版）2013 年第 10 期。

在农村劳动力市场和土地市场不健全的情况之下,家庭相当于一个拥有固定初始资源的"企业",而上述这些依赖于家庭原始禀赋的因素都是农民创业的重要助力。①

4.2.1 家庭人口

家庭的人口数量和人口结构都会影响家庭的经营规模和经营方式。在牛街村及邻近康郎村的非农就业样本中,我们很少能观察到雇工的现象,出于劳动力市场的不完善、小规模经营下的监督和激励问题以及观念等种种原因,即使是经营产业的农户,也只会在极度忙碌的情况下雇佣短期工人——以小时或天数计薪,而几乎没有长期合同工人的情况。因此,家庭的人口数量就决定了其家庭产业的经常劳动力。此外,人口结构深刻影响着家庭产业的管理组织形式和决策方式。他们大多数以夫妻合作或兄弟合作的方式共同经营,有时候也会有能够担任工作的长辈的角色存在(比如让年迈的母亲看管小卖部或者超市),重大决策商讨也基本上是在家庭内部进行。夫妻进行合作经营的形式包括非产业关联的合作,比如牛街下村街口旅店的老板娘负责打理店内的各项事宜,她的丈夫则在外奔波跑车拉货;也有产业关联的合作,比如上文所提到的铝业老板娘负责铝材的购销和加工环节,她的丈夫负责加工制成品的上门安装和售后。

---

① 朱明芬:《农民创业行为影响因素分析——以浙江杭州为例》,《中国农村经济》2010年第3期。

4.2.2 土地

土地是农业生产以及在此基础上衍生出的一系列产业活动的基础，因而家庭所支配的土地面积对家庭产业的经营效益、经营规模都起着关键性的作用。原始的可支配土地面积与家庭人口相挂钩，我们所了解到的许多田地大户，其用地都是通过从远嫁他乡的姐姐妹妹手中继承而来，而手中所持有的土地面积一旦增加，那么承包他田形成规模效益的动力也应运而生。典型的一户人家，有四个女儿和一个儿子，后来儿子成了户主，他的姐姐妹妹也陆续搬迁户口，自家的田地面积接近二十亩，再加上租种他人闲置的土地，成为当地的土地承包大户。他在田地中种植烟草、玉米和核桃，其中核桃田为大核桃树间种，而土地里又可架设猪棚，玉米混合饲料喂养，就形成了规模可观、循环一体的农业产业生态，一年仅农产品售卖纯收入可达15万元。

同时，土地的位置也至关重要。牛街村的人根据土地含水量和距离水源远近不同将土地分为"田"和"地"，含水量较为丰富或灌溉较为方便的"田"可以种植现下利润较为丰厚的烟草，如图8-3所示，且水源越充足烟草会更加高大茂盛，收益自然更加丰厚，而那些分配的土地位置较为偏远贫瘠的农户，往往会将土地闲置或承包给他人自己另谋生路，从而转移到非农就业的领域。此外，宅基地和自留地如果毗邻交通要道或者市场集中之地，也会催生非农产业如零售业、工业、交通运输业等，我们所了解到的当地非农就业的人群，他们的店面和厂铺大多依自家宅基地而兴，也在很大程度上印证了这一观点。

图 8-3 当地农户的土地

4.2.3 原始资金

农民创业的原始启动资金取决于农户之前的收入水平和储蓄存款。由于样本选择的效应，我们无法观察到因为原始资金匮乏而无法开展产业的人群，但可以通过了解这些已经处于非农产业的人的借贷行为来衡量原始资金对于创业的重要性。调查显示，所有较成规模的非农产业，其家户都有过不同大小的借贷行为，大多是从农村信用社借贷，也有部分来自农业银行或者妇联。但在产业初创之时，借贷的款项基本上并不多，只是随着规模的扩大，贷款金额也逐渐增加，但总体上依然十分谨慎。实际上，大部分农户的产业初始资金是"七拼八凑"形成的，包括自己出资、亲戚朋友借款、设备赊买、延迟交货、信用社和银行借款等，但另一方面，我们所访谈的非农就业者，他们没有一户曾经被划定为贫困户。总而言之，在当地开展产业的原始资金有最低限制，同时高原始资金也可以增加他们的贷款额度，实现金融风险降级，然而总体来说，在资金较为充足的人群之中，差异主要体现在个人筹措资金的能力和行为上。

4.2.4 社会资本

在人际关系网络和熟人效应突出的乡村社会，社会资本这一因素深刻地影响着农户个体生产生活的方方面面，自然也包括从农业到非农产业的转移。社会资本是指为实现某一工具性或感情性的目的，透过社会网络动员的资源或能力的总和，主要通过四个方面，即信任、交流和互惠、共同的规则和规范、群体和网络的连通性。[①] 在牛街村农民的创业过程中，我们可以非常鲜明地体会到农户个体所积累的社会资本起到了重要的支撑作用，依赖基于亲缘、乡缘等地缘为主的关系网络，农民往往能获得更多的创业支持，他们有的能够说服亲戚朋友为他在信用社借款从而筹措到近200万元，有的在零售初创举步维艰之时向朋友欠下货物，有的将熟人招为相对廉价也更为信任的临时帮工。总之，个体宗族网络的规模及其互动强度对其非农产业有着巨大的积极作用，主要的机制为产权的非正式实施、资金的筹集和外部联系及信息等，[②] 这也为一些相关学者的研究所论证过。

[①] Yusheng Peng, "Kinship Networks and Entrepreneurs in China's Transitional Economy", *American Journal of Sociology*, 2004, 109 (5), pp. 1045–1074.

[②] Yusheng Peng, "Kinship Networks and Entrepreneurs in China's Transitional Economy", *American Journal of Sociology*, 2004, 109 (5), pp. 1045–1074.

4.3 个人素质因素

4.3.1 口碑效应

在当今乡村越来越多的人从事如零售业等非农领域的新兴背景之下，个人如果具有诚信良善的品质，其对质量、信誉的重视则会在小范围内形成口碑效应，从而促进其经济效益的提升。一位零售业的老板就曾与我们透露，如果对质量精益求精，加上个人信誉维持，那么你的口碑会在村民之间口口相传，毕竟村里就这么些人且互相熟识，如果你有不诚实的行为，一定会对生意造成影响，因此他只有兢兢业业把每一份订单都做好。口碑效应会加强对人际关系网的进一步正向互动，相反则会受到社会资本的惩罚。

4.3.2 风险的承担与调控能力

不同的个体对于风险的承担程度和调控能力也有所区别。风险的承担基于其胆识与试错精神，而风险的调控则基于其对实际的观察思考和对信息解读能力。为了启动和维持产业，他们究竟敢贷多少钱？我们问过一些在一开始就申请过巨额贷款的农户，有没有担心过周转不利或者亏损出现无法偿还从而背上巨额债务的情况，得到的回答是"就是要闯一闯""我借的钱是用来生钱的，就是干，没有别的办法"，我们意识到农户个体之间勇气和远见的差异所区分开来的人们的不同光景，与我们经常所讨论的市场上的企业家如出一辙。

风险的调控能力，包括对贷款利率的把握、对盈亏的自我担负等方面。农户基于生活经验和自己的实际情况形成对于风险的认知，从而通过调控行为尽量规避，譬如根据实际偿还能力、资产状况和现金流选择贷款的不同利率与期限，对每年的盈亏状况有清晰的认知并据此调整经营状态。我们在走访中发现，牛街村从事非农就业的家户因为规模小、经营方式单一等原因很少有记账的习惯，但依然有例外，这就在个人层面上体现了农户的异质性。

4.3.3 学习能力和前瞻意识

创业者的学习能力对其创业绩效有着显著的正向影响，包括探索式学习和利用式学习，分别指代对新知识的发现、试验和创新的过程，对现有知识的提炼、筛选和执行的过程。走访农户的过程中我们发现这两种学习方式都存在。农民是否能够摆脱农业的巨大惯性去学习土地之外的经验和知识，消除路径依赖倾向，是与个人特质强烈相关的。比如前述案例之一就是把摩托车所有的零部件拆了在家里捣鼓了三四天而掌握摩托车维修技术的。

另外就是对于未来趋势的洞见，即前瞻意识，比如个人是否能够做到对政府动向和市场需求的精确把握，从而形成及时互动。

◇◇5 潮平两岸阔，风正一帆悬
——小结与政策建议

经过调研，我们认为牛街、康郎村的本地非农就业总体发展程度有限。这体现在当地非农就业主要以个体工商户的形式存在，而未发展出成熟的乡镇企业；个体工商户的经营范围有限；当地非农就业者主要以兼业经营的形式从事非农行业。从宏观上来看，近年扶贫带来的需求增加、不断改善的交通条件等都促进了当地非农就业的发展，而农村本身需求少而不聚集的特点、外出务工带来的消费需求进一步减少等因素，则对当地非农就业的发展形成了制约。从微观上来看，农户的外界环境信息获取能力、家庭环境、个人素质等都会影响不同农户在从事非农就业上的表现。

根据我们的调查结果，我们将促进当地非农就业发展的政策建议总结如下。

第一，完善基础设施建设，释放经济发展潜力。加强基础设施建设对于促进当地货物与人员流通具有重要意义。过去的十年，在扶贫配套措施的逐步落实下，当地基础设施状况已取得了较大改善，但仍有进一步改善的空间，主要体现在通向部分自然村的道路仍然是土路、部分路面过于狭窄等。我们建议当地政府进一步加大基础设施建设特别是对于道路修缮的投资，释放当地经济的发展潜力。

第二，完善金融体系，加强信贷支持。农户从事非农行业往往无法依靠其本身的资本积累，而需要依靠从金融系统借贷以进入新产业或扩大生产规模。据我们了解，当今国家的贷款贴息等优惠主要针对以从事农业为主的贫困农户，而创业贷款则因手续、还款要求等较为烦琐，部分个体工商户不愿使用。我们建议可在财政能力许可的情况下加强对当地个体工商户的信贷支持，给予适当优惠，并优化相关贷款程序要求，使其更加便利合理。

第三，培养农民创业意识，促进人力资本积累。农民的个人素质很大程度上决定了其能否抓住机会拓展农业以外的产业，走上致富道路。而欲增强农民致富能力，可以通过举办技能培训、金融知识培训等方式培养农民的敏锐度与创业精神，提升其知识储备与管理能力，促进农村人力资本积累，从而促进非农产业的发展。

第四，促进农民增收，提升非农需求。需求的大小决定了非农行业发展的上限，而当前农村需求的不足制约了非农行业的进一步发展以及非农就业机会的增加。尽管在扶贫取得巨大成效的背景下，农户可支配收入已较先前有了较大提高，但巨大的城乡收入差距仍然存在。因此，我们建议政府继续采取多种措施保障并提高农民的收入，使其与非农行业的发展形成良性循环。

第九章

商品流通、贸易与信贷

要说明商品流通、贸易和信贷对乡村经济发展的重要性，我们可以从一个国际贸易的例子入手。世界上有 A 国和 B 国两个国家，A 国只能生产农产品，而 B 国可以制造工业品。如果 A 国想要工业品，它有三个选择，一是出口农产品到 B 国，赚取 B 国货币，用来在 B 国购买工业品；二是 A 国国民在 B 国工作，将获得的收入寄回 A 国，日后再购买；三是向 B 国借贷购买工业品。我们可以将故事中的 A 国换成牛街村和康郎村，B 国换成两村以外的地区（尤其是牛街乡以外），而货币用的都是人民币，这就成了我们今天要讲的故事。

要提高村民的生活水平，就要增加村民所能享受的产品的种类和数量。当地在农产品上基本可以实现自给自足，但并不适宜发展制造业，所以工业制成品通常需要从外地购买，这时村民的选择就是外销本地产品，外出务工，依靠借款或地区间转移支付。很明显第三个做法是不可持续的，因此要不断提高生活水平，牛街村和康郎村就要注重发展对外贸易和外出务工，而此部分涉及商品流通和贸易。

发挥本地禀赋优势，发展本地产业是乡村从事对外贸易的基础。而从分散的、自给自足的农业经营到农产品商品化的过程，需要大量的资金支持，但是分散经营的农户，尤其是取得脱贫攻坚胜利之前的建档立卡的贫困户并没有充足的资金，所以信贷在农村产业发展中扮演了重要的角色。农村信贷为创业和扩大产业的农户提供了启动资金，也为产业已经达到一定规模的农户，乃至每一个普通农户提供了周转资金。

接下来我们将介绍牛街村和康郎村的商品流通、贸易与信贷情况。

◇◇1 贸易与商品流通

发展贸易、促进商品流通，有助于发挥乡村禀赋优势，发展乡村产业，从而取得脱贫攻坚的胜利，推动乡村振兴。而在人均收入较低的乡村地区，一方面由于本地产业发展相对落后，第二、第三产业较为缺乏，本地产品和服务难以满足自身需要；另一方面本地的低消费水平也无法充分挖掘乡村产业发展的潜能，因此疏通本地与外地的商品流通尤为重要。理解牛街村和康郎村的贸易与商品流通，需要区分当地自给自足的产品和进入流通的商品，梳理当地的商品流通网络，并分析影响当地贸易与商品流通的重要因素。

1.1 自给自足产品与商品

自给自足产品指村民为本家户的消费而生产的产品。商品指当地家户为了交换而生产的产品（交换范围可以在同一村组、同一行政村、牛街乡内，也可以跨越牛街乡的边界），以及家户在交换中获得的产品。

在牛街村和康郎村，自给自足的产品主要包括粮食（当地粮食主要是水稻）、蔬菜、猪肉、禽肉等农产品和农副产品。多数家户通过耕种自家承包的土地，能够满足自身对粮食、蔬菜的基本需要，有的家户还会在土地上种植水果、药材等。同时养殖在当地由来已久，大多数家户都会养殖生猪、鸡鸭等以满足对肉类的基本需求。

然而对于农产品、农副产品，也存在例外情况。一方面，在农产品和农副产品方面基本实现自给自足的家户为了多样化消费，也会购买蔬菜、水果、肉类等。另一方面，部分家户从事的职业专业化较强、分工程度较高，因此不再耕种土地，主要依靠市场交换满足农产品和农副产品方面的需求。

商品主要分为两类，即本地外销产品和外地输入产品。本地外销产品主要是烤烟、生猪和核桃，外地输入产品包括上述流通中的农产品、农副产品（这类产品来自弥渡县的各个乡镇），以及工业制成品。

可见当地家户在食品上的自给程度很高，但是这并不能简单解释为小农观念的影响，而要从家户专业性技能的收益和家户决策的成本收益分析来考虑。如果某个家户掌握了除耕种以外的专业性技能，则从事这一专业的所得就需要计入从事耕种的机会成本，当这种专业性技能带来的收益提高时，家户从事耕种的机会成本就会提高，从而家户会将更多的时间配置于这一专业。

1.2 商品流通网络

商品流通是商品生产完成后,通过一次性交易直接抵达消费者手中,或者通过若干个交易者作为中间人,最终流入消费者手中的过程。作为中间人的交易者之所以能够持久存在,一般是由于他们降低了商品流通过程中所发生的成本。商品流通的路径就是上述过程中实物流转、资金流动和信息传递的路径,而生产者、中间人和消费者是路径上的一个个节点,各种商品流通的路径和节点共同组成了商品流通网络。牛街村和康郎村本地内部流通的商品有限,本地外销产品和外地输入产品的流通路径,共同编织成当地的商品流通网络。

1.2.1 本地产品外销

与三大本地外销产品——烤烟、生猪与核桃相对应,当地形成了本地产品外销的三大路径。

烤烟外销路径主要经过烟草种植户和烟草工作站两个节点。烟草种植户烤制完种植的烟草,会将烟草运输至大理州烟草公司弥渡县分公司牛街烟草工作站。烟草工作站位于牛街乡政府附近,部分村组距离工作站较远,而这一部分的运输主要由种植户自行承担。当地农户基本都拥有摩托车或汽车,所以种植户通常使用自有交通工具运输烤烟,没有汽车的种植户则需要将烤烟装入背篓,用摩托车将烤烟运输至工作站,运输工作量较大,需要分批完成,所以没有汽车的种植户有时会请朋友共同运输,这种帮助不收取费用。有时种植户也会雇佣专门的运输人员运输烟草,费用一般在100元左右,这样一次性就可以完成工作。

生猪外销路径主要经过生猪养殖户、生猪养殖农民专业合作社和外地企业三个节点。生猪出栏后,养殖户向生猪养殖合作社出售生猪。与烤烟不同的是,生猪养殖合作社的人员一般会直接进入各村组收购养殖户的生猪,通过货车将生猪运送到合作社的养殖圈临时储存,对养殖户的收购价格略低于外地市场价格。生猪养殖农民专业合作社主要发挥生猪外销的中转集散作用,自行养殖的生猪数量并不多。生猪养殖合作社掌握一定的外销渠道,外地企业会进入牛街乡收购养殖合作社储存的生猪,外运目的地除了云南境内,也包括四川等其他省份。整个牛街乡有两个主要的生猪外销中间商,其中圳宏生猪养殖农民专业合作社在2020年收购并外销的生猪数量远超10万头,平均每天收购外销一两百头,占领外销中介市场约三分之一的份额。圳宏合作社所在地点为牛街村委会下属的河西村的主公路旁,交通便利,地形也相对开阔,适合暂时圈存生猪。

核桃原本是当地重要的外销产品,但近年来核桃价格下降,种植户不愿外销。但仍有部分种植户将核桃销售给一家核桃专业合作社,而该合作社正在探索通过电子商务平台向外销售产品。

烤烟从种植户运往烟草工作站的方式和生猪从养殖户运往合作社的方式有很大差异,即烤烟一般需要种植户自行运输,但是生猪运输却由收购方的专门人员进行。其中的原因可能是,许多农户同时种植烟草和养殖生猪,但是种植烟草、烤烟的工作量更大,所以在烤烟结束后会有一个暂时的农闲时间,这一时段农户的时间成本较低,由种植户承担运输的工作,整个烤烟外销链条的运输成本可以降低;但是生猪出栏的时间并不一定与烤烟结束的时间重合,生猪出栏的时候农户仍需要忙于烟草种植,所以由专门人员运输生猪的安排可以降低成本。

1.2.2 外地产品输入

外地产品输入的关键在于一系列中间节点,即集贸市场和各类商店,商店包括小卖部、超市、农资店、餐馆、建材店、摩托车维修店、家用电器专卖店等。

除了周二和周六,牛街乡每天都有集贸市场开张,周一在大桥村,周三在牛街村,周四在龙街村,周五在康郎村,周日还在牛街村,赶集的卖家在不同的日子会前往不同村的集市。集贸市场开张的时间除了遵循习惯以外,也有经济原因,例如在周五,康郎集贸市场附近的中小学放学,人流量较大,所以生意会较好。以康郎集贸市场为代表,集市位于贯穿康郎村的主公路旁,场地上方有支架撑起的拱形遮阳棚,周边也围绕着其他商店、餐馆。康郎集市销售的产品主要有蔬菜、水果、零食、服装。其中蔬菜和水果来自弥渡县各乡镇,零食都是小品牌的,货源主要是弥渡县城,而服装来自其他县。集市销售的商品价格低廉,水果十元三斤,零食八元一斤。

牛街村和康郎村的商店大多位于主公路两旁,其中最常见的还是小卖部、超市和农资店。小卖部通常店面面积较小,货架商品多是小品牌，主要来自弥渡县城，而服务范围也局限于周边村民和主公路上往来的行人。相比于小卖部，超市通常店面面积较大，卫生条件也较好，商品种类多，甚至包括一些小型家用电器，这些商品部分来自弥渡县城，部分来自昆明市，大多有品牌，质量也较好。较大的超市服务范围遍及牛街乡全乡，部分超市会提供免费的上门送货服务。多数小卖部和超市都是由店主自家经营，很少雇佣店员。位于康郎村的康乐生活超市是牛街乡最大、最现代化的超市，超市内各类主要商品一应俱全，且进货全部来自昆明，超市雇佣六名店员。这样的一个现代化超市，不仅在初始建设的时候需要大量的固定投资，每月也要支付高额的店面租金，运营成本很高。除了财力和经营能力的支持，康乐生活超市的建成和店主的个人经历有很大关系。店主表示自己有时会前往上海、北京等中心城市，学习超市的经营模式，因此这个超市在牛街乡中得以鹤立鸡群。此外，部分超市是"普惠金融服务点"，挂上这个牌子的超市可以代信用社提供取现、转账服务，方便村民办理简单的银行业务。农资店主要售卖种子、化肥、农药和简单的农业器械，例如播种机。小卖部和超市一般是完全的个体经营，没有连锁品牌，而农资店通常是加盟的连锁店。而超市没有售卖大型的家用电器，如冰箱、彩色电视机，但有专卖店售卖，如今村民购买大型家用电器基本不需要出乡。

外地产品输入节点的增加，使得牛街村和康郎村的村民能够在居住地附近购买到日常需要的大多数商品，降低了获得商品的成本，提供了很大的便利，也丰富了村民能够获得的商品种类，提高了村民的生活水平。

1.3 影响贸易与商品流通的主要因素

1.3.1 运输成本

运输成本长期以来是妨碍牛街村和康郎村内外双向商品流通的主要因素，至今也是影响本地商品流通的重要因素。

"要致富，先修路。"牛街村、康郎村的运输成本相比于以往已经显著下降。牛街乡距离弥渡县城 70 千米，1980 年左右，牛街乡才建成了通向弥渡县城的公路。最初的公路是土路，交通仍然不便，高额的运输成本导致同一商品在乡内和乡外售卖的价格相差很大。运输成本除了造成同一商品的价格差以外，还会提高信息成本，信息成本会阻碍牛街村和牛街乡学习先进的商业经营模式，也不利于拓宽本地产品的销售渠道，充分利用当地的禀赋优势。2005 年前后，土路翻新成柏油路，交通条件显著改善，内外商品差价降低，乡内商品种类增加，商品质量也得到提高。如今在牛街村和康郎村较大型的超市中，常见品牌的商品已经十分普遍，250 毫升装的可口可乐的价格基本是 3 元，与北京市多数超市的价格没有差别。

但是当地运输成本仍然较高。从弥渡县到牛街乡车程需要 2 小时，一路多崎岖道路，而在牛街村、康郎村内，通往部分自然村的道路比进乡公路更为陡峭，一些村内至今还在使用土路。货物运输费用仍然较高，一车价值 7 万—8 万元的货物，从昆明运输到弥渡县，运费需要 2500 元，约占货物价值的 3%。具体到商品，如一箱饮料，从昆明运输到弥渡县的运费是3—4元，而从弥渡县到牛街乡的运输费用就需要5—10元，而大宗货物每吨的运输费用为80—100元。货物运输的损耗也很严重，平均而言一头生猪从牛街乡运输到昆明会损耗6斤，其中3—4斤的损耗就发生在从牛街乡运到弥渡县的途中。

1.3.2 村民收入水平

村民收入水平直接影响了村民的消费需求，从而影响外地产品输入。村民收入主要来源于本地烤烟、生猪养殖和核桃种植三大产业以及外出务工，收入水平同时存在趋势性变动和周期性波动。随着脱贫攻坚战取得胜利，牛街村和康郎村的村民收入水平逐步提高，这是村民收入的趋势性变动。而周期性波动是由本地第一产业生产的自身特点决定的，如烟草收成和烤烟收购一般在农历八月前后，因此烤烟种植户的收入会有季节性的波动，"猪周期"也会造成养殖户年际收入的很大波动。

村民收入周期性的波动普遍影响着集贸市场商户和小卖部、超市经营者的经营情况。一家经营超市、建材店的店主就表示，很多买家都是赊销赊购，赊购的买家一般要等到卖出烤烟后才会支付货款。去年猪价高涨，他们的利润达到40万元，而常年利润只有10万—20万元，今年猪价下跌也导致生意惨淡。

但出乎意料的是，部分商家表示脱贫攻坚以来，自己的生意并没有显著的改善，这和村民收入水平的上升是相悖的。一个可能的原因是，收入的上升部分来自村民外出务工，而外出务工的村民使部分需求转移到外地，因此上升的收入并没有完全转化为对本地销售产品的需求。烟草工作站对面的小卖部店主就表示，近几年由于外出务工村民增加，客流量减少，小卖部的经营更加困难。

1.3.3 社会网络

社会网络对外地商品输入和本地商品外销都有着重要影响。在外地商品输入方面，社会网络内部会形成声誉机制，从而对本地村民的经济行为产生约束，这在赊销上表现得十分明显。如一些小卖部店主表示，虽然往来的村民他基本都认识，但是他们的小卖部只允许熟人赊账。在本地产品外销方面，产品外销需要销售渠道，尤其是在运输成本较高、信息沟通相对不畅的情况下，稳定的外地买家显得更加重要。圳宏生猪养殖农民专业合作社的负责人希望扩大业务，但他表示目前扩大业务的最大障碍就是外销渠道不足。

1.4 电子商务在牛街村、康郎村的发展

网络购物和快递在牛街村和康郎村已经相当普及，但是当地通过电子商务平台外销产品的能力仍然有待提高。当地人主要通过网购购买服装，这对本地的服装零售业造成了很大的影响。在本组访问的家户中，除了两个刚退出建档立卡的家户，每一个家庭都有网购的经历。在牛街村和康郎村的主路上，几乎随处可见各大快递公司的网店和天猫等电商平台的服务站，较大的超市也会提供快递代收代寄服务。在牛街乡，互联网在2018年才普及，

智能手机在 2019 年才普及，网络购物和快递业务的发展可以说是相当迅速的。

而相比之下，通过电商平台外销产品发展较慢。部分个体户尝试通过电商平台、网上带货销售自家产品，但是收效并不明显。弥渡县政府建立了"弥渡县农村互联网超市"，旨在利用这一平台带动核桃等产品的销售。但是当地产品由于质量参差不齐，难以获得认证，所以平台的作用比较有限。因此统一外销质量标准的产品，与已有知名电商平台进行合作，加大品牌投资，可能是利用电商平台扩大本地产品销路的一条出路。

◇◇2　牛街乡信贷综论

信贷从形式上属于金融的重要组成部分，对于各种生产活动，金融都是促使其正常进行的血脉，而与城市金融不同的是，农村存在"双重二元金融结构"[①]。具体而言，第一重二元对立结构指的是城市和农村金融体系的二元对立，相比于城市的金融体系，农村金融体系发展滞后，农村信贷供给以及农民信贷普及率低下，农村金融剩余向城市净流出；第二重二元对立结构指的是农村金融体系中正规金融体系与非正规金融体系的二元对立，二者都在农村经济发展中发挥着不可或缺的作用。

---

① 王曙光、王东宾：《双重二元金融结构、农户信贷需求与农村金融改革——基于 11 省 14 县市的田野调查》，《财贸经济》2011 年第 5 期。

在早年，中国农村的"双重二元金融结构"十分明显，农户获取贷款困难，非正规金融广泛存在，加剧了农村经济发展缓慢、农户生活水平提高缓慢等问题。在近年来，由于国家扶贫政策，各地农村信用社与中国农业银行响应央行降息、降准的号召，农村金融体系已然发生结构性的改变，"双重二元对立结构"基本得到了破除。通过我们的调查，牛街乡的金融体系能够被看作是农村金融体系演变的一个缩影，以下分别从两种二元对立结构分析牛街乡金融信贷的基本情况。

2.1 牛街乡信贷基本情况

从第一重二元金融结构出发，需要我们对当地农村金融机构进行宏观的了解。对于牛街乡而言，服务于当地的金融机构主要为云南省农村信用社与中国农业银行。二者的主要区别在于嵌入度的差异。中国农业银行在弥渡县全县仅有县城一个网点，而农村信用社则更加深入，在牛街乡设有网点。尤其对于农户而言，后者具有更高的便利度，同时从宏观角度来看，后者能够对牛街乡信贷宏观情况有更直接的描述，因此，我们将以后者为主要对象，介绍调研中知悉的信贷政策与贷款基本情况。

2.1.1 农村信用社贷款政策与发放情况

农村信用社在当地发挥着不可或缺的作用，其主要发放以下三类贷款，其中前两类为政策性贷款，基本信息汇总见表9-1。

表 9-1　　　　　　　　牛街乡农村信用社贷款政策

	授信对象	年化利率	额度
小额贴息贷款	建档立卡户与边缘户	0	1 万—5 万元
创业贷款	首次创业农户	0	1 万—20 万元
一般商业贷款	所有农户	3.85%—5.95%	一般 10 万元以内

为响应国家扶贫以及乡村振兴战略，其中小额贴息贷款与创业贷款（今年前）均为贴息贷款。

小额贴息贷款由建档立卡户或边缘户向村委会申请，经过村委会审核后上报至扶贫办与农村信用社，利息由财政进行补贴。总体而言，这一贷款在各村都有指标限制，村委会需对申请人进行信用与偿还能力评估，决定其是否能够获得贷款及额度，最高不超过 5 万。这一贷款用途受到限制，可用于生产资料购买、医疗支出以及其他临时流转等，但不允许用于购买房屋、车辆或婚礼筹办等。值得一提的是，部分获得此项贷款的农户经由当地合作社直接投资于正大猪场，可通过分红获得约 3000 元的收益。

创业贷款，具体称为鼓励创业"贷免扶补"小额贷款。顾名思义，以"创业"为主要目的，其并不局限于城市中创业的含义，也可用于农户进行生产方式转变、生产规模扩大等方面。流程与小额贴息贷款类似主要经由农户向党组织、共青团、妇联等申请，经审核后上报至扶贫办与农村信用社，利息由财政进行补贴，额度最高不超过 5 万。除该项贷款贴息外，诸如农村党员创业贷款、巾帼创业信用贷款等创业贷款利息都低于一般商业贷款，但额度一般稍大，最高可至 20 万。

其余贷款基本可以归为一般商业贷款。自 2020 年 3 月开始，当地贷款利率与中国人民银行政策要求保持一致，采用贷款市场报价利率（LPR）加点形成的浮动利率，折合后年化利率为 3.85%—5.95%，具体利率因不同贷款人的信用情况存在差异。该贷款额度一般不超过 10 万元，10 万元以上需要担保。

2.1.2 农村信用社信贷基本情况

通过对农村信用社的访谈，我们对当地的信贷情况了解如下。当地农村信用社目前累计贷款总额度约 2 亿元，其中小额贴息贷款 500 万—600 万元，创业贷款 800 万—900 万元，其他一般性商业贷款共计约 2 亿元。同时，当地农村信用社存款亦约 2 亿元，存贷比约 100%，流动性良好。

在现有贷款中，农村信用社约有 300 万元违约贷款[1]与 400 万元不良贷款[2]，占总贷款量较少。工作人员称造成逾期偿还的原因主要为疾病、死亡、投资失败、家庭纠纷等，其中投资失败为首要原因，占比 60%—70%。当小额贴息贷款、创业贷款等政策性贷款违约时，由政府财政负担 80%，农村信用社负担 20%。与总贷款量相比，当地农村信用社不存在较大的金融风险。

---

[1] 违约贷款指贷款人因故、因病或失联等原因无法偿还的贷款，往往需要移交司法机关处理。

[2] 不良贷款指贷款人逾期偿还或有迹象表明其已不可能按时偿还的贷款。

2.1.3 其他信贷情况

除了以上较大规模的贷款外，农村信用社也推出了面向农户的贷记卡业务。其"即贷即还，利息日结"的特点对农户而言也是相当便利且实惠的，农户在县城等地区的消费也更便利。

当地除农村信用社外，中国农业银行也有部分贷款业务，除了与农村信用社基本类似的信贷政策外，值得一提的是其发放的"惠农 e 贷"。该贷款由农户直接向农业银行申请，由农行人员进行信访后决定贷款额度，同时在首次业务办理后便可通过手机掌上银行进行还款、再次贷款等业务，这对于当地的交通状况而言是十分便利的。该贷款全面支持农村的种植养殖、生产加工、商贸流通等一二三类产业，对农户给予利率优惠，若为建档立卡户，甚至仅需要3厘多月息（约合年利率3.6%—4.0%）。

从以上数据可以看到，当地基本上没有较严重的金融净流出，与此前认知中第一重二元金融对立结构是相矛盾的。我们认为这一变化主要是云南省农村信用社以及中国农业银行降息、降准以及扶贫等政策性贷款使牛街乡贷款总量提高导致的。从宏观数据与政策来看，传统农村金融学中所存在的"供给性金融抑制"已经得到了良好的解决，这也意味着在当地第一重二元金融结构也基本得到了破除。

2.2 非正规金融体系的演变

第二重二元金融结构强调的是正规金融与非正规金融的对立并存。在金融抑制较严重，即信贷利率较高且普及率低时，农村的非正规金融体系是非常重要的金融来源之一。而正如前一节所分析的，现阶段随着降息降准，正规金融的规模在农村不断扩大，当需求不变或增长较慢时，非正规金融体系将逐渐被取缔，这一演变过程在牛街乡也得到了印证。我们对调研中获悉的非正规金融的基本情况与演变过程进行了总结与分析。

2.2.1 亲朋借贷

亲戚朋友间的借贷是当地一种规模较大的信贷方式。根据我们的访谈结果，这种借贷基本是零利息的，额度往往从几千到几万不等，还款期限不定，且均无书面协议，以口头承诺的形式为主。这一类贷款的用途往往也比较明确，大多用于紧急疾病以及婚丧嫁娶。

从演变视角来看，正规金融规模扩张对这一渠道没有产生较大的影响。这与其用途有较大联系，从便利程度上来看，向亲戚朋友借贷显然更有优势。同时，这也是正规金融最主要的补充，虽然有降息、降准的情况发生，但若仍旧面临资金不足，亲朋好友间的借贷往往是最直接的方式。在调研中还获知有其他朋友向银行贷款后借给同一人以进行投资的行为，这都是非正规金融的表现形式。

从动机来看，这种借贷行为以零利息、无期限的方式进行，似乎是不可解释的。实际上这种借贷额外获取的可以视为一种"社会资本"，用这一"人情"使得亲戚朋友以后愿意借款给自己。基于这种社会网络，一般而言很少存在赖账情况，正所谓"有借有还，再借不难"。当然，对于一些家庭而言，也正因为怕欠别人人情，而对这种借贷持抵触态度。

2.2.2 已经消失的贷款形式

抵押贷款与高利贷在当地已基本销声匿迹。早年原本存在的林权抵押贷款，在扶贫政策普及后，农户基本都能够获得贷款，这一贷款的需求逐渐消失。高利贷曾经在县城等更广的范围存在，但在扫黑除恶大力推进后，这种畸形的借贷方式失去了滋生土壤，近年来便不复存在了。

2.2.3 赊账

最后，赊账在当地是非常常见的"贷款"形式。例如农资店、钢材店等需要大额交易的情况，由于农户收入现金流的特殊性，赊账是相当频繁的。与亲朋间借贷相比，这种往往会有书面签字记录，且一般没有期限，在跨年前会"催账"。但由于农户收入受气候、猪价等影响较大，诸多商户面临赊账累计较多的情况，其中被赊账最多的牛街村的商户现在约有600万元的债权。而像超市等相对小额的交易情况，往往赊账较少或没有赊账，有商户指出"一旦有赊账就挣不了钱"，可以预见的是，在当地经济情况不断改善的同时，赊账这一形式也将逐渐消失。

总而言之，在降息降准的推进下，正规金融得到了健康的发展，贷款规模得以不断扩大，很大程度上促进了当地生活改善与生产发展。与正规金融相对的，非正规金融在缩小规模的同时，渠道也在"阳光化"，第二重二元金融结构得到了调整与改善。

2.3 农户借贷基本情况

从宏观角度考察完贷款的政策与总体情况,我们也从微观个体出发对农户的信贷情况进行了了解。根据本组的调查结果,半数受访家户有借贷行为,见表9-2。

表9-2　　　　　　　第9组访户贷款情况

访户编码	贷款额度(元)	贷款对象	贷款用途
家户1	400000	农行、农村信用社、亲朋	生产性投资与资金流转
家户2	90000	农村信用社、亲朋	资金流转、看病与生活改善
家户3	100000	农村信用社	生产性投资
家户4	50000—200000	农村信用社	资金流转、子女县城上学支出
家户5	0	由于资金充裕,无须贷款	
家户6	0	由于资金充裕,无须贷款	
家户7	0	由于资金充裕,无须贷款	
家户8	2000000	农行、农村信用社	生产性投资与资金流转
家户9	0	由于资金充裕,无须贷款	
家户10	0	由于资金充裕,无须贷款	

从家户贷款情况来看,家户借贷目的多为资金流转与生产性投资。这种借贷与其收入的现金流特征是直接相关的。对于当地农户,重要的收入来源之一为烤烟,由于其季节性,农户在当年早期需要购买烟苗、农药等生产材料,当资金流转陷入困难时便会产生借贷行为,在收获并获得资金后偿还贷款。需要其他紧急支出时,

如果通过正规金融所能获取的资金达到上限，大多数农户都会寻求亲友帮助。此外仅有少数家庭有教育和医疗方面需求导致的借贷，这是义务教育与医疗保险全面普及为农户基本生活保障带来的福利。

根据对信贷授信难度情况的调查，所有受访农户现在均不存在授信难度，部分农户因自身资金充裕，无借贷需求而没有借贷行为。从演变的角度来看，一些农户称前些年获取信贷的难度确实更大，无论是从能否获取信贷，还是从获取信贷的额度出发，在降准后信贷的获取都变得更加容易。

现在正规金融渠道的利率也颇受农户的认可。有一位农户指出，在此前10年左右，无论农村信用社贷款还是农行贷款，均需要月息8厘左右，这与当前的利率相比是非常高的，这也是之前农村正规金融欠发达，与非正规金融二元对立局面产生的一个原因。

从以上降息、降准的影响来看，国家扶贫政策在解决"供给性金融抑制"中发挥了举足轻重的作用，提高了农户信贷的易得度，切实改善了农民生活水平，基本上破除了农村二元金融结构。

从信贷的偿还角度来看，一方面有金融机构信访、村委会意见等多种渠道确保授信额度的合理性，另一方面，大多数家庭均能够做到信贷资金的合理利用与按时偿还。通过我们的调查，大部分家庭均没有信贷偿还的困难，但少部分家庭由于疾病等原因目前处于以贷养贷[①]的恶性循环中，当地农村信用社工作人员指出，向亲朋借贷来偿还贷款是普遍存在的现象，这也是需要引起关注的一个问

---

① "以贷养贷"分为两种，一种指农行与农村信用社间的贷款"互养"，另一种指金融机构贷款与亲朋借贷"互养"。

题。从张贴在村委会的告示中可以看到，如果构成违约，金融机构会申请司法机关介入，对债务人实行通报、罚息等措施，基本上以批评教育为主，出于对农户基本生活保障的考虑，并不存在直接没收房产或生产资料等方式。考虑到非正规金融部分，当地的金融存在一定风险，但仍在可控范围之内。

从家户的微观视角出发，农村的二元金融结构也已经得到了改变，最直接的证明即是正规金融机构贷款的普及性，农户基本上都从贴息贷款或利率优惠中获得了收益，带来了生产规模的扩大和生活水平的提高。

◇◇3　信贷的影响

在发达经济体中，现金流是企业的血液，而现金流的一大重要支撑就是信贷。信贷之于企业的必要性在金融危机中得到充分展现。在广泛的银行恐慌下，信贷极度收紧，失去信贷支持的企业很快因现金流断裂而纷纷破产。在我们的调研中，我们发现，信贷的重要性并非仅体现在美国这样的发达金融市场中。在牛街的脱贫攻坚和乡村振兴过程中，信贷也扮演着不可或缺的重要角色，而当地信贷也存在一定的潜在风险。

3.1　信贷的作用

我们认为，信贷在当地主要有提供启动资金和周转资金两个作用。

信贷为产业转型提供了必要的启动资金（原始资本）。过去，绝大多数牛街和康郎村居民的收入来源是种植。当地没有广阔的平原，同时水资源天然分配不均，在本就不利的自然条件下，随着人口增长，当地的劳动力边际产出不断下降，直到达到恰能维生的"马尔萨斯水平"，陷入长期的贫困。近年来，当地实现脱贫攻坚和乡村振兴的一大重要手段是产业转型，鼓励村民大量种植增加值更高的核桃、花椒、中草药，更好地利用林地资源。越来越多的村民开始养猪，如今几乎家家户户都会养猪，养殖在近几年已经变成当地的主要产业。产业转型的初始资金很大程度上来源于政策上的金融支持，具体表现为农村信用社在当地发放了大量的贴息贷款和创业贷款，村民们依靠这些贷款，建造猪舍，购买第一批猪仔，从而开始养殖。从微观角度来看，在完善的市场中，均衡时，家户从事不同产业的回报应该是相等的，如果养猪比种植更有利可图，那么更多农户将选择养猪，不养猪的农户则将有机会获得更多的土地（如我们调研所看到的，选择不以种植为主要收入来源的农户中，很多会将土地无偿包给其他农户），这样，种植的劳动边际收入上升，直到种植和养殖对于任何一户农户是"无差异"的。但是现实生活中，农户决策时将面临其他约束，例如信贷约束。当农户发现养猪的边际收益更高并试图从种植转型为养殖时，他必须贷款以进行固定资产投资（如建设猪圈）。但是，农户自有的资本过低，且资产的变现能力很差，因此对银行而言，这笔贷款的偿还能力没有保证，逆向选择和道德风险问题使以盈利为目的的商业银行不愿意贷款给农户，从而农户没有办法实现这笔固定投资，尽管面临好的转型机会，农户也无法成功实现转型脱贫。在这个意义上，政府的金融扶贫政策起了关键性作用。

　　信贷为农户提供了必要的周转资金。正如本部分开篇所言，现金流是企业的血液。一旦现金流断裂，企业的正常生产经营就难以为继。在牛街，我们观察到了相同的现象。随着越来越多家户的主要收入来源从种植转向养殖等其他行业，信贷在资金周转中的作用也日益增强。根据我们的调查，每年烤烟收获前是农户最缺钱的时候，表现为当地超市在这个时间段产生了最多的赊销行为，待烤烟收获并销售后，农户再还上欠款。养殖业中，资金周转对信贷的需求更为明显。继一次性的固定资产投入后，养猪需要农户不断地投入资金用于生猪的饲养、护理等。我们调研发现，受访农户的储蓄往往不足以支撑这部分投入，大多数受访农户会通过短期贷款购买饲料或者直接赊购，待生猪出栏销售后还款。同样的情况也分别见于从事零售和从事土石方工程的两家访户中。如上所述，国家的相关金融扶贫政策对农户获得流动性起到了重要的作用。事实上，流动性的可得性不仅使农户生产经营所需的现金流得到保证，同时还有助于农户扩大生产经营规模，实现乡村振兴。如果获得信贷比较困难，农户不能保证自己总是能在需要的时候获得信贷，那么农户必须做出预防性储蓄。当流动性的获得变得便利，资金链断裂的风险下降，农户则更积极地将收入用于投资而非预防性储蓄。我们预期，在这样的政策支持下，农户的储蓄激励将会降低。一方面，再投资的回报高于储蓄回报率，另一方面，当需要流动性（例如用于饲料购买或家人看病）时，他们可以更容易地从信用社或亲朋处借贷，预防性储蓄的动机较小。这与我们的调研结果相符，多数访户几乎不储蓄，净收入的大部分被用于再投资。

概括之，在信贷政策的支持下，农户可以更容易地获得信贷。这给予了农户必需的启动资金，为产业转型提供了条件。同时，流动性可得性的改善在保证了农户生产经营所需现金流的同时，也降低了农户预防性储蓄的激励，农户更可能倾向于再投资，即"做大做强"。

3.2 潜在风险

我们知道，在发达经济体中，金融危机的前奏往往是信贷繁荣。我们调研发现，政策支持下，宽松的信贷政策在促进农户脱贫和产业转型的同时，也埋下了隐患。

3.2.1 杠杆高企

在对农户和政府工作人员的访谈中，我们发现，农户的杠杆率普遍偏高。常见的情况是，农户基本不储蓄，资产主要是自有的住房，但变现能力很差——当农户违约时，考虑到必须保证农户的基本生活，银行一般不会将住房变卖清偿。政策性银行的放贷指标和放贷的资产负债率规定出现了矛盾，如果严格按照资产负债率的规定发放贷款，则国家规定的放贷指标远远无法实现。在调研中我们了解到，一个典型的以种植为主要收入的农户，其年毛收入2万—3万元，纯收入约1万元，扣除生活消费支出后基本没有节余。根据政府工作人员估计，其家庭资产变现可得约3万元，但其债务存量少则2万元，多则5万元甚至几十万元。以养殖为主要收入的家庭，对信贷的需求更大，债务存量也更大。但正如上文所说，信贷宽松下流动性的易得性，高的再投资回报和低储蓄回报率作用下，我们观察到农户们倾向于将剩余用于再投资而较少储蓄。养殖的风险较种植更高，2020年猪肉价格高涨吸引了一大批本地农户从事生猪养殖，2021年生猪价格大跌，农户严重亏本。养殖的风险在杠杆的作用下进一步放大了。事实上，我们观察到，在宽松的信贷政策下，仍有一批农户宁愿坚守贫苦的生活，也不愿像其他农户一样借贷投资于养殖等非种植行业。"不敢借"是他们放弃信贷的主要原因，事实上，他们大多是脱贫不久的建档立卡户，家庭净资产极低，借贷意味着极高的杠杆率，进而意味着借贷养殖将带来巨大的风险。概括而言，金融扶贫政策下的信贷宽松造成当地大量家户表现出以下两种特征之一，即利用政策获得信贷并承受高杠杆，或借贷后的杠杆率太高以至不敢借贷。

3.2.2 借钱还贷

如上所言，信贷宽松下农户的杠杆率普遍较高（事实上高于信用社要求的上限）。当遭遇损失（如猪价下跌）时，损失会按杠杆倍数放大。此外，在宽松的信贷和低利率政策下，我们观察到一些访户会选择贷款消费，尽管其家庭净资产和年净收入未必足以支撑其消费水平。如此一来，按时还款成为问题。一旦违约，农户信用受损，日后难以再次贷款。为了防止违约，农户往往"拆东墙补西墙"，借钱还贷。借钱的来源一般是亲朋好友，或从农行借钱，偿还信用社贷款，以贷还贷，实现贷款展期。我们观察到，一部分农户近年来反复如此操作，年收入并未增加，债务却不断累积。近年来，借钱还贷使得他们免于违约之苦，但长期如此必然存在违约风险。

3.2.3 赊款难还

赊购可以被视作一种常见而非正式的信用贷款。如前所述，赊购行为在当地非常常见，且具有季节性。赊销的规模不可忽视，例如，调研中的一家超市持有600万的赊销债权存量。一般而言，赊销账款在当年农业收获后会及时得到偿还，但也存在例外。当猪价大跌，大量生猪养殖户亏损严重，赊购猪饲料的款项难以偿还。调研中，当地一户从事猪饲料销售的农户表示，赊销款项难以收回已经成为他最大的问题。赊购赊销不仅发生在最终消费阶段，例如，农户向当地超市赊购商品，而超市所有者进货时也会采取赊购。当最终消费者的赊购款难以偿还时，超市（以及上例中的猪饲料销售者）也会出现流动性问题，进而可能造成连锁反应。此外，赊购不同于正规信贷，大多数赊销赊购没有书面凭证。当地农户表示，当地"民风淳朴"，一般不会出现赖账。但当猪价下跌等外生冲击导致还款困难时，赊销者无法通过正规的司法渠道追索赊款，产生了潜在的风险。

◇◇4 牛街信贷余论：交易成本与制度
——以信用村制度为例

在调研中我们发现，当地有一个特殊的信贷制度安排——信用村。村民的违约行为不仅会对其自身信用产生负面影响（从而使其未来更难获得贷款），还会对其所在村评选信用村产生负面影响。信用村是信用社决定授信额度和利率的依据之一，信用村的村民更容易获得较高的授信额度和较低的贷款利率。乍看之下，信用村制度并不是有效率的制度。身处同一个村的两个家户间未必有经济上的强联系，换言之，村中个别居民的违约并不意味着其他村民就更有可能出现违约，信用社应当根据各家的具体情况，来制定对该户的授信额度和贷款利率。我们认为，从交易成本和制度的角度来看，信用村的安排是合理的。

信用社在确定给农户的授信额度和利率时，需要派出信贷员对农户进行调查，了解家户的家庭基本情况，资产负债情况，还款能力，从事的养殖、种植规模如何，有无不良嗜好等信息。当地农信社仅有工作人员7人，远少于农户数量，且交通成本极高，由此导致了巨大的信息成本。为了降低信息成本，农信社往往选择通过村委会了解一村农户的基本信息，对于额度较大的，再实地调查。假设村委会是完全客观的第三方，则村委会提供的信息将是"无偏的"，即正确地反映了农户的情况而没有系统性偏误，由此信用社做出的信贷决定将是有效率的。然而，村委会可能有虚报农户偿还能力的激励。正如农户有激励虚报自己的偿债能力，农户违约造成的损失由信用社承担，而农户贷款成功实现发展将为村委会带来好处，从而村委会也有相似的激励来高报农户的偿债能力，从而使放贷数量偏离（高于）有效数量。信用村制度的引入带来了另一种激励。在信用村制度下，一户村民的违约行为会导致该村其他村民的贷款受到不利影响，从而村委会将（间接地）承受比违约农户自身更大的损失，这使村委会变得谨慎，即低报偿债能力的激励，使得放贷数量低于有效数量。信用村制度下，以上两种效应同时存在，最终的放贷数量可能高于也可能低于有效的数量，这取决于两种效应的强弱。

我们看到，此时有三种可选的制度安排。一是不通过村委会，信用社直接深入每个家户进行调查并决定放贷数量。农户有隐瞒风险和虚报偿债能力的激励，且交通成本高昂，这种制度意味着很高的交易成本；二是借助村委会了解农户的基本情况。这时深入家户调查的交通和人力成本得到节省，但村委会有动机虚报农户的偿债能力，使得放贷数量高于有效数量，这给信用社带来了损失；三是借助村委会了解农户的基本情况，同时实行信用村制，此时村委会同时存在上述的两种激励。由于交易成本的存在（源于信息不对称和交通成本），三种制度都难以达到社会最优的情况，只能根据各类交易成本和扭曲的福利损失找到次优的选择。如果第二种效应的强度不是很大（以至第二种扭曲在抵消部分第一种扭曲后，其扭曲程度比第一种还大），则信用村制度有利于降低放贷数量的扭曲，从而降低社会福利的损失，即第三种制度此时优于第二种制度（反之亦然）。若此时第三种制度导致的放贷数量扭曲和福利下降低于第一种制度下的交易成本，则第三种制度，即信用村制，将成为可行的"次优解"。可以进一步推测，当数字化普遍推广，且交通成本得到削减后，第一种制度的交易成本显著下降，从而可能替代保甲式的信用村制度——

这也是如今数字化发达，交通便利地区的制度安排。

◇◇5　小结

从过去的交通闭塞到如今的车水马龙，从过去的商品单一到如今的琳琅满目，从过去的借款难筹到如今的普惠金融，牛街村和康郎村村民用自己的实际行动向我们展现了短短二十余年间的变化，生动讲述了贸易与信贷的发展历程。

回到我们的故事，我们可以清晰地看到这一系列政策及效果背后的协同性，如图9-1所示。在中国共产党的领导下，针对不同的环节，因地制宜地辅以相应的政策，这种有效率的统筹规划是牛街村和康郎村发展新机遇与新高度的核心因素。不仅这两个村如此，从更广的角度来看，其他农村的发展也大同小异，这种发展方式是值得肯定的。

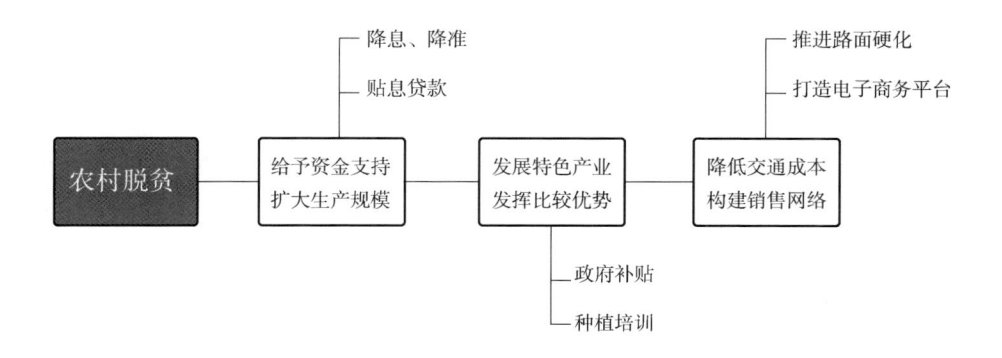

图9-1　农村脱贫的一系列政策

回首过去，我们已经完成了脱贫攻坚的任务，但农村发展的方向仍然没有变。在中国共产党的带领与农民的勤劳努力下，继续按照如上的方式发展，农村的比较优势将进一步凸显，交通与贸易成本将进一步降低，农民也将过上更美好、更幸福的生活，乡村振兴不再是一句口号，而会像今天一样绽放在农民的笑容里。

第 十 章

土地的发展启示：以牛街调研为例

土地，是最传统、最根本的生产要素。土地生产已有千年历史，以生产为基础的经济学也根植于此。可以说，经济学理论离不开对土地的分析，经济学研究离不开对土地的调查。

2021年7月，北京大学国家发展研究院师生一行来到云南弥渡牛街调研，吴奕添、何俊杰、孙启腾组成的第十组负责土地调研任务，对牛街土地各方面情况展开调查研究。

土地的根本地位使其与经济生活紧密相连，使土地调查可推广到经济生活的方方面面。毫无疑问，在经济问题中，发展问题具有核心地位。经济学家卢卡斯（1988）曾言："一旦一个人开始思考经济增长问题，他就不会再考虑其他任何问题了。"所以，我们选择发展为研究主题，以土地为内核视角，以发展为外延主线，探讨土地内在的发展启示，以印证分析土地与经济发展理论，以期付诸实践，扎实推进地区经济发展，推动中华民族伟大复兴。

调研成果总结为本篇报告。报告由五部分组成：前言——探讨报告结构与研究思路；第一节——介绍牛街土地历史沿革与土地概况；第二节——分述牛街土地使用与房屋建筑有关情况；第三节——分析牛街土地的产权问题与有关政策；第四节——总结现有结论并提出未来展望。

◇◇1 前言

1.1 提出问题：四个"怎么样"

经济发展的一种分析思路是从经济发展核心基础——资源禀赋出发；分析生产组织即经济如何有效组织利用资源；考虑上层建筑——包括政策制度文化等经济发展成果及其如何影响经济发展本身；最后总述经济发展整体运行情况，提出未来展望，总结建议启示。其可概括为四个关键词，即资源禀赋、生产组织、上层建筑、经济发展。弄清了前三方面，也就把握了经济发展主要环节及其各自特点，可以得到经济发展状况与启示。

我们按此思路围绕四个关键词，以土地为出发点、着眼点、落脚点，提出四大调研核心问题——四个"怎么样"。这里的土地怎么样——资源禀赋问题；这里对土地的利用方式怎么样——生产组织问题；这里土地相关的政策制度怎么样——上层建筑问题；这里土地未来怎么样——经济发展问题。其中对最后一个问题的回答建立在回答前三个问题的基础之上。

1.2 做出假设：四大关键词

针对这四个问题我们提出如下研究假设。

资源禀赋是经济发展的根本，是决定经济发展的基础因素。在一定资源禀赋条件下，生产组织将主要决定经济发展结果，是经济发展的核心影响因素。建立在资源禀赋与生产组织之上的上层建筑也将作用于经济发展，是经济发展的又一影响因素。经济发展受前三方面因素共同作用。内生性上，经济发展状况内生于前三者；上层建筑属于发展成果，又会反过来影响经济发展，内生于生产组织及资源禀赋；生产组织又内生于资源禀赋。可以说，经济发展归根结底取决于资源禀赋，生产组织在机制中发挥主体性作用，上层建筑则是机制往复运行的重要一环。

本章第2—4节将分别围绕资源禀赋、生产组织、上层建筑、经济发展四方面尝试就这些问题给出答复。

◇◇2　历史沿革与土地概况

首先聚焦资源禀赋问题。我们将介绍牛街土地历史沿革与当前概况。

2.1 历史沿革

2.1.1 改革开放前的土地历史沿革

牛街土地的故事始于"蜜滴"的古称。相传很久以前当地大龙潭树上有蜂蜜滴入水池，故称蜜滴牛街。自那时起，土地便与牛街发展紧密相连。近代以来，牛街土地分配多次变迁。土地改革实现"耕者有其田"，许多人分到了土地；人民公社化运动中，除少数自留田，剩余土地由公社统一管理经营。所形成的供销社、村委会等设施的土地、房屋保留至今，用地范围大多未扩张变动。

2.1.2 改革开放以来的土地历史沿革

受限于受访者年龄、记忆等带来的信息获取难度，我们更多关注改革开放以来的土地历史沿革。其按时间顺序可梳理成如下时间线。

包产到户—1986年洪水—合同续约—外出务工—退耕还林与基本农田保护。

1978年，党中央实行改革开放。农业改革最突出的举措便是实行"包产到户"，即家庭联产承包责任制。在牛街，该政策具体推行始于20世纪80年代。牛街的家家户户分到了土地，牛街土地发展步入新阶段。

1986年，受粗放式发展破坏水土环境的影响，当地爆发罕见洪灾。洪水冲毁农田房屋，河畔良田化为荒地，造成一系列产权分配调度问题。之后也爆发过洪水,但其规模和破坏程度小于1986年洪水。近年已未收集到洪水记录。当地村民认为这很可能与1986年洪水后开始关注环境保护,逐步开展水土治理有关。

按规定,农户承包土地有年限要求,需签订承包合同。随着合同到期,20世纪90年代及2018年前后又进行过两次合同续约,并进行了一些土地产权等的调整安排。

近年来,由于各种原因当地许多人选择外出务工,引起许多土地、房屋建筑等问题,成为牛街土地变迁的一条暗线。

到近些年,退耕还林与基本农田保护成为最重要、最普遍的土地相关政策,影响了牛街土地的发展变迁。退耕还林改变了当地的田林地情况,相应的林地管理保护制度也有影响。基本农田保护及相关的土地用途管控、房屋建造审批等则成为当地土地利用的政策约束,影响其发展布局。

总之,牛街土地在自然条件和先后多项政策的共同影响下,形成了如今的布局。其历史沿革存在多个关键时间节点,内含重要产权政策问题,更作为一个缩影展现了中国农村土地政策变迁的过程,蕴含深刻的土地发展启示。

2.2　土地现状

2.2.1　基本概况

牛街乡面积263.89平方千米,耕地18286亩,人均耕地0.89亩,主要有烤烟、畜牧业、泡核桃、红花、生态茶、无公害蔬菜等产业，如图10-1所示。我们主要调研的村落为牛街乡牛街村、康郎村。牛街村共有农户722户，面积18.45平方千米，林地面积9825亩，耕地面积2016亩，人均面积0.79亩，农作物以种植烤烟为主。康郎村共有农户756户，面积29.6平方千米，林地面积36543亩，耕地面积2202亩（其中水田371亩，旱地1831亩），人均耕地面积0.76亩，经济主要来源于烤烟、核桃、畜牧、外出务工等产业。

图10-1 牛街俯瞰

2.2.2 调查特征

通过收集土地信息、探查土地情况，以耕地为例，归纳出牛街乡牛街、康郎两村土地的六个主要特征，即"少""碎""陡""散""旱""远"。

第十章 土地的发展启示：以牛街调研为例 **297**

"少"，两村农户分到耕地较少，每户一般在几亩至几十亩。其中土质肥沃、可种植高经济效益作物的良田更少，如图10-2所示；

图10-2 稀有的平地

"碎"，农户分得耕地块数多、单块面积小，一般农户耕地数量在5块左右，有些农户耕地达数十块，甚至有多到难以计数的现象。而单块土地面积一般为一亩左右，除连片种植的烟叶地外很少有大面积单块耕地，所以地碎；

"陡"，耕地大多为坡地，坡度较陡，平地较少，多属山地；

"散"，牛街两村耕地地碎、块数多，分布较为复杂。从调研所绘分布图来看，每户耕地分布较为分散，无明显朝向特征，如图10-3所示；

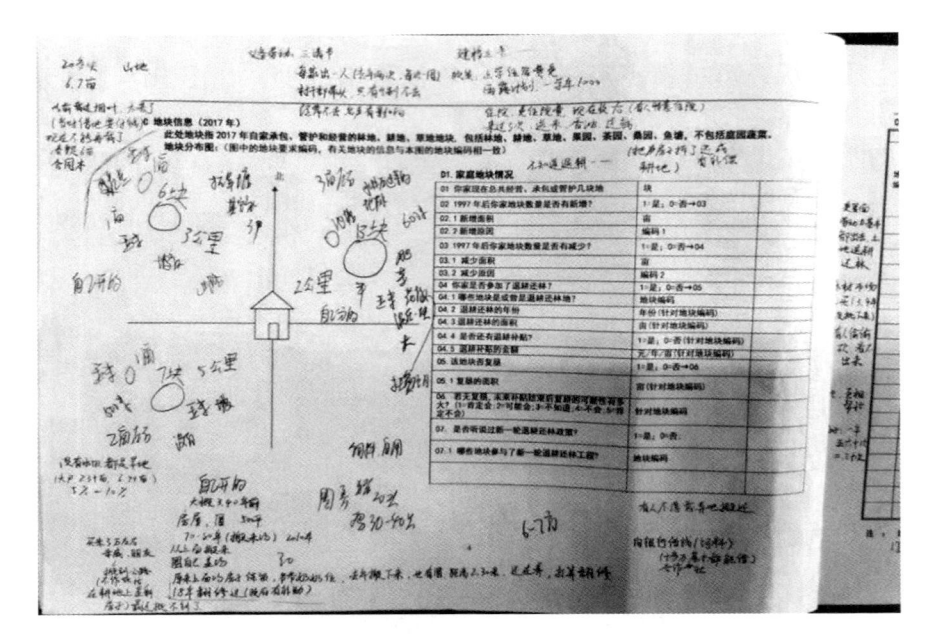

图 10-3　土地信息手记

"旱",牛街耕地地处山坡,缺乏水利灌溉,缺水问题普遍突出。许多耕地只能"靠天吃饭",利用自然降雨灌溉,造成作物产量不高、品质不好,收益较低。只有河畔、依靠邻乡水利设施及地下水资源的耕地情况有所改善。近些年降雨较少,干旱问题更为突出;

"远",耕地距离住宅一般较远,距离在 1—2 千米,少数在 0.5 千米以内或 3 千米以上。同时许多耕地距离最近交通公路也较远,交通不便,提高了劳作成本,客观上造成"零租金""倒帮盘"等现象。据反映,异地搬迁后远距离耕地增加务农成本问题更为突出。

总之，牛街两村土地"少""碎""陡""散""旱""远"。牛街当地优质耕地不足，耕作成本高，构成了当地发展的自然约束。需要指出的是，很多特征并非当地独有，也存在于云南山区，乃至全国"老少边穷"地区。

◇◇3 土地使用与房屋建筑

3.1 土地使用

3.1.1 生产用地

3.1.1.1 耕地

3.1.1.1.1 生产情况

当地耕地利用方式主要包括种植与养殖。

（1）种植情况

种植是耕地的基本功能和主要利用方式。牛街两村利用耕地发展种植，主要作物有玉米、烟叶、核桃、小麦、花椒、魔芋、红花等，包括本地传统作物与政府推广作物，如图10-4所示。

本地传统作物有玉米、烟叶、核桃、小麦等。当地缺水、地处山坡，玉米因耐旱、可抗倒伏成为当地种植最广的基本作物。受限于灌溉条件、土地质量等因素，所产玉米主要作为猪、鸡等的饲料，是当地养殖业发展的基础。烟叶是当地最重要的经济作物之一，其生产模式具有独特的计划经济特性。核桃也是当地的一类重要经济作物。牛街乡高海拔地区具备核桃种植条件，同时提供了一种低成本核桃储存方式——高海拔农户家是天然的"核桃冷库"。核桃种植历史可追溯到明初，现存多棵核桃古树。所产核桃桃仁饱满，皮香、苦味淡、有回甜，组员品尝认为品质较好。但本次调研主要走访的两村因海拔较低核桃种植并不太多。农户种植核桃较少且大多用于自给。其他村种植核桃较多、规模较大，但先前以个体加工为主，使用煤炭烘烤使核桃染上黑斑，硫含量超标，不利于健康食用及议价外销。为此，企业家受托成立核桃合作社发展核桃产业。事实上，核桃也属政府推广作物范围，核桃产业是牛街产业发展的重要一极。但因当地有悠久的核桃种植史和较高的种植普及度，我们仍将其归为传统作物。小麦也是当地常见的经济作物，主要是轮作种植，用于食用或作饲料等。

图 10-4 耕地一景

政府推广作物包括花椒、魔芋、红花等。其大多享受政策支持或受到政府多次号召推广，用途以销售获取经济效益为主。

（2）养殖情况

养殖是土地利用的又一重要方式。在当地，养殖与种植同样重要，主要养猪、鸡、牛、羊等。养猪是当地最主要也最重要的养殖类型，包括养殖产崽母猪和少数自用、多数外销的肉猪。饲料除当地的玉米、小麦等外还需大量外购。养猪规模不同的家户间有较大差异，有数量达两三百头的养猪大户，也有家户仅养两三头猪。养殖方式均为圈养，猪圈大多分布在住宅周围以便照料，但也使很多农户家院卫生状况不佳，生活环境受到影响，乡间苍蝇等数量较多。一些农户仍保留传统户圈布局，"一楼养猪、二楼睡人"。但也有些农户通过分隔生产生活区域、设置门帘等方法有效地提高了生活环境质量。养猪大户则多在别处修建猪圈集中养猪，用地多属耕地。外销上，近年猪价先暴涨后逐跌，农户普遍去年收入不错，当前面临亏本风险。自用上，除鲜肉外，做成腊肉是当地常用的处理方式。此外，政府扶贫时曾向贫困户发放种猪，客观上带来了养猪的推广。养鸡是当地仅次于养猪的普遍且重要的养殖类型。除达上百只规模的养殖大户外，一般农户养鸡数量为二三十只，主要为肉用，多为自用，也有少数销售。饲料主要是本地玉米，养殖方式基本为圈养，也有个别家户圈地散养。养牛头数很少。牛多为肉用，包括销售及自用，也有用来产崽销售，耕牛因耕地机的普及暂未见到。养羊仅见一户，用以销售及自用。牛羊养殖也受到缺水影响。

3.1.1.1.2 重点分析

（1）烟草计划经济

烟叶种植因属于高度计划下的烟草行业而采用计划模式运作。在市场经济占据主流的今天，烟草计划经济是为数不多保留至今的计划经济模式。下面对其介绍分析。

① 烟草计划经济模式

烟草从计划种植至最终交付的周期性过程可总结为如下流程：

评估—制定目标—合同—种植—内部交易—交付—下一年。

附属于计划性烟草行业的烟草生产也采取计划体制。农户种植本年度烟草前，烟草公司派遣人员下乡考察，通过目测等测算烟地面积，以上年该农户计划目标及完成情况为核心参考依据，制定本年度烟草种植目标。由于土地产量通常变化不大，本年度目标往往与上年相近。若上年超额完成或有扩产诉求，农户可根据自身情况与烟草公司协商调整目标。若上年未完成，则一般会减少本年度目标量[①]。明确目标后烟草公司与每家每户单独签订合同，双方可协商调整合同内容。村委村组并未与烟草公司签订集体合同，主要负责协助。但由于烟草公司常按县、乡、村及村组分级分配目标，所以有时村委村组还担负着调配、保有集体种植目标量的任务。

种植常有烟叶地集中连片的要求，这成为家户租地的一个动因。烟叶需烘烤加工成烟丝，烤炉既有集中加工，也有自建自用，还可相互借用、租用。烤好的烟丝运往烟站统一评级收购。烤烟理

---

① 少数农户称未完成目标者须退出种植且不得再种植烟草，烟草站人员否定了这一说法。

论上有 42 个质量等级，实际中只会用到大约 18 个，按不同等级实行差别定价，价格由烟站统一制定。

这里特别说明计划未完成或超额完成的情况。按规定烟草只能由烟站按计划量收购，不能私自交易，多余烟草理论上无法售出。但也存在无法完成计划的农户，从而出现供需双方。此时多数情况是超额完成者将多余烟草交由未完成者送到烟站达成目标①，未完成者再将所得钱款交给超额完成者，相当于超额完成者借由未完成者户头完成多余烟草销售。事后超额完成者再付给未完成者一些种植成本费用，具体费用协商确定。本质上讲，这相当于超额完成者向未完成者购买卖烟资格。

交付完成后，农户又与烟草公司制定下一年目标，从而循环这一周期。近年来因收益不比外出务工，烟草种植人数减少，为保住集体目标而扩产种植的村委村组压力增大。

② 烟草计划经济特点

从上述过程中可总结出烟草计划经济计划性与市场性并存的主要特点：

a. 计划性。不同于市场调节能灵活变动，计划目标依赖往年，变动较小②。农户不能完全自主确定种植规模，所种烟苗由有关部

---

① 有个别农户称需要保住计划目标而由未完成者向超额完成者按低于收购价的价格购买。

② 甚至可以说贴近技术进步速率。

门统一配发①，交付按既定计划进行，有关部门对各环节严格管控②，整体有鲜明的计划性。

b. 市场性。但不能否认，在较强的计划管控下，市场仍然发挥着作用。目标制定上，为克服计划不灵活性，通过协商来减少信息不对称、提高灵活度；计划完成上，通过内部交易，不但能更好地完成既定目标，也能进行收益再分配。这些市场化行为有其合理性和意义。

总之，烟草计划经济计划性与市场性并存，有独特的计划特色，也受到市场作用的影响。

（2）核桃角色分析

从古到今，核桃是牛街最具代表性的作物之一。数百年来，牛街核桃在土地生产中扮演的角色不断变化，反映出牛街土地利用方式的变迁，映照着牛街土地发展的兴衰。

核桃角色变化可概括如下：

古时种植—第一次扩大种植—减少种植—第二次扩大种植—第三次扩大种植。

牛街核桃种植有着悠久的历史，现存核桃古树树龄最高达六百年。在十年前，核桃的营养功效受到青睐，价格在数十元每斤，因而当地扩大了核桃种植。后来随着核桃价格下跌到几元一斤，加之交通逐渐便利、外出务工受到欢迎，核桃种植人数进一步减

---

① 准确来讲是农户按照固定目标量购买后予以贴本抵偿。

② 为了保障税收、防止私人牟取暴利、保护民众健康、限制吸烟人群，政府明令禁止私自生产交易烟草。

少，人们甚至开始砍伐核桃树。退耕还林政策推出后，由于核桃树适宜种植、有经济效益，多户将其作为还林树种，形成第二次扩大种植。目前牛街正在推进第三次扩大种植，这是因为企业家正成立合作社发展核桃产业。

如前所述，本地核桃受限于加工技术，品质不高，议价不足，大多内销，难以牟利。企业家观察到潜在商机，想带动乡亲致富，受政府委托发展核桃产业。具体做法是以高于市场价两元的价格向农户收购核桃，购买加工设备统一烘烤、清洗，提升核桃品质和价格；注册商标"蜜滴彝韵"，准备企业资质证明、信用证明、产品质量检测报告等配套文件。销路方面，积极登陆832平台、京东、国美等平台发展电商，辅以带货直播，通过出乡者携带产品等方式进行推广。产品方面，则打造古树核桃品牌，分级定位产品，推出铁核桃油等特色产品，计划推出五香核桃、农产品礼包等组合加工产品。我们认为，牛街核桃产业发展充满机遇。企业家行为将带来核桃种植的进一步推广，并可能成为牛街经济的一个重要增长点。

可以看出，核桃种植的起落反映出人们利用土地方式的变化来源于经济政策环境的变迁。也就是说，经济条件的变化会带来人们对土地利用方式的变化。

（3）政府推广作物

最后介绍政府推广作物的情况。此处以推广力度较大的花椒为例分析。政策上，花椒苗可免费领取[①]，种植过程中一般农户除领

---

① 或者购买后由政府贴本补偿。

取部分化肥（钱）外大多没有资金补贴①。有些地方还组织开展了花椒种植技术培训。但大部分农户反映花椒等作物推广自愿进行。成果上，花椒推广效果似乎不佳，某地区似仅一访户家中花椒如期成熟。一些人认为这与花椒不适宜当地种植条件有关。大部分农户称种植自负盈亏，无相应补偿和监管②。总之，政府推广作物过程中给予补贴支持不太多，实际种植结果似乎不太理想，可以进一步调整提高。

3.1.1.2 林地

3.1.1.2.1 分林情况

在走访的牛街村与康郎村中，家户大多确认分配到了林地。与一户通常不到十亩的耕地相比，每户的林地面积一般是三十亩左右。当然这与牛街当地山林多耕地少的客观情况相契合。

3.1.1.2.2 经济效益

虽然户均林地面积相对耕地面积是可观的，但是所有家户都表示并没有从林地中获得多少经济利益。林地带来的经济效益种类非常有限，每种种类带来的效益也并不可观。

一是可以在自己家承包的林地中捡拾枯枝作为柴火——由于林地保护的规定，一般不能砍伐树木作为柴火，只能捡拾枯枝或偶尔砍伐枯树用作柴火。但是如今电器的普及逐渐降低了柴火的必要性，因此部分家庭甚至从来不会去林地中捡拾柴火。

---

① 访户中有一户情况较为特殊的贫困户称花椒种植过程中获得大概三元每株的补贴，并宣称贫困户有强制种植的要求。

② 也有个别农户称未种好会有一些惩罚。

二是可以在林地中捡拾菌子。这里需要指出的是，捡拾菌子并不局限于自己家承包的林地。所有受访者都毫不迟疑地说，理论上只要愿意，所有林地中的菌子都可以被村民捡拾。换句话说，林地里的菌子是公共的，即使生长在某家承包的林地里，外人也可以进入并且获得它。一方面与监管成本有关——毕竟林地面积大，在捡菌子的季节自己家也忙于捡拾，巡山防止外人进入的机会成本（包括用于捡拾菌子的期望收获）较高。另一方面，捡拾的菌子一般都被自己家食用，访户中没有将菌子卖到集市上获得收入的行为，也没有听闻有人这么做过。此外，村民的经验是通常在哪里发现菌子，只要采摘时保护得当，来年仍然可以在相同地方获得菌子，因此菌子的分布可能相对固定，如果根据每家每户的林地划分所有权，那么不免造成菌子所有权的不平衡。据了解，即使相对年长者脚力不如年轻者，但只要有一定的行动能力，经验可以有很好的弥补作用，因此行动方便的年长者和年轻者一天采摘的菌子量并无显著差别。最后需要指出，有家户因为不能确保菌子是否可食用而放弃采摘，也有家户只有行动不便的老人而不进行采摘。因此菌子并非必需品，只是额外的收获，而且因为缺乏商品交易市场，收获很难量化为货币。

3.1.1.2.3 林地管理

从访户处得知的信息是林地分到户的情况与集体所有的情况都存在。即使是林地分到每一户，也有访户表示知道自己家分到了三十亩左右的林地，但几乎没有去过，甚至不清楚林地的具体位置。由于经济价值较低，因此林权问题在村中并不明显。

相应地，即使是分到户，林地管理也不是由每一户负责分到的林地。林地管理完全由集体负责。林业局聘请护林员管理林地，并且一年中有半年左右的时间进行封山，除扫墓以外村民通常不能进入山林。根据法律法规村民一般也不能擅自伐木，伐木通常需要审批，而条件也越发严格。原本村民伐木大多是为了房屋建筑，但现在房屋建筑一般不需要木材，因此村民伐木的需求几乎也不存在，所以实际上伐木的严格限制对村民生活没有太大的影响。

走访中有村民认为，这一带乡村的山比较"瘦"，也就是没有什么有经济价值的产出，只能用于捡柴火、菌子，而邻近乡镇的山林比较富饶，可以种植药材，因此林地有租借经营的情况。仅就走访的村而言，由于林地的经济价值较低，因此林权问题几乎没有村民关心，而林地管理虽然严格，但对村民生产生活没有太大的影响。

3.1.1.2.4 林权问题

综上，对于林地的管理有一套完备而严格的落实措施，但是由于林地对于村民生活没有明显的重要性，因此管理条例并不影响村民的日常生活。因为同样的理由，林权问题在走访的两个村中也几乎不存在。

3.1.1.3 荒地

3.1.1.3.1 荒地含义

首先需要指明，村中"荒地"不只是指一般认为的无法耕种的土地，用于轮种的土地不耕种时也称为荒地。以下仅讨论一般意义上的不能用于耕种的土地。

3.1.1.3.2 荒地复垦

荒地可以被复垦。复垦主体分为个人与政府两种。个人复垦的荒地一般只局限于自己家户承包的土地中出现的荒地，例如因洪涝灾害冲毁自己家原有的耕地而形成的荒地，个人可以进行复垦。另一种是政府组织复垦。村中见到的案例是80年代的一次大洪水导致许多人家的大片耕地遭到冲毁，而之后由于担心将来出现同样的洪水，大量耕地没有得到复垦而成为荒地。从村民中了解到，近年来因为大洪水再次出现的可能性比较低，政府推进对这些荒地的复垦，具体方式是政府组织对耕地的集中复垦，之后再将土地分配给原来的承包人。

3.1.1.3.3 其他用途

以上被复垦的荒地曾经一般都是耕地，亦即这些所谓的荒地本身具备耕种条件，只是由于诸如洪灾的冲击而从耕地退化为荒地。而对于条件过差的荒地，部分在50年代土地改革时已经被安排，典型的例子就是现在乡政府的所在地，是当时向农民分配土地之后剩下的荒地，因为耕种价值太低，就用作政府所在地。另外，用于烤烟收购的烟站也是建在荒地之上。

综上而言，荒地大致分为两部分，一种是原本是耕地而因自然原因受到损毁成为荒地，自身仍具备复垦为耕地的能力；另一种是原本耕种条件就不能满足耕种需求的荒地。产权上前者通常是某一家户承包的土地，因此家户可以自主进行复垦，重新成为自家的农地，政府也可以组织进行集中复垦；而后者一般是集体所有，因此多用于集体性质的建筑。

3.1.2 公共用地

3.1.2.1 公共用地来源

公共用地的一个来源是荒地，以及原本长期被用作公共用地的土地。例如上述的荒地项目中的乡政府所在地，就是从20世纪50年代开始被用作公共用地的土地；而烟站就是利用长期无人认领使用的荒地建造的。

公共用地的另一个来源是向村民征用土地。在走访中获得的征用土地的案例都是规模较小的征用，主要是修建道路时征用村民的土地。征用补偿与否、补偿额度取决于两个方面。一是征用土地面积。在一个征用村民土地修路的案例中，许多家户的土地都被征用，但因为每家被征用的土地面积都不大，因此没有发放征用的补偿。而且由于土地征用是用于修路，有利于全体村民，因此村民对没有发放补偿表示理解。二是征用的范围。如果只向小部分村民征用土地，那么通常会给予补偿，而如果所有村民都被征用土地，就不给予补偿。在村民的观念中，当所有村民都贡献土地，并且征用土地的目的是建设对所有人有益的项目时，那么就没有必要再索取补偿了，因为所有人都做了贡献，并且所有人都能从中获益。而如果只有部分村民贡献了土地，那么就需要对他们进行补偿。从效益上来看，这种逻辑似乎不符合最大化收益的目的，而更接近对公平的诉求，要求所有人的贡献都相近。

3.1.2.2 公共用地用途

3.1.2.2.1 政府单位用地

公共用地用于公共事业，一般划分为政府机关单位用地以及基础设施用地。用作政府机关单位的公共用地一般是早就确定的,之后数十年间的机关单位设施扩建也都是在原来的公共用地中进行,没有对村民的土地进行征用。而烟站之类的设施在荒地修建之后也没有对村民的土地进行征用的情况。

3.1.2.2.2 基础设施用地

而基础设施也尽量使用荒地进行建设,需要的情况下会征用居民土地,典型的是修建道路。修路的方式一般是政府拨款,并且提供必需的物资,例如水泥;而村民一般会义务地参加道路建设,如果在外地不能回乡,村民会捐款表示支持。根据多家访户的描述,这种义务劳动并不是强制性的,而是自愿,一般如果没有特殊情况每户都会有劳动力加入。考虑到乡中存在专业的施工队,因此村民的劳动并不是完全必需的,这种模式更可能与人情相关,而不是完全的经济账。除了道路建设,还包括近年兴建的公共厕所、文化广场以及客运站。以上三项设施使用的公共用地都是原来的集体所有的土地,并没有进行耕种,因此与土地征用没有关系。公厕与文化广场邻近乡政府或村委会所在地,原来就包含在这些公共用地中;而客运站的土地原本是荒地,不适于耕种。

公共用地的目的是为村民提供公共品以及公共服务,例如政府行政管理服务、道路、公厕与客运站等基础建设以及文化广场等文娱设施。用地以荒地为主,一方面荒地为集体所有,没有被某家家户承包,容易征用,另一方面荒地本身几乎没有经济价值,使用的机会成本极低。不得不征用村民承包地时,则根据征用面积与征用范围决定具体补偿办法。

3.1.2.2.3 特殊用途

在极特殊情况下，公共用地也有弹性的安排。例如在80年代的大洪水中，为了安置因洪灾而撤离或住所受损的村民，乡政府将政府所在地用作安置村民的暂住地。住得最长的村民在洪灾过后两年左右才回到家中。

3.1.3 居住用地

居住用地可以在村民之间进行交易。一户访户十年前购买了同村的一处居住用地，并且在得到审批之后重新翻修了住房，在住房边建造了猪圈。购买居住用地这样的情况不算多见，但在村中也不是不同寻常的事情。

3.1.4 墓葬用地

3.1.4.1 墓葬用地概况

墓葬用地本身并不是土地使用的重要部分，但是墓葬用地表现出一些值得让人注意的土地产权现象，因此做一叙述。

当地墓葬形式多数遵循传统，大部分使用土葬，一小部分使用火葬。火葬后一般葬于新修建的公墓，而传统的土葬一般埋葬于林地中，虽然过去一部分坟墓在耕地中，但是如今极少有新的坟墓会选在耕地。一方面是因为法律对于耕地的保护监管，另一方面林地的经济价值远低于耕地，无论是自己家承包的土地带来的机会成本问题，还是别家承包的土地带来的交易成本问题，林地的成本都低于耕地。

在走访的康郎村和牛街村中，具体的墓葬地点有所不同。康郎村传统上有集中的祖坟，除却早夭者，其他墓地都集中于祖坟之中。而牛街村各家的祖坟比较分散，各家有各家的祖坟，不像康郎村一样祖坟集中在一个地方。当然，两村的祖坟都是在比较偏远的地方。

3.1.4.2 墓葬用地产权协商及当今发展趋势

3.1.4.2.1 产权协商

在康郎村中，由于祖坟集中在一个地方，因此土葬用地没有产权协商问题。换句话说，康郎村中存在一块公认用于墓葬的土地，不需要村民另行安排。而在牛街村中，祖坟分散，新坟可能也不并入祖坟，因此存在协商的必要。如果葬入祖坟，那么即使祖坟在别的家户承包的林地中，通常也没有必要与该家户进行金钱方面的协商，只需要进行告知得到允许，便可以葬入祖坟。这可以归因于对传统习俗与宗族观念的尊重，也可能由于许多家户的祖坟都不在自己家户承包的林地中，如果互相进行协商，交易成本非常之多，而且交易配对重复且复杂，不如免除协商的交易成本，听任葬入祖坟即可。而且祖坟所在以林地为主，经济价值不高，没有必要索取补偿。与之相对的，若祖坟在耕地中，那么协商可能会伴有金钱的补偿。如果不葬入祖坟而在林地中另选新坟，和祖坟在耕地中的情况一样，如果所选坟地在别的家户承包的土地上，一般会协商金钱方面的补偿。

3.1.4.2.2 发展趋势

而如今社会在新风尚的引导下正逐步从土葬转变为火葬。根据要求，政府干部亡故后一般是进行火葬，之后葬于公墓中。虽然对群众还没有硬性的要求，但是公墓的设立就是为了鼓励火葬。同时有关部门正在推进设立各个宗族的祠堂，这也是鼓励火葬的举措。这两个项目仍然在初步设计实施阶段，短时间内可能不会对风俗有明显的改变，但不得不承认，改变正在进行。走访的一位村干部表示，随着火葬的推进，今后墓葬的用地问题可能就不会存在，因为统一规划了公墓。因此，村中原有的土葬习俗以及随之产生的关于墓葬用地的产权协商交易，可能在不久的将来成为往事。

3.2 房屋建筑

3.2.1 房屋概况

房屋建筑除住房用于居住之外，主要是生产性建筑，例如圈养牲畜的圈、烤烟使用的炉子和大棚等。圈除了围起来的土地本身，也可能包括放养牲畜的土地。在走访的一户中，有一个鸡圈，同时将邻近的一片土地用作散养这些鸡的土地，这和鸡圈本身的占地一并是该家户向亲戚租借的，而支付租金时两块地的面积合在一起计算。烤烟炉有的建在农户住房内或住房边，也常见烤烟炉建在种植烟叶的耕地边。烤烟炉本身面积并不大，因此即使在耕地周围也并没有受到反对。

3.2.2 房屋补贴

近年来脱贫攻坚中对房屋有若干项补贴。常见的两项是危房改造与厕所补贴。危房改造多见于建档立卡的贫困户中，外部装修一般不需要贫困户出资，由政府出资完成，内部家具电器之类也有配送，但是内部的装修如果有需求还是需要家户自费完成。厕所补贴分为对旱厕与水厕的补贴，对水厕的补贴高于对旱厕的补贴，水厕补贴在2000元左右，旱厕补贴在1000元左右。

3.2.3 房屋审批

建筑审批方面，新建住房与修建牲畜的圈都需要报备审批。绝对的禁区是在基本农田上进行建筑，这是不可能获得批准的。除此之外，一般都可以得到批准。根据访户所说，如果在耕地上私自修建设施，将会被强制拆除；而对于很久之前（例如20世纪90年代）已经在耕地上修建的建筑，则不予追究。

◇◇4 产权问题与相关政策

4.1 产权问题

4.1.1 土地租赁

在牛街，农户土地产权的变动仍以仅改变使用权，使承包权与经营权分离的土地租赁行为为主。在五天的调查走访中，我们发现土地租赁行为在牛街十分普遍，大部分农户都有与土地租赁相关的经历。举个例子，一位农民想要外出打工，就把自己家的土地委托给亲戚打理，这就相当于将土地的经营权流转给了亲戚，自己仍然享有土地的承包权，而这块土地的收益完全属于亲戚。在调查中，我们发现租赁的对象往往是亲戚、熟人，考虑到牛街较小的自然村规模，"熟人"事实上并非带有约束性，因而很多时候拥有相邻土地的农户也成为优先租赁的对象。总的来看，农户在出租土地时仍然按照关系的亲疏来决定租赁对象，租用土地的农户亦然。

在询问产生土地租赁的原因时，我们发现出租方与租赁方有着完全不同的动机。就出租方而言，出租土地的首要理由是防止荒地。而农户希望防止荒地又出自多种角度的考量。一个可能的原因是政府关于荒地的政策（《土地管理法》明确禁止土地撂荒），撂荒三年以上的耕地会被收归集体，我们对村委会工作人员的走访也印证了这一点。近年来土地撂荒三年以上的现象很少，但的确出现了集体收回承包土地的现象。另一个原因在于劳动力不足，造成劳动力不足的原因是多方面的，在牛街，主要的原因是青壮年劳动力外出务工，导致老年人无力耕种全部承包土地。观念问题也至关重要，不止一家农户向我们提到"可惜"这个词，农民的传统观念也使得闲置耕地的行为难以被接受。从理性的角度，将土地出租的收益总是"非负"的。既能够保持土地的肥力，防止荒废，以便日后耕种；又可能获得租金；还能获得耕地上的部分产出（有一家访户在耕地中栽上核桃树，这样出租土地以后，仍然能够获得核桃树的收成）。最后，将土地出租意味着节约了明确产权的成本，假如外出务工的农户将土地闲置，闲置的土地就有被他人耕种的风险，产权受到了损害，而外出务工人员维护产权（检查土地是否被他人耕种）的成本较高，将土地出租就节约了这一成本。

而租赁者的想法就完全不同。通常情况下，租用行为都是有利可图的，但在牛街这并非唯一的影响因素，一个重要的原因是人情世故。有些反常的是，在牛街，租赁行为通常是由出租一方主动提出的，外出务工（或无力耕种）的农户会在外出之前主动到他人（通常是按照关系亲疏排序）家中提出出租土地的想法，决定租赁行为是否达成的主动权往往在租用一方（这具有买方市场的某些特征），而租用一方的农户在接受提议时几乎总是带有人情上的考量。牛街土地租赁的一个有趣的现象是，租赁土地往往是租用农户"送给"出租农户的人情，农户通过租赁土地积累了更多的社会关系。此外，当地的烟草种植为租赁土地提供了理由。一是烟草种植对耕地有连片的要求，种植烟草的农户为了扩大耕种面积就需要将零散的耕地连接起来，从而产生了租用土地的需求；二是出于"集体责任"（这种行为一般情况下发生在村干部身上），即为了维持村组总的烟草种植目标，在村民外出务工后将土地租过来自己耕种的行为，但需要注意的是，这种情况在我们调查的农户中属于少数，并且在实际操作中烟草种植连片的要求并不十分严格。最后一种租用土地的需求来自非农业用途，这一情况与前述大相径庭——租赁双方并非农户，而是政府与乡镇中的企业家。在五天的调查过程中，我们有幸访问到了这位企业家，他租用的土地是政府从村民那里征用的，用作未来的汽车站。然而由于种种原因，乡政府迟迟没能与公交公司达成一致，这块地也就闲置下来。于是这名企业家便向政府租赁了大约一半的土地，用来修建餐馆、店铺，既满足了政府官员的需求（不希望土地闲置太久），也是日后客运站正式投入运营的潜在利润。总的来看，当地的土地租用行为是经济收益与人际关系的共同作用。

这时就产生了另一个问题，在牛街"谁耕种，谁受益"的原则下，为何农户之间租用土地有时反而是"送人情"的行为呢？这就与土地租金问题密切相关。在走访的农户中，不同农户对土地租金的看法与行为大相径庭，零租金的现象在牛街广泛存在。零租金的出现与否是多种因素的差异造成的。首先，（可能是）最重要的影响因素在于经济价值，即土地的质量。一个可见的事实是，与外出务工的收益相比，土地经营权逐渐变得"不值钱"，经济价值逐渐集中到人力劳动上，因此当出租土地的农户放弃耕种时，土地产出的价值就归于耕种土地的租用方，转让土地经营权的价格，即零租金也就形成了。而当土地本身质量较高，能够带来的经济收益较大时，土地的经营权就占有一部分的经济价值，此时承包者会考虑收取租金。并且，零租金并非对出租者全无收益。正如前文所述，由于国家法律的约束、土地保肥的收益，即使是零租金，出租者也能获得一些非货币的收益，这使得零租金更可能出现。此外，之前提到的"人情"在租金问题上仍然有相当大的影响。由于租用土地常被视作送人情的行为（极少有主动请求租种土地的行为），出租的农户就难以提出收取租金的要求。久而久之，这种"零租金"的行为也就成为当地的惯习。而在农村社会中，惯习以及熟人社会中形成的声誉机制的力量是巨大的，使得后来者更加缺乏收租的动力。

然而并非所有农户都是如此，我们走访的农户彼此间的差异是如此之大。有的农户甚至完全没有"收租"的观念，而有的受访者为了维护产权，甚至不惜为此与政府打官司。不同村民之间产权意识的差异同样是影响是否收取租金的重要原因之一。除了租金以外，村民间产权意识的差异还集中体现在租赁手续（在土地租赁中一般为租赁合同）的差异上。出于对熟人的信任，一些村民在租赁土地时甚至不会签订合同（或者仅仅是口头约定）；其他一部分农户虽会签订合同，但在我们询问合同的价值时，很多村民表示并不在意，即不认为对方会有违约的行为。在以上两种情况下，村民并未寄希望于一纸合同，而是相信声誉机制带来的约束力。但有的农户则不然，不仅要签订书面的合同，而且对合同较为在意："不然人家把地一占……就说不清楚了。"一位受访者对我们如是说。且不论这种担忧是否真的可能发生，这些农户有意识地通过书面合同保护产权，却是不争的事实。

4.1.2 其他形式的产权问题

4.1.2.1 土地流转

我们了解到，在牛街，较为正式的土地流转目前还很少发生，其原因主要在于需求不足。"我们当地（农民）不歧视（租给）外地人的"，一位村委会工作人员告诉我们，当地农户大多希望将土地流转出去，对于流转对象没有明确的偏好，但当地的耕地却鲜有人问津，"没人愿意要的"。牛街当地复杂的自然环境（较大的海拔高差、占耕地面积大部分的零碎的坡地、交通条件与灌溉技术的落后）使得当地土地的集中流转难以实现。

不过，近年来牛街也发生了土地流转的现象。一位访户表示，他已经准备将屋后的土地集中流转过来，流转期限在十年左右，并且一次性将租金付清。此外，他还考虑将土地被流转的农户雇佣过来。可见，"三权分置"的政策也对偏远的牛街产生了影响。

4.1.2.2 土地纠纷

如今在牛街，涉及产权问题的土地纠纷较少，并且规模不大。相当比例的纠纷是灌溉问题——农田靠近水渠上游的农户常常会过度使用有限的水资源，致使下游的农户缺乏灌溉。但即便是这样的纠纷，往往最高也只能持续到村委会一级。但在20世纪80年代"包产到户"划分土地时，曾经发生过激烈的纠纷，纠纷的内容集中在分地的公平性上。但最终纠纷还是得以解决，并且如访户所说，"（品质）坏的地最后都种好了"，算是有了一个圆满的结局。

4.1.2.3 土地交换

土地交换常常是为了将零散的土地集中起来，便于耕种。交换土地在牛街较为普遍，并且有固定的流程。交换双方达成一致后，需要到村委会签订书面协议，协议共有三份，分别归双方以及村委会保管，而对土地的面积、位置等并无要求。值得一提的是，协议内容基本局限于以地换地，没有补差价的情况（但不能确认是否有私下的交易）。此外，20世纪80年代"包产到户"时也存在大量私自交换土地的情况，并且最终得到了确认。

4.1.2.4 土地买卖

牛街同样存在买卖宅基地的情况，至少有两家访户曾经向其他农户购买过宅基地（发生在20世纪90年代和大约十年前）。

4.1.3 产权问题

4.1.3.1 产权确立："包产到户"

在调查的过程中我们了解到，绝大多数村民的耕地来自20世纪80年代的"包产到户"（更准确地说，只有一位受访的村民提到了"自留地"的说法，且仅有一块，故可认为是继承祖辈的"自留地"并非当地确立产权的主要形式）。而根据我们的调查，各地在包产到户时分地的方法也存在差异。一是依序分配法，即按照各家的门牌号顺序依次划分土地（当然，划分土地的过程中跟随着多名测量人员与监督人员以及大量围观的村民，以保证土地划分的公平性）；二是抽签法，即事先划分好地块的组合，再用随机抽签的方式分给各户——值得注意的是，以上两种方式都对"好地""坏地"做了区分，并在划分时注意各家土地的搭配，每家都分到了不同质量的耕地。同时，每户分到的土地面积也不同，主要在于各户的人口数量与劳动力数量的不同。

4.1.3.2 产权调度："1986年大洪水"

除此之外，1986年的一次洪水也对土地产权产生了重要的影响。洪水导致许多耕地被冲毁成为荒地（从而使得许多年轻人外出打工），而当时政府并未对这些被毁的耕地做出补偿，仅对部分房屋被冲毁的农户提供了荒地以供居住。直到近年来洪水的危害越来越小（这很大程度上得益于发生洪水以来长期坚持的退耕还林政策），政府才重新组织了复垦，而在此之前个人进行的复垦已经出现——尽管多数的个体行为都并非是由原本承包土地的农户进行的，换言之，部分农户私自占有耕地数年的使用权。此外，我们在康郎村了解到，80年代初次进行"包产到户"时的承包期为15年，在20世纪90年代续签承包合同时，被洪水冲毁的耕地曾经被删去，到近年复垦完成后才重新加回承包合同中，也就是说，产权在续签合同时曾经有变化的过程。

4.2 相关政策

4.2.1 退耕还林

牛街实行严格的退耕还林政策——这与之前的洪水留下的教训密切相关。近年来，随着国家政策要求，牛街又出现了退耕还林的现象。近年来的退耕还林区域由政府统一规划，并且会统一无偿给予树苗（通常为核桃树），在退耕还林的耕地上种植，并免费分发化肥。但这种种植带有一定的强制性，退耕还林补偿款分发若干次（一般为三次，在三年内分发），但对栽种树苗的成活率有要求，成活率低于一定值时，补偿款就不再分发。此外，尽管在退耕还林的耕地上不应栽种农作物，但由于核桃树自身生长周期长的特点，一部分农户也会在树苗尚小（树荫尚未完全覆盖地面）时在树下栽种农作物。

4.2.2 基本农田保护

当地的基本农田保护严格依照国家法规，使用卫星、无人机等手段对农田进行监控；基本农田上新建的建筑物一律需要经过严格审批，而据我们的调查，近年来各村委会都采取"一律不批准"的办法，事实上禁止了在基本农田上修建建筑物。而在其他农田上修建建筑物则是被允许的（例如修建猪圈、烤烟所用的窑子等），但同样需要审批程序。

4.2.3 扶贫政策

当地的扶贫政策主要有以下几点。一是物质上的补助，包括货币补助、常用电器、食品等；二是对房屋修缮、扩建给予补贴，确保每个贫困户住房的安全；三是推广种植，即推广种植花椒、红花、魔芋、核桃等经济作物（以花椒为主），免费给予幼苗、定期提供培训，每年还会基于栽种数量给予补贴（以花椒为例，每株花椒每年给予3元的补贴）。但同时我们也了解到，政府同样对栽种成活率提出了要求，例如花椒要求成活率在90%。但在实践过程中我们了解到，大部分的农户无法达到成活率的要求，普遍的成活率在50%以下，以致大部分农户改种回之前的作物。此外，多位村民表示，当地的气候并不适合种植花椒等作物，政府提供的技术帮助也聊胜于无。由此看来，当地政府在发挥因地制宜优势、提高政策灵活性方面的能力还有待提高。

同时，当地的异地搬迁工作也在推进中。当地的异地搬迁政策首先以自愿搬迁为原则，对于愿意搬迁的农户，政府会将其原先的住房拆除，并且收回对应的宅基地，生产性用地则予以保留。并且异地搬迁并不是免费的，通常给予一定的建房补助，补助金额由每户的人口数以及原住房的占地面积决定。但一般而言，补助远不足以覆盖建房的支出，农户往往需要小额贷款等措费用。异地搬迁也没能解决村民的工作问题，留在村中的农户大多都是出于其他原因（一般是家中有老人与孩子）才未选择外出务工，而搬迁只能改善居住条件与交通条件，不能满足工作需求，这使得很多村民搬迁以后不得不回到山上务农，反而增加了交通成本。种种因素加在一起，导致大部分农户缺乏搬迁的动力，整体搬迁比例不高。

◇◇5 现有结论与未来展望

上文叙述了牛街土地三方面的调查情况，该部分将依据调研情况回答文初的问题，总结现有问题，提出未来展望。

5.1 现有结论

5.1.1 发展启示

5.1.1.1 资源禀赋

5.1.1.1.1 稀缺

牛街两村土地最突出特点是"稀缺"。这并不是说牛街土地总量少，而是指由于地处山区、灌溉不足、气候、土地质量等因素当地高经济收益土地较少。走访中，不少农户反映土地不足、质量不好，土地收成难以满足所需。

牛街土地稀缺反映出当地高收益自然资源的稀缺。位居山区使低经济收益（受林业管控及野生菌数量有限等约束）的林地占主要比例，高收益自然资源不足。自然资源稀缺成为当地发展的约束。

5.1.1.1.2　潜力

牛街土地另一重要特征是"潜力"。现有可利用资源虽然不多，但有许多潜在资源。潜力带有两面性。一方面，牛街土地有闲置现象。例如当地林地未得到充分利用，在邻乡则有发展山林经济的尝试，包括种植药材、采收菌类等。是否开发山林潜在资源有赖于价值判断，但资源闲置现象的确存在。虽可能与林地菌子量少质低、捡拾成本高，不宜种植药材等有关，但我们发现更多是在于农户缺乏充分利用山林资源的意识，如未考虑有组织地采拾菌子等。另一方面，土地闲置也有好的一面，即保存生态风俗，为可持续发展做准备。总之我们认为，牛街土地闲置是当地资源闲置的一种表现，但这种闲置更应当理解为未来发展的潜力。

5.1.1.2　生产组织

5.1.1.2.1　个体的理性与"非理性"

当地是如何利用稀缺而有潜力的土地资源的呢？在个体上，我们既看到富有智慧的理性行为，又见到一些似乎违背理性人假设的"非理性"行为。

（1）理性

调研发现农户们有许多想法和行为透露出理性智慧，至少包括两方面。

① 租炉调圈的生产智慧

农户们不但有丰富的种地经验，能通过轮种等方式更好地利用土地，而且富有生产智慧。第一个例子是租炉。一户自己曾有烤炉的种烟大户发现另一家烤炉更大更适合烤烟，从而同多户一起租用其烤炉，实现了规模效益。第二个例子是调圈。一户养猪大户拥有房前、山上两处猪圈。面对猪周期，其经营计划是改房前猪圈为火腿加工厂。猪价低时，将猪肉加工为火腿；待猪价回升至高位时，火腿正好成熟，此时销售火腿。这样火腿制作成本低，猪价高时火腿价格也高，从而利用猪周期赚取了收入，又降低了猪价波动的影响。还有一户农户提出预期猪价下跌时，可设固定的未来交易价格，这种远期合同有着金融思想色彩。

② 前产后居的治理能力

理性不但体现在生产智慧，也表现为治理能力。卫生方面，部分农户在传统生产布局基础上创新使用前产后居布局，通过一面墙将生产生活区隔开，既保障了生活区的环境整洁，又使生产区生产更加封闭高效。

（2）"非理性"：

但我们也见到一些看似并不理性的"非理性"行为：

① 零租金与社会关系

如前所述，当地有零租金现象。外租土地不收租金，乍一看并不理性。但是，零租金背后除利润因素外还有潜在收益、人际关系等原因，考虑到这些因素后这一行为依然符合理性。如租金有时是社交投资，仅看个体行为易给人非理性的错觉。这说明理性假设有其合理性。考察真实世界个体行为时，部分内在约束因素不为人所知，此时要全面考虑。同时表明，经济学只是研究社会的一种视角，还需结合社会学、政治学方面等综合分析。

② 合作社与企业家精神

另一类"非理性"行为与企业家精神有关。受访核桃企业家在从事核桃产业前自发设立摩托车年检服务站，目的是节省乡民年检成本（包括交通费用和风险）。这种便民行为似乎与企业家的逐利动机不符。后又在政府的委托下愿意从事不太擅长的核桃产业，且收购核桃有意设置两元差价而非议价争利，也是企业家非利润动机——履行社会责任，惠及乡亲的表现。[①] 企业家还预先不惜花费高成本办理商标与各项报告，帮其有效应对了有关纠纷[②]，其中经验远见也是企业家精神的体现。我们的解释是非利润动机与企业家精神也在理性框架内，虽与狭义理性行为有别，但并不是"非理性"的。

5.1.1.2.2 集体的努力

生产组织方面除了个体努力，也有集体的作用。最典型的例子是义务劳动，通过每家每户参与，通过公平观念与集体作用大大节约了公共问题治理成本，如修路、打扫卫生等，有助于提供公共品。集体影响下农户出于集体活动兴趣与自觉，考虑到公共事业对自己的好处，加上爱心超市、荣誉表彰、益于竞选等隐形福利，愿

---

① 虽然也可考虑为社会投资，但我们更倾向于非利润动机。
② 事实上，的确遇到了商标纠纷问题。

意共同出钱出力完成任务。许多家户自愿无偿提供小范围土地也与此有关。

5.1.1.2.3 政府与企业家的努力

政府的作用也不容忽视。土地方面，政府出面协调了洪灾后的产权调整，在农户间产权变动时也作为中间方监督。企业家也发挥了作用。当某些公共用地利用效率不高时，企业家主动租借土地盘活，更好地发挥出土地的效益。

5.1.1.3 上层建筑

5.1.1.3.1 产权

牛街土地讲述了产权的故事——生产催生产权，带来产权概念与产权意识。随着经济发展，居民财产价值增加，财产损益愈发重要，这使人们产权意识加强，使产权关系及有关问题更加复杂，形成更复杂的产权制度。而且，逐渐增强的产权意识不断细化、强化、优化产权制度；更加细致准确、全面有效的产权制度则有利于培养先进完善的产权意识。两者相互影响、相互强化，最终在经济发展中实现产权意识与产权制度的共同进步。

上述故事在牛街有许多例证。有耕地因经济利润不高形成零租金，也有林地因收益不足未明确划分产权，说明产权价值影响产权意识。中心观点——市场化思维内生于经济发展也有实证。在经济较发达的村落，零租金现象少，收租更普遍，一般有口头合同，更发达的地区还要签订纸质合同，亲戚间也不例外。雇工方面也有明确的工资标准，公共事务上也设有带薪保洁员。相比欠发达村落缺乏租金意识，较发达地区有着更完备的市场思维，这又印证了经济基础决定上层建筑的基本观点。虽然经济发展与上层建筑类似于"鸡蛋相生",常常相互影响、互为因果,使上述例证存在内生性问题,但其相关关系客观存在,较发达地区政府更加廉洁开明,环境更加整洁,企业家精神更加常见。这一上层建筑特征简单直白却又相当深刻。

5.1.1.3.2 政策

政策应当与经济情况相适应。调研中我们发现了一些政策问题。对适应经济情况的政策如栽种核桃退耕还林,农户更愿意落实;而另一些政策如花椒推广、异地搬迁等则可能不太符合实际情况,实效不佳。虽然制定政策不会单看当地情况,但其落实方式与实际情况息息相关。基层政府可调整政策落实具体形式,既能达成统一目标,又能符合实际情况。

总之,经济发展与上层建筑不可分割,相互影响,相互依赖。上层建筑与资源禀赋和生产组织也紧密相关。因此,发展才是硬道理,积极开展经济建设,做好相应的上层建筑建设,将有力推动两者共同发展,加快地区整体发展进程。

5.1.2 问题答案

上述内容是对"四个怎么样"的回答。

这里的土地怎么样?——资源禀赋——不太好。这里优质土地稀缺,尚有发展潜力,面临资源约束;

这里的人们对土地的利用方式怎么样?——生产组织——比较好。这里个人、集体、政府与企业家都为利用土地发展而努力,展现出理性思维智慧，也有继续提高的空间；

这里的土地相关政策制度怎么样？——上层建筑——还不够好。这里较发达地区政策制度相对完善，待发达地区在政策落实上还可以进一步调整优化，产权制度与产权意识也可进一步提高；

这片土地的未来怎么样？——经济发展——一定会更好。鉴于前三者有长项也有问题，综合分析后我们认为，只要扬长避短、解决问题，这里的未来一定会更好。

5.2 未来展望

5.2.1 经济发展

上一部分最后提出了对牛街未来发展的预期，这一部分阐释其中的原因。

5.2.1.1 企业家的梦想

具体的依据是当地企业家向我们展示的发展规划和个人梦想。目前，他的方案初有成效，受到政府和专业人士的支持肯定。他本人也具有生产智慧与企业家精神。因此我们认为，核桃产业可能成为当地发展的重要增长点，牛街的未来会更好。

5.2.1.2 看得见的改变

更常见的是调研中随处可见的改变。数年前前辈来调研时，乡上设施不完善，旅馆少、价格低；如今客栈增多，条件和价格提高。许多土路翻新为马路，教育医疗都有所提升。如今，家家户户有电视，绝大部分农户拥有智能手机，快手等成为人们休闲娱乐的新方式。

5.2.1.3 乡亲们的笑容

最可靠的"指标"是乡亲们脸上始终带着的朴实亲切的笑容。经济学本质是关怀社会中的每个人，在此意义上，只要每个人开心愉快（"实现个体最大化"）就是最优。这是我们的愿望，也是我们的目标。

5.2.2 土地心声

作为结尾，我们提出一系列土地发展启示。这是牛街土地的心声。

5.2.2.1 土地的根基

土地是我们的根基，是我们站立的地方，是文明生存和发展的根本。农民离不开土地，乡村离不开土地，我们的发展离不开土地。土地是农民致富的起点，是乡村振兴的基本点，是国家民族兴旺发达的出发点。因此，我们要牢牢把握住土地。我们可以暂时告别土地，但我们不能抛弃土地。"存地失人、人地皆失"，我们也不能固守土地不做变通。但是，今日的离开是为了明天的归来，我们相信，人们不是在摆脱养育他们的土地，而是为了最终回馈他们成长的地方。

5.2.2.2 土地的故事

土地在倾诉，讲述着这片土地上的发展故事。资源禀赋、生产组织、上层建筑，处处有土地，处处离不开土地。土地的启示深刻而有益。所以，我们要倾听土地的回响，从一方土地洞见这里的发展，进而更好地书写我们的发展故事。经济发展的故事正是以土地为舞台，自土地而生长。

5.2.2.3　土地的明天

土地的故事就是我们的故事，牛街的故事就是中国的故事。牛街土地的发展是当地经济发展的投影，更是中国土地变迁与经济发展的缩影。我们得以从土地中看见中华民族伟大复兴的历程。或有落后贫穷的过往，但有不可阻挡的现在；更重要的是，在这片土地的每一寸富饶与生机中，我们深深感受到，这里的土地和人民，这个国家和民族，正在不断进步，不停发展，奔向更加辉煌的未来。

第十一章　考察感想

本次调研是我第一次去云南，也是第一次进行系统的入户访谈。在当地的所见所闻与去之前的设想有很大不同。原以为云南多河流，水资源充沛，调研中才得知村民近年来常为干旱所困扰。在调研之前，坡田、山村这些词汇仅仅停留在书本上，到当地看过之后才愈发觉得这种生活的不易。

在调研过程中印象最深刻的是当地村民在生活中对经济学原理的运用。大多数村民的生活收入来源还是简单的种几亩地，养几头猪，与调研之前想象中的村民收入来源相同；但有个别家庭的经济生活引起了我们的兴趣，如某养猪大户既做卖猪的生意，又做卖猪饲料的生意，发现在猪价跌的时候，饲料价格就会涨，因此每年不会亏得太多，受访者自称"每样生意都做一点"，这种做法降低了猪价波动的风险。他并不是从书本上学到相应的经济学原理，然后按照理论指导实践的方式做生意，而是完全由数十年的养殖和做生意经验而来。由此方才知道在实践中学到的并不比书本上少，想真正了解经济学在生活中的应用也应当回到真实世界中去，而在书本上学到的、推导出的、想象出的，终究与现实隔了一层。

另一处令我印象深刻的是当地的教育。调研的两个村落虽地处山林环绕之中，想外出到县城需经过数小时车程的山路，但当地的教育并不像我想象中的那样落后；绝大多数访户家庭的子女都读到了大专及以上，甚至有一户的子女即将读博，这与想象中义务教育初步普及的山村完全不同；而大多数访户在提到自己外出求学的子女时流露出的为子女骄傲的情绪和言谈中提到子女懂事的幸福亦让人感慨良多。然有一天调研时，上午的访谈对象家境较好，其子女高中毕业即辍学回家做生意；下午的访谈对象，一户年收入仅3万多元却仍让两个孩子读到大学，上下午调研两户情况的不同，不由得让人唏嘘。

当地的民族之分亦令我感兴趣。有时，在受访者拿出户口本容我们记录时，我们根本不能从之前的交谈中感受到他们是彝族，后来我们了解到，当地很多年青一代的彝族人已不会彝语，而当地的汉族同样也将火把节作为每年的重要节日；在一些村庄中，汉族和彝族的饮食文化、风俗习惯等似乎并没有特别大的区分。那么在民族上将他们区分开的依据何在？这是我在调研中觉得很有意思的一个问题。

为期五天的乡村调研经历给我们揭示了真实乡村生活的一角，也给我留下了深刻而难忘的回忆，其中的感悟，将会伴随我的一生。

杨益州

第十一章 考察感想

距离牛街乡社会实践已经过去十余天了，趁记忆还未模糊，我将这些天的所思所想记录下来。

我之前从未去过云南省，对于大理州的大体印象也仅仅停留在大理、南诏古国上，对于弥渡牛街这个地方更是只从学院老师的口中听过。凭着这些碎片化的信息，在出行前，我努力在脑海中勾勒着想象中的牛街图景。经过大半天的车马劳顿，终于到了牛街，这儿果然天高气爽，蔚蓝的天空下，大片绿油油的烟草长得正旺，绵延的山脉间，裸露着砖红色的土壤。

我们组的调查主题是家庭，具体来说包括婚姻、生育以及家庭结构。家是中国人最基本的生活生产单位，家中的成员住在一个屋檐下，拥有共同的生产资料。在牛街乡，我们看到了形形色色的家庭结构，见识了近几十年来婚姻制度和习俗的嬗变，了解了计划生育政策的执行情况。同时，我们试图发掘家庭结构和婚姻生育制度背后一个个鲜活的生命个体的故事和心理。我们见到了舍小家为大家的村干部，见到了一个人扛起一个家的上门女婿，见到了身患疾病却热爱歌舞的农村大娘，见到了富有生意头脑的养猪商人。我最大的感受是，在历史的洪流中，大家都在努力地生活，都在努力地向上向前。

调研的过程中，我一直在琢磨，我们究竟应当以什么样的角色切入他人的生活。在访谈调研的过程中，我们首先是真实的记录者和研究者，我们的立场应当是客观的、中立的。但在这个过程中，我们会见到一些现象，听说一些事情，产生一些情感上的波动。在得知访户家的喜事时，我们会随之欣喜；在聆听完老大队书记口述的自己年轻时的光辉事迹后，我们会不由地心生敬意；在听闻他人的不幸遭遇后，我们会不禁地心生同情。犹记得，聊到欢处，我们和一位老伯一同举杯畅饮。在那一刻，我们的访谈对象不是一个问卷表上的数据，不是录音稿中的文字，他们是活生生的人，是有血有肉的生命体，他们的生命在这时与我们相遇、碰撞、交汇，形成共鸣，碰撞出神圣的火花，并构成了彼此记忆和生命体验中的一部分。

费老在云南三村中说，"我有责任，用我所学的知识，多做一些准备工作。那就是科学地认识中国社会"。可以说，牛街成为我认识当代中国乡土社会的窗口，牛街乡的劳动群众用他们的生活，展示着中华民族聪明、勤劳和坚韧的优良品格。在扎进牛街土地的这些日子里，我觉得，自己是用心在聆听，用心在感受，用心在思考的。

吴恒恺

云南调研于我的意义是重大的。

去牛街之前，我对调研就抱着一种向往。我去过云南两次，一次是高中时的游学，在老师的带领下追寻中国远征军的印记。第二次则是和二三友人结伴出游，流连于大理、昆明。但

第十一章 考察感想

第三次来到云南，我要以一个调查者的身份去了解一片乡土，尝试走进乡民的生活，去进行最原生也最真实的叙事，这是未曾有过的，我不知道我将面临什么，但那时我觉得，无论是什么，都是好的。

真实，这是一个有魔力的字眼，在理性和感性的意义上，向来都能引起众多爱智头脑的困惑与渴求，对于学习经济学的我们，也不例外。我是抱着一点穿破理论和现实壁垒的抱负来的，或者至少要对现实有一番深入的理解，那么到时建立起理论与否，便不是重点所在，那时我以为自己能轻易习得这种风度，正如我从师长身上看到的那样。但"真实"，从来没有"轻易"二字。

我们小组做的是农村家庭的调研，效仿费孝通先生的《江村经济》，几个初出茅庐的经济学学生要尝试做社会学的课题——婚姻、恋爱、生育观念，这些东西是以前学习时不曾接触过的，以后或许也不会再碰（笑）。我们一开始见到访户就问："您和您妻子（丈夫）是怎么认识的？""是自由恋爱吗？""如果您第一胎生了女孩，您会不会特别想生第二胎？"现在想起来这些问题问得很没趣，我们好似带着一个拟好的答案去向访户求证，而不是真正的和对方对话，这当然是因为这些问题本来就敏感，要在不长不短的时间内和一个陌生人对此做有效的沟通，对一个缺乏经验和调查技艺的人来讲太难了，只是我们原来想得太容易，所以在访谈当中尬聊了几次之后就有点落差，甚至说出调查不出来是因为问题本身无聊这样的气话来（笑）。当然，随着访谈的推进，我们的技艺也变得娴熟，一个很明显的变化是我们问的话不再那么多了，也不再有那么强的导向性，而是学习去做一个倾听者，用尽可能简单的话去引起对方的表达欲望，这样对方说的话逐渐多了，我们虽然问的少，却能获得更多的信息。后来自己总结，发现往往是我们自己话说得越多越访不出什么东西，关键是要说得巧，这时候再碰上一个有表达欲的访户，访谈也可以成为轻松愉快的聊天。

　　短短五天的时间，我们一共访了十几个家户，但自问我是否穿透了理论和现实的壁垒，做到了让理论和现实对话？或者退一步说，我是否做到了暂时更关心了解现实本身，而不是急切得将前者从属于某种理论的应用和生产？我觉得在严格意义上，答案是否定的，因为"真实"从来都不"轻易"，一个真正懂得如何触摸真实，而不是只将其作为书斋中的口谈的学者从来不是一蹴而就的，他要谦逊、要坚韧、要有足够的理论渴望和理论素养，却又懂得如何暂时遏制它们，不让它们成为自己熟视无睹、见宝山而空归的目障。真实世界的经济学从来不是一门过于繁难的学问，却鲜有人能做出非凡的成就，正是因为它要求这样一种朴素却稀有的品质。调研结束了，但我们应该把这种品质记在心里，去欣赏它，品味它，有朝一日，去不那么"轻易"地将它实现，这，就是云南调研于我的意义所在。

胡歧山

第十一章 考察感想

这次社会实践分为两个部分,每一部分都使我受益匪浅。

在牛街村、康郎村两村的调研中,是我第一次进到访户家中,与村民面对面谈话并做记录。在出发之前,我有些担心这次调研中可能出现的许多问题,比如访谈时突然记不起来该问什么,访谈内容没有记清不好意思再问一遍,难以从每天的访谈记录中条理清晰地总结出重点等。因为有老师、同学们,尤其是组内其他成员的帮助,当地村民热情而耐心的解答,以及硬着头皮的"莽"劲,尽管不算完美,但前六天的调研也算是每天都有改进,整体上比较顺利。现在回头看,单就这一点也可以说是不虚此行。

不过,比较重要的是第二点收获。之前学习到的不过是书本上的知识,感受到的也只是自己的经验。在调研中,当我们与不同的、但都是为美好生活而努力的人们交流时,当我们了解他们如何安排、看待自己的生活时,我才算是真正开始去了解中国的乡土社会,开始去了解乡土社会中生活的人。在访谈中,我们与访户、与公务人员交流时的感受,与自己有限的"理论知识"结合,使我能有一个与之前完全不同的认识。因此于我而言,这是一次宝贵的体验和理解"知行合一"的经历。

第三点是收获了不少具体的知识和体验。我们组调研的主题是亲属关系，让我能够了解乡村主干家庭的结构，去理解"家族"的概念；在翻阅当地大族的家谱，看到上面记载着他们的祖先从东部迁居西南边陲艰苦创业的经历时，历史的厚重感在心中油然而生；在询问村民的姓名以获得关于字辈的信息时，确切地体会到血缘联系中的文化符号。除此之外，尝到了当地米线、饵丝的味道，与此同时传统的猪圈、现代化的养猪场、牛棚的景象以及气味也让人难以忘记。学会了几句当地的方言，见识到了地里种着的烤烟。正是这些知识和体验让这次调研充实而有趣。

之后在昆明市的社会实践，以和西南联大相关的参观学习活动最有意义。在看到当年教师学生们使用的教室桌椅，了解了他们忍受艰苦条件坚持讲课上课的事迹，认识到当初的那些学生后来所取得的伟大成就之后，"抗日救亡"对我而言不再是遥远的口号，而是在危难中个人与祖国同呼吸共命运的价值选择与艰苦卓绝的奋斗精神的集中体现。

何晨曦

谈到体会，我一时竟不知道从何处落笔。在牛街的山岭纵横之间，我们看到了一个个真实的在为生活奔波的人，看到了一幅徐徐展开的中国西南乡村的生活画卷。

行走在乡间泥土地上的时候，夜晚大家一同仰望夜空、感受山间清风拂面的时候，我的心中感到无比的宁静。在燕园学习的日子里，也曾与同学们探讨家国情怀，彼时的家国，在我的心里，是令人惊叹的红日，是惊涛骇浪、波澜壮阔；而在这几天的日子里，我感受到了家国细腻柔和的轮廓，牛街的村民是中国十四亿人的一个缩影，每个人都在平平淡淡中坚定地往前走着，我突然好像将自己前十八年的生活与后两年的生活打通成了一个整体。如果说这些年的经济学理论学习教会我静坐在室内，用逻辑去思考经济生活的道理，走出教室，宏观审视国家、社会纷繁的变化，那么这些天和村民的交谈则教会了我，要用自己的能力实实在在提高每个人的获得感和幸福感。

　　在牛街访问的最后一天，我走进了一个贫困搬迁户的家中。政府统筹、村民新建的房屋窗明几净，屋后是政府新建的便民集市，屋前是新翻修的学校，平日里书声琅琅。要承认，服务乡村、建设乡村不是简单或一蹴而就的事，也远不是几次会议讨论就能解决的事项。但当我看到村民发自内心满意的笑脸时，我就确定，这场脱贫攻坚的战役、这次乡村振兴的征程，我们在前进。

　　作为一个大二的学生，不知道未来的生活会是什么样子。但我由衷地希望，能投身为人们的生活水平、幸福感做一点贡献的事业中去，就像水汇入大海中。

张煜率

从北京到大理飞机四小时，从大理到弥渡县城车程一小时，从弥渡县城到牛街乡车程两小时，我对于牛街的第一印象就是地处偏远、交通不便。在当地采访交流后，又得知牛街乡中最偏远的行政村的孩子来乡上读初中，如果没有交通工具，需要走近半天的山路，他们下午四点放学，到家已是深夜。从大理自治州，到弥渡县，到牛街乡，再到一个村落，简单的四级行政体制，在现实中却对应着如此漫长的距离，也意味着牛街乡的村民去往大城市所必须付出的高昂成本。这样偏僻的牛街是我之前不曾到达过的地方，在感慨祖国之辽阔之余，我抱着好奇的心态开始了对牛街乡的调研。

调研过程中，使我印象最深刻的有二。

一是党与政府的影响力不因地理上的偏远而削弱，甚至比发达城市中更强。在牛街，诸如计划生育、八项规定等中央政策均得到了较好的贯彻落实，村民们对于国家政策都秉持接受并服从的态度，对村中的党组织也有着较高的认可度。每个行政村中的党支部部门建构完整，并在所辖自然村中下设党小组，每个党小组都有专门的党员活动室。可以看出，云南虽大，牛街虽偏，但这里的每个村民都生活在党与政府的影响之下，被有效地组织了起来。

二是牛街人民的善良与纯朴。我们在当地采访到了一个志愿者之家，他们不计报酬地承担了打扫公共场所卫生的职责，起初是他们一家的努力，后来他们又组织起更多的亲戚、邻居，发展成了一百多人的乡村志愿服务队。放弃自己的闲暇时间，不计报酬地去做公共服务，经济学中的"公地悲剧"在牛街得到了一个不同于理论推导的解。这也在提醒着我们，"理性人"假设之外，仍有把帮助他人、做好事视作正效用的人存在。在西方经济学的视角下，我们也许难以理解这类现象，但如果代入中国农村熟人社会的语境之中，我想我们可以尝试对此做出理论上的解释。

  我所在小组调研的主题是"亲属关系"，有关这一话题的采访也带给了我许多未曾有过的见闻与体会。我们采访到"兄弟们即使已经分家也愿意在一个院子里和谐相处"的故事，采访到"不为多分家产，仅是因为父母愿意跟着我，我就愿意承担赡养他们的一切义务"的故事，采访到"一代人花光生平所有积蓄从半山上的上巴亳搬到康郎只为给后代人更好的生活的故事"，这些真挚的讲述无不在打动着我们，这些以家族血缘为纽带的缔结无时无刻不在提醒着我们亲属关系在农村中的作用。诚然，离开现代的政治制度，我们的国家无法有效地组织，离开市场经济的制度，我们的资源无法合理地分配，但这次调研提醒了我，我们不该忽视关上家门后我们所面临的世界，如果没有这里的亲属血缘关系，我们的感恩父母之心、兄友弟恭之情、托举子女之爱，终将无处安放。

在牛街调研的时间纵然短暂，但牛街带给我的思想启迪必将会伴我一生。

张文德

❁❁❁❁❁❁❁❁❁❁❁❁❁❁❁❁❁❁

在弥渡牛街乡的实践也算告一段落。

此时我正在前往昆明的高铁上，想提笔写点什么东西，就开始回忆这段时间遇见的人和事。每一个画面跟放电影一样在脑子里快速划过，似乎抓不住什么东西，但我知道这几天的经历已经随着时间的推移一点一滴融入我的生活。

关于个人感悟，我原计划是想听完同学们的报告再理性地从经济学的角度谈谈这个村子在知识层面带给我的收获，比如家庭关系、非农就业、借贷状况等，以及每一个看似反理性的行为背后的理性动机。

然而放了这么久的电影，感触最深的还是那些生于土地，扎根土地，回馈土地的人。

有年龄特别大，普通话却说得很好的爷爷，他曾当过好几个村的赤脚医生，之后为了理想又去做了医疗兵。有在养老院拿着微薄工资，和其他五个人共同承担着养老院四十个老人衣食住行的婶婶，她说尽力做好本职就不要想钱的事。有埋怨自己丈夫因为自己是党员，享受了两年的优惠政策后坚持要把优惠留给其他人，导致自己连救命的药都要省着吃却仍默默支持丈夫工作的婶婶。

或许还是很难说出那种感觉，他们可能是因身体不好只能在家靠天吃饭但不幸遭连续干旱的农民，可能是一年三百多天都在外出卖力气又竭力花高费让子女读最好私立高中的打工人，可能是传承着几乎没有年轻人愿意学习的花灯制作的手艺人，可能是住宿楼下开个小店维持生活每天和我热情打招呼的小商贩。

即使他们每天卖苦力最多只能赚一两百，但还是会拿出价值二三十的饮料招待我们，有些拘谨地用着生硬不标准的普通话描述着他们的生活经历，还生怕回答不清楚我们的问题。

其实我放假的时候，没少回农村老家，但从来没有坐下来和村里的人说些什么，书包一放就在沙发上躺着玩手机。我不关心他们的生活，不关心他们的内心，也不关心他们的思想。曾经我坚定地认为半出自农村的我已经算了解乡村生活了，而原来除了农村的旱厕我几乎一无所知。

每次乘车在紧靠着悬崖的盘山公路两旁是绿色葱郁的树林或裸露红土的山脉，我都会想，这是一种和我在北京求学时截然不同的生活，就像是同一张白纸上遥远的两个圆圈，虽然在同一个平面，但似乎从未相交流动。但我知道，冥冥之中必有命运的红线将我们牵连，他们是我和同学看到的夜空中浩如烟海的星辰，而这一次才算真正地从江南塞北到城镇乡野，鼓舞着一颗又一颗即将走向天涯海角，指点着三山五岳的跳动的心。

最后，感谢这一路上辛苦付出的所有人！江湖路远，我们下次再见！

罗　涵

※※※※※※※※※※

　　在牛街乡实践的感想大致可被分为两个部分来谈。一是实践的内容，其实我并没有什么在农村生活的经历，这次实践让我看到了不一样的生活，比这更有趣的是，我们还选择了一个研究方向，在每户受访者零零散散的故事碎片中拼凑村庄的全貌，追寻其背后的逻辑。在阅读费孝通先生的文章时我已然感受到这种追寻与思考的美妙，但没想到在自己的探索中会更加惊心动魄。我以往常常将农村认知为知识缺乏，有时甚至将现代知识的缺乏混淆为愚昧，但在调查的过程中，我看到一切都有逻辑与动机，村民们都是极具智慧的，一座座村落因其地理环境生发出其社会环境，随着随机事件的发生与时代的趋势又逐渐被改变。

　　二是村民的生活。村庄中的生活还是比我预想的好很多，我才意识到原来扶贫工作真真实实地取得了巨大的成功。原先总是停留在新闻报告中各种偏僻的地名与进展的数字，第一次亲眼看到脱贫的村落，公路旁新建的房屋整齐漂亮，康郎村的设计保留着农村特色的屋舍样貌但又大气美观，我切实地感受到农村的环境好了起来。又听说村内还有修整排污系统的工程，以后还会更加干净卫生。虽说现在已经取得了进展，但农村的生活仍然是艰辛的。村民们都在努力地生活，我并不认为他们应该得到我们的怜悯，每个人的生活都是艰辛的，都在为了"更好"而努力，这也是人生的意义。但有时我还是忍不住感到心酸，虽说人们都是一样的为生活忙碌而烦恼，但是付出等同努力的他们的生活质量依然是不能与我们相比的。我看到他们在烈日暴晒下干农活，近些年雨水还不太好，看今年的状况也没有什么大丰收，我们却能够惬意地欣赏天空中的云，还能不时地感慨农村的生活真好。这仅仅是因为起点不同罢了。虽说我是这样想的，但村民们似乎也是快乐的，他们尽自己的努力生活着，也会在生活中找到诗意与乐趣，许多人家都会养花、会逗猫、会围在一起唠嗑、会跳广场舞……我能感受到他们对待生活的热情，因此认为他们值得更好的生活。我想起鲁迅先生说的"无穷的远方，无数的人们都与我有关"。这次的实践将我从自己中拖拽出来，去看见别人的生活，也会让我在今后的学习与生活中总想到遥远又息息相关的那些人。

邱子莹

我来过大理两次，一次是作为旅客，一次是作为学生。飞机在蒙蒙细雨中降落在洱海之滨的黄草坝机场时，我透过微微起雾的舷窗向外张望,眼见苍山巍峨,洱海茫茫,心中想的不止上一次踏足此地时环行洱海所见的风花雪月,还憧憬洱海之外的群山中会遇见什么样的乡土中国。

毋庸置疑,一千零一个人中大概有一千人知晓大理,但是一千人心中的大理,往往也只有"上关花,下关风,下关风吹上关花;苍山雪,洱海月,洱海月照苍山雪"。大理在人心中总是带着近乎纯粹的浪漫和风度,对于去年九月在艳阳照耀的洱海边骑车的我如是;对于当时在午夜时分于双廊的晚风中举杯的我如是;同样,对于离开大理数月、沉浮千里的我亦如是。

不过,"前度刘郎今又来"的我还没来得及故地重游、追忆往昔,便乘着摇晃的车,踏上了前往弥渡牛街那条崎岖的山路。

梦中不知路遥,梦醒已至牛街。昏昏沉沉走下车,第一次真真切切地踏足弥渡的土地,深吸一口气后,雨后湿润的空气中还带着丝缕粪土的气味,顿时我竟开始怀疑我是否真的身处大理——这样的气息和我家乡的山村并无二致。之后的生活,纯粹得像我在乡村中度过的童年夏日时光。和同学一起走家串户,在炎炎夏日中躲在榕树下避暑,听爷爷奶奶谈论家长里短,在山坡河谷间走走瞧瞧。

儿时的乡土诚然是"见山是山,见水是水",虽然牛街的山因为降水不足而略显荒芜,河流也只是巍峨群山间的涓涓细流,尽管与风花雪月的传言相差甚远,但山还是山、水也是水,可我,却已经是"见山不是山,见水不是水"了。无他,只是因为这一次看山看水,我是学生,眼中所见是山山水水,心中所思是经济原理。曾经习以为常的做法、现象或者习俗在如今的视角下呈现出新的样貌。

土地制度、家庭财产、继承分配、宗族关系，当农村以这样一种方式在我眼底展开时，乡土中国突然变得更加可以触摸、可以感知了。从浪漫唯美的风光胜地，到亲切朴实的乡土山村，中间的差距只有是否设身处地地到了牛街；而从朴实原始的山村到万事万物有迹可循的乡土社会，中间的差距可能是能否从理性分析的角度观察居民们的生活和行动。

于彩云之南的生活像是煌煌天光下的一场美梦，梦醒时分犹记得午夜在牛街村头的马路边举头邂逅的流星和银河。我的田野实践启蒙于此地，经济实践也开始在这里，我也会憧憬未来某一天，已经在经济学领域有所贡献的我回到大理，回想当年，还能够记起自己在牛街的原野之上、星空之下和老师同学一起度过的宝贵时光。

"忆昔午桥桥上饮，座中多是豪英。长沟流月去无声。杏花疏影里，吹笛到天明。"

张晓彤

十天，五座城，北京、昆明、大理、弥渡、牛街，从中国的首都到省级行政单位首府，再到自治州级（地级市）行政单

位首府，再到其下辖的贫困县，最后深入该贫困县最偏远贫困的乡镇。毫不夸张地讲，这十天里我们的经历和足迹就是中国近几十年的发展史、奋斗史和革新史的缩影。在如此鲜明的对比所呈现的张力之下，一方面我们可以更加自信地认识到中国改革开放和脱贫攻坚所取得的辉煌成果；另一方面，我们可以一针见血地觉察到当今中国所面临的很多问题，同时也必须深刻地认识到中国社会当前所面临的主要矛盾——发展的不平衡与不充分。

无疑乡村治理体系的进一步完善配合乡村振兴战略是解决我国发展不平衡不充分的有益而必要的尝试，我们组调研的主题是乡村治理与社会资本，在此过程中我有一个直观和朴素的感受，无论是村民间的矛盾冲突，抑或是村民利益与政策解读间的暂时不合，还是村干部之间的角力都体现了乡村治理的复杂性，同时乡村治理作为保障广大农户切身福祉的最后一道屏障理应得到足够的重视！

谈到个人，最近在看《觉醒年代》，且不论以陈仲甫、李大钊为代表的新文化运动的旗手慨当以慷，奔走呼号求药方；也不论以蔡元培、汪大燮为代表的爱国官员开明包容，宦海斡旋争主权。最能触动我的是当时以陈延年、邓中夏、毛泽东为代表的青年学子，在国家民族前途一片渺茫，内有军阀割据沆瀣一气，外有列强虎狼环伺时挺身而出，报以"苟利国家生死以，岂因祸福避趋之"的思想觉悟，为当时的中国谋出路、启民智、趋宵小。虽然其间失败连连、困难不断，工读互助社实验的失败、街头讲演被投入大牢等，但他们的眼里却始终只有火、只有光，看不到阴霾。当下正逢百年未有之大变局，同百年前一样，中国"两个一百年"伟大目标的实现需要我们青年站出来、走上去、干起来。我想此种精神是一脉相承续久远、历尽浮沉终不散的，百年前如是，百年后的今天亦如是，千年后仍如是，一个国家一个民族要有光、要有未来就得有这样一批有冲劲、闯劲、干劲的青年或者说他们所代表之精神。

  这也正巧回答了我们在参观西南联大旧址之前的疑问，为什么近九年短暂的办学时间里西南联大在文、理、工、农、医几乎各个领域都培养出了很多耀眼巨星？正是前述精神所在之缘故。仔细对比，不难发现费孝通先生主持下的魁阁陶云逵、张之毅等为代表的青年身上；由闻一多先生等教师带领的湘黔滇步行团以查良铮、许渊冲等为代表的青年身上；甚至在敌机轰炸的夹带装满书稿公文包潜心著书的金岳霖先生身上都不乏如此精神。这拥有能够冲破一切伟力的精神就是答案！

李泓宇

  我们在牛街度过了难忘的一周。

  没有人会否认牛街扶贫的成果。当车轮轧过新近铺设的硬化路面，我们望向窗外，目光所及是满山遍野的烟叶，带着希望特有的色泽。村民们不再为了生计而发愁，孩子们则有了更好的教育。他们几乎挣脱了这块偏远和贫瘠的土地，当他们盯着手中的智能手机时，远方那个繁华的世界也不过咫尺之遥，而他们终将为之而启程。到那一天，这个村庄将连同它的贫困一起消失。

消失。你捕捉到这个词，然后你开始遐想那些或许曾经存在过的东西。在现代国家的浪潮席卷一切之前，他们同样居住于此，同样在黝黑坚实的身体里耕犁着沉默的时间。那时他们离饥饿与死亡更近，却也离秩序和意义更近。在黑夜里他们点亮村口那个巨大的火把，涂绘而成的神灵就会加入他们的舞蹈。我们仍然能在村民的只言片语中窥见那些消失的东西——龙王会的祈雨找水，火把节的歌舞，正月的玩灯……但当它们被谈及时，原本蕴含其中的意义本身则被有意地否认和遗忘，或被视为某种羞于启齿的过错，即便它们曾经为人们生活的世界赋予了不可或缺的确定性；人们借此理解和预测那些不可掌握的力量。

于是我们终于明白消失了的是什么，局限于一隅的旧世界同它的神话、符号、意义和确定性一起已然消失，如今人们生活在更广阔更真实的新世界中，但他们只是这个世界的边缘。在贫困了无数代之后，他们终于知道了贫困是什么。他们被摧毁，然后他们得到帮助；如今他们过得更好，但好的标准已被改写。你能看到他们的迷茫，他们被这个新世界的意义所否定，也被新世界的意义所驱使，即使在我们看来这一切都是理所当然——发展。他们不理解政策里那些佶屈聱牙的名词，也无法预测明年会是哪一纸命令影响着他们的命运；他们不理解决定整年收入的猪价涨跌有着怎样的规律，那似乎比曾经掌管一切的神灵更为捉摸不定。他们小心翼翼地想象着这个新世界的中心，对我们这些所谓的北京来客抱有近乎百依百顺的热情；曾经这个国家中的每个人都是以这样的态度对待来自海外的到访者，尽管如今我们已经表现得更为自信。年迈的老书记说，他平生最骄傲的事就是去过一次北京，一次上海；我想北京和上海确实有值得他骄傲的地方，但或许没有那么多。

像一开始所说的那样，"他们"本身也在消失。在一代又一代的更替中，他们将会目不斜视地快步越过这一切，他们会成为我们。因此，这些杂乱的感想只是不值一提的无病呻吟。只是别忘了，当我们寻找时，我们已经失去。

孙毅凡

※※※※※※※※※※※※※※※

在云南，我们深入乡村基层，探究真实世界的经济学，这其中有太多感悟和收获。这次实践加深了我对乡村的认知，让我看到了基层干部工作的艰辛；此外，我体会到实地调查的重要性，并在实践中培养了探究精神；在和同学们的讨论中，我也受益匪浅。

这次实践，让我印象最深刻的人，是实践的最后一晚采访的那位老支书。他叫杨勇，从1983年就开始担任村里的领导职位，是康郎村的原村委会主任及村总支书记。虽然已离职多年，但是村民还一直念叨着他做的四件好事，即修路、修小学、修变电站、给易地搬迁的村民申请补偿，他的这种奉献精神给我留下了深刻的印象。不仅是他，我在牛街村采访的其他村干部身上也能感受到这种甘为人民奉献自己的精神，这种精神化作一种信仰，始终是我党不断前进的动力。

此外，我在这次调研中，真真切切地明白了实践的重要性。在第一天下午的调查中，访户指着水龙头对我们说："这水需要放漂白剂，并且还是过滤过的，三天就要换一次滤芯。"这一幕令我印象深刻，我们小组也决定在接下来几天进一步了解当地的水资源治理情况。

在询问牛街村总管水员后，我们梳理了村子建立蓄水池并逐步进行统一管水的流程，但是，头脑中仍然缺乏一个具体的图像。于是，在棉花自然村调研的时候，我们提议让棉花村的管水员带我们到当地的蓄水池看一看。看到了蓄水池，并且在蓄水池旁边听管水员向我们介绍了水资源的治理，我的脑海中马上形成了一幅清晰的牛街村水资源供给图，并且这和之前我们所了解到的情况相吻合。实地调查让我对水资源治理的印象更加深刻了。在新下自然村，我们也提议到当地的蓄水池看一看，这也验证了之前了解到的情况。从水资源治理模式的探究中，我深刻地认识到实践的重要性，"纸上得来终觉浅，绝知此事要躬行",希望在以后的学习、生活中,也要多走走多看看,多向现实索要答案。

回想社会实践时晚上讨论的时光,我们同学之间观点的交锋,思想的碰撞,也形成了社会实践中最美好的一幕。参观西南联大旧址之后,不禁感慨,调研那几晚的讨论和一个世纪以前,西南联大学子之间激烈的学术辩论倒有些相似!我想,这种自由的学术氛围或许也是联大能够培养出这么多顶尖人才的一个最重要的原因吧。思想的碰撞往往能产生一加一大于二的效果,我也希望在今后能和更多志同道合的朋友们进行探讨,获得更多收获。

以上是社会实践期间的一些感受,总的来说这是一次非常宝贵的实践经历!

朱珈毅

我从小是在城市里长大的,对乡村只有一个模糊且添加了太多主观想象的印象。当我真实地踏上牛街村和康郎村的土地、真正走入家户与村民们拉家常时,我看到的乡村与我的想象固然有不小的区别,但它带给我的战栗感和共情感与我期待的别无二致。黄土地总是能让人从心底升腾起温热,让人无比清晰地感受到血脉的传承与相连。这种很难用语言描述的温暖与情怀，是我在这段调研中最开始也最强烈的感受。

我们组的课题是乡村生活方式，我很高兴能从这个日常又涵盖村民生活方方面面的角度入手去了解乡村。经此一行，我对很多自己曾怀有的简单而一厢情愿的想法有了更加辩证理性的认识。来这里的前一年我去了十八洞村，作为全国扶贫示范村，十八洞村几乎每一个人都告诉我他们的生活在短短几年间发生了翻天覆地的变化。所以在来到这里的第一天，我满怀期待和信心地问村民们生活的改变，却没有收获意料之中的答案。村民们告诉我乡村生活、家庭收入的变化没那么大，主要还是看当年的气候和市场行情，情况不好的话反而会比前几年处境艰难，这是我从电视纪录片上不曾了解到的东西。但就在我逐渐转变认知时，我又从村民们各个角度的叙述中感受到了他们生活的缓慢的、细微的变化。这大概才是真实世界中改革、进步发生的过程，在震动、矛盾中艰难地逐渐推进。

我相信我会永远记住这段宝贵的经历。在无数个今天与明天，我会不断地提醒自己，要永远关心土地和生活在这片土地上的许许多多的人；要永远心怀赤诚和热忱，对周围和远方发生的事情保持敏感；要像鲁迅先生说的那样，记得无数的远方，无数的人们，都与我有关。

王心嫒

第十一章 考察感想

车子沿着这些天已经飞驰过数次的山路离开牛街，梯田与裸露的红土让人的思绪拉得很远。

在牛街的七天里，我了解到了居民们既传统又逐渐被现代科技丰富的生活，感受到了当地不断改善的居住环境与生活条件，聆听了不同家户精彩的改善生活、勇敢创业、勇于奉献的故事，体会到了村民们的企业家精神与奉献精神。刻板印象中的农村可能是单调萧条的，但眼前的农村确是充满生机的，甚至很多时候让我感到自惭形秽的。

1993年，云南省内大学的两位副教授在政府的委托下深入调研弥渡，对当地的扶贫问题进行了深刻探索，并将结论出版为《走出贫困的选择》，三十年后，弥渡在自己的努力下与全国的帮扶中最终整体摘掉贫困的帽子……

从泛黄书页里的人均年收入几百元到我们入户调查时的支出核算常常出现的五六位数，在大城市中惊叹时代已逝、阶层固化、社会内卷的我，还从未像此时此刻一样深刻认识到还有人在努力，冒着巨大的风险向我和同学们的起点奔跑。向农民学习！向工人学习！我看到这里的人，虽禀赋比城市相对欠缺，但依然努力尝试，努力探索，在约束中竭尽所能，向上攀登。

扶贫是否有切实成效？可以说，当地的生活条件已经有了非常大的改善，但是很多家庭依然呈现出收支相抵的结构，这意味着突如其来的冲击——如疾病，可能让这些家户因病返贫，脱贫不脱政策的要求在回应着这一关切。我们远道而来，政府与村委会殷勤招待，可想而知样本选择中可能会有偏差。但我们尽可能地深入每一个受访者的家户，站在他们的立场，通过开放性的问题和数据了解与勾勒他们生活的真实状况。

贫困县并非人人贫困，但小康的持续性也还需要不断奋斗。爆发的猪瘟可能使家户损失自己投入的所有资产和心血。而气候变化使村子变得干旱缺水，产业转型或进城打工的压力不断要求每个人做出选择。

作为一个祖籍农村的孩子，贫困的印痕还不时浮现于我的潜意识，在这里，我要深深感谢我的祖辈父辈，深刻忏悔我的怠惰，祝这里的父老一切都好，理想是远大的，前途也依然光明。

通过在七天中不断面对新的问题情景，不断地反思我们提出的问题与得到的回应，我们确实接近了所要探索的问题的答案。在这里，也要特别感谢我亲爱的同学，感谢他们给予我想法上的指点与启发。更要感谢学院能够给予我这样一次宝贵的机会，让我得以真正地深入农村。经济研究是为了经济数字背后一个个真实的人。也许我们会忘掉在这里实践的细节，但是在未来某一天，当我们可能就事关众人命运的政策提出建议时，我们能够想到，我们也要对远方的这样一群人负责。

翟夏宇

第十一章 考察感想

当来到牛街乡时，我仿佛看到了生命中前十五年所生活的地方。在城市中读书的两年以为学到了许多知识和理论的我，然而当回到村庄，站在高耸的山团围住的天空下，面对那些坐落在山上和山脚下的土坯房和村落时，我意识到自己还无法完全理解中国的乡村，毕竟那里面是半个中国的缩影。

从弥渡县城到牛街乡有三小时的路程。在这座近乎封闭的小镇上，大多数人每年除非必要很少去县城。县城的建设可以说是相当不错的，然而与这座乡镇相比却仿佛是另一个世界。这种明显的割裂感，使得三小时车程的起点到终点仿佛穿越了十几年。

我们组的内容相比于用理论解释现实，更像是忠实的记录者。如果被看到也是一种话语权的话，农村在很多年来可能一直处于"失语"的状态。昂首发展的城市占据了人们视野中的绝大部分空间，城市的一举一动都可以成为新闻，我们逐渐地接受了城市中的生活才是良好且正常的生活。相比于常年曝光在镜头下的城市，发生在农村的故事则在群山之间失去了回声，这里似乎没有值得记录的东西。信息的闭塞将农村与城市的生活割裂开来，城市里人们对农村的认知，和农村中人们对城市的认知，很多都停留在想象的层面。割裂带来误解，如果我们无法理解占中国人口 36.11% 的乡村人们的生活，我们很难说对中国有全面的认知。当互联网和短视频平台将农村真实的生活图景放置在大家的视野中时，人们将这些视频打上土味和低端的标签，用猎奇的眼光看待。在这种自发形成的互联网文化中，农村生活可能被误读或曲解，但至少获得了被看到的权利，被看到，被理解，距离解决问题才会更近一点。在调研的五天里，我们尽可能真实地去记录生活在这里的人们的生活方式，尽可能减少对乡村认知的割裂，尽可能去发现能够改善的地方。

记得徐老师在中经专讨论课上曾说，当你们毕业要走上社会时，可能已经无法代表大多数人了。这次调研带给我最深的印记是让我回想起了生命中前十年在农村的生活和那些从未远离的人们。我们事无巨细地记录下每一家生活的方方面面。在和那些村民的交谈中，仿佛看到了曾经身边生活着的那些人们的样子。他们热情地拿出相对于收入来说分外昂贵的饮料和水果，却不肯收下采访的劳务费。有的家庭猪价波动欠了许多钱，又承担着大量的慢性疾病的医疗费用。有的家庭逐渐搬出了乡村，只有老人守望在零散破碎的土地上。有的人通过互联网做起了专业化的养殖生意，成功实现了脱贫。

走进真实的世界后发现，经济问题没有什么是小问题，每个数字和问卷背后都是在努力生活的人们。如果才疏学浅不能在短时间内找到让这三分之一有余的人们过上更好生活的方法，不能提炼出若 A 则 B 的精美理论，不如将收集到的信息尽可能完整的呈现出来，让更多的人知道在这片土地上还有生活在一种极为脆弱的状态下，即使任何风险都有可能使其坠入深

第十一章 考察感想 | **361**

渊，却又以一种特殊的高贵品质在努力生活，乃至生存的人们。他们值得被看到，被记录。只有被看到，政策才会更多地考虑经济数据之下的人们真正面临的问题，才会不被建立在空想的假设之上的理论带偏。乡村之外的世界才能看到乡村也存在大量的投资机会和套利空间以及潜在可利用的资源。如果所做的内容，可以敲掉这块信息壁垒的任何一块砖，也算是对得起调研这些天牛街村民们的招待和支持了。

王方瞳

从7月7号开始走访，到7月11日走访完最后一户人家，在5天时间里我们走访的农户数量或许不多，但我们的思考却从未停下。

出发之前，我曾经设想当地会不会有一些特色产业，能够对当地的经济发展起到巨大的带动作用。几天的走访下来，我们确实了解到当地村民的一些大胆尝试，但总体来看，这些尝试仍处于初始阶段，尚未显示出大的成效。

这就不免令人深思。任何产业的发展都不是一帆风顺的，哪怕它在事后被证明是非常正确的，在开始的阶段也总是要经历很多挫折。花椒、贡菜、香橼、林下种植与养殖似乎都处于这一阶段。如何应对不利的自然条件，如何解放群众的思想观念，如何适应不断变化的市场环境？这些问题都亟待解决。

更重要的是，地方的发展也不是仅仅靠新的特色产业就能支撑起来的。就好比一盘大棋，不仅要开新局，也要破旧局。生猪养殖如何能实现经济效益与生态效益的双赢？万亩核桃林如何处理才能焕发新生机？

要解决这些问题，人是很重要的因素。

走访中，我们发现两村中有那么一批敢想敢干的人。他们不仅对村子的发展有着独到的见解，有的更是已经撸起袖子，率先在新的产业中打拼苦干。尽管他们的事业受到了一些挫折，但他们仍然斗志昂扬，他们期望用自己做出的成绩，带动更多的村民。值得一提的是，他们中绝大多数都是共产党员。

同样，人们对美好生活的向往是不变的。几天的调查中，我们发现一些农户将居住地和养殖地分离开来，这表明村民们已经开始重视生活的环境质量。见微知著，既然民众所盼与政策导向一致，相信在不久的将来，两村的环境会极大改观，两村的产业定会实现绿色可持续的发展。

身处历史洪流之中，我们所应做的是顺势而为，而非逆势而动。但是任何时代都需要眼光长远的人。他们会做出改变的表率，走在时代的前列，激发群众内生的动力，加快时代变革的步伐，这就叫作敢为人先。

所以时代需要什么样的人？需要的是那些既能预见时代发展趋势，又不畏艰险，敢为人先的人。而在他们的背后，站着的是向往美好生活、勤劳朴实的人民大众。希望这样的人在牛街和康郎两村不断涌现，祝愿牛街村与康郎村的明天更加美好。

裴天睿

我曾想象过在农村探访农业生产将会看到什么，未曾见过的小型机械，精密复杂的灌溉设备，几种引发大家争相种植的新品种作物，一段年轻人坚守在土地上带领大家脱贫致富的故事。然而，在牛街乡的经历告诉我，真实的农村并非完全如此。农业在绝大多数时候，就像这里村民的生活，日复一日地上演着相似的平淡。烟草、核桃、玉米、生猪，传统的作物与牲畜维系着一个个家庭的生活所需，村民几乎不间断地往返于家与田地之间，更多地依靠自己的双手去播种和收获，与干旱较量，把雨水当作恩赐，接受不断波动的价格是难以预料的命运的一部分。

直至走到村民们每天的生活背后，去听他们谈自己的过往与未来、期望与顾虑，我们才发现，在这种平淡的底色之上，每一个平凡个体的经历都足以令人震撼。这之中，最令我印象深刻的是在牛街乡第四天的下午，一位村民在与我们的交谈中体现出超越常人的想法与勇气。他向我们讲述了自己曾经为了克服水资源的匮乏而提出的种种尝试，还有他为了追求契机而把贡菜种植引入村子里的故事。虽然与自然的斗争并不总是那么容易取胜，凭一人之力试图改变大部分村民保守的观念也同样充满阻碍，但言谈之间，他的语气中始终展现着坚定与自豪。他的房屋建在靠着山崖的地方，我们坐在屋后的平台上，平台往下直落到河谷，连着对面绵延的群山。顺着他手所指的方向，我们望见对面山上一小片由他的朋友所种的橘树林，这是他非常认可与敬佩的尝试。种果树并不容易，水资源问题也不好解决，这样的果树林在山上由于少见而格外显眼。但他仍然说，希望未来越来越多的果树能扎根在这山坡之上，为村民带来更富裕的生活。

很多村民夹着烟和我们讲述着各种各样的事情，其中的一些话题让他们不免望着落下的烟灰或升起的烟尘叹息。不可否认，这里的农业发展正面临着难以打破的瓶颈，很多问题复杂地关联在一起，让人无法理出头绪。但真正使我感到无能为力的，不是理论储备的不足，而是生活阅历的缺失。这里的生活是十分立体的，我很难想象这些交织在一起的、波澜壮阔的奋斗与挣扎能被投射到几页纸上而不失去任何东西，并被一套理论漂亮的解释。一切问题不是简单的关于这里的人们，而是关于有着独一无二却与他人相互渗透的生活的人们。或许，真正去触及问题并试图解决它，需要深入并长久驻足于这里，将自己当作依赖这片土地的生命，而非沿着盘山公路颠簸而来，短暂停留又离开。

黄乐瑶

第十一章　考察感想

　　特意翻了下自己的朋友圈，重读起在弥渡牛街乡第三天作的小韵一则："时光缱绻，心灵柔软，午后的阳光变得慵懒。漫长的田园诗篇，写得好轻缓好轻缓。"想必经历过那六天生活的同学，一定会觉得读起来矫揉造作。而对于我来讲，即使过往的生命里，累加起来有几个月的老家农村生活体验，但是四体不勤五谷不分，从不问农桑的我，面对此情此景，多少充满新奇和感动。母牛哞哞地撒着娇，粉嫩的小猪仔依偎成一团，鲜红的鸢尾花娇艳欲滴，午后暖暖的阳光铺满小院，小猫咪瘫在地上伸着懒腰，朴实善良的农妇坐在小矮凳上，向我们娓娓讲述农家的故事。闭上双眼，这样一幅画面就足以令许多久居城市的旅人心驰神往。

　　这样的认知无疑是有失偏颇的。站在世界的彼岸看世界，永远看不清事物的本质。的确，无论是通过我们的视角，还是对于绝大部分的当地居民，那里的生活既不诗意，也不轻缓，"晨兴理荒秽，戴月荷锄归"倒是事实，"采菊东篱下，悠然见南山"终究只能是骚人笔下的专利，可悲的是也给真实的乡村戴上一套虚假的面具，欺骗着大多数人的认知。我们坐上大巴沿着蜿蜒的盘山公路一路颠簸，放眼望去尽是群山绵延，峡谷纵横。块块村落坐落在山谷和山腰间，河谷平原狭长窄小，碎片化的梯田分布在山坡上——那才是他们主要的耕地。从弥渡县城到牛街乡政府约有三小时的车程，加上地形带来的巨大割裂感，仿佛穿越到了一个新的世界。我只能不断地惊叹于人类克服自然条件以求生存的能力。

这里不仅是一个村落，也是大半个中国的缩影，是占全国36%的人生活的缩影。如此一想，我们的工作似乎就被赋予了某种神圣的使命感——这是重要的，却又是危险的。作为北大国发院的学生，我一直最忌惮的就是，读书人以救世主的心态，躲在象牙塔里，高高在上地俯视苍生，用思维构建起理论的大厦，试图完美地解释世界。理论固然可贵，但脱离现实的理论是苍白无力的。临行前我们讨论畅想如何用理论解释设想的种种存在，到那里才发现自己的可笑，发现甚至连现实也只是水中月，无法真正看清。这里从来都没有"北大人"这样的光环，有的只是谦卑和承认自己的无知。我们不理解他们种玉米全部用来喂牲畜，不理解他们看到种植贡菜有巨大收益却无心去效仿的动机，甚至不理解猪饲料、玉米种子、化肥的品种如何选择。我面对的是一个一无所知，又极端脆弱的经济生态——一场干旱、一次瘟疫，抑或是一波虫害，都有可能使一个家庭坠入深渊。

本小组做的课题是农村产业结构，然而在收集数据填表时才发现，连相对可靠的数字我们也总是无从获得，统计和计量分析似乎略显苍白，甚至连忠实记录者的称号也不配。我们通过交谈，接触到形形色色的人，有普普通通的小农户，有搞大规模畜牧业的养殖户，有尝试新型循环农业的创新者，也有号召村民搞集体养猪的改革家和急先锋。令我感慨万分的是在这样封闭的环境内部，不同个体的见识和心态的巨大差异。贫富之别不是自然就有的，是一些人后天的勤劳、知识和勇气，使他们脱颖而出，成为凤毛麟角的一批领头羊。大多数普通人，只会一边抱怨天公不作美，一边在家打牌看电视，靠城里打工的子女寄回的钱度日，颇有种哀其不幸，怒其不争的感觉。

我们第一次走进乡村，走进真实世界去思考经济问题，希望通过短短5天调研提出对于他们未来发展的建议，义愤填膺地探讨事实上不切实际的政策。这是一群天真可爱的学子，当我们怀着对乡村振兴、祖国繁荣的热忱，踏上脚下那片黄土地时，已经意味着我们在逐渐成熟。虽然所做的调研只不过是管中窥豹，但我们正在让中国大多数人努力生活的样子被更多人看到，我想这就足够了。

刘　潇

十多天的牛街调研不是很长，却收获很多，我一个长时间生活在城市中的人第一次深入地了解了农村的生活，也是第一次从整体视角了解一个家庭的经济决策，我们在这里看到一个个村庄，也看到一个个家庭，更看到了半个中国。同时，第一次亲身体验真实世界的经济学。

我虽然出生在城市，但我父母都来自农村，小时候我也在农村，还记得村子里别人家种植的作物和养的黄牛，却从没有作为一个农村人思考生活。这次经历让我回到了最初的起点，从这里的人们身上我看到了生活的不易和战胜这种不易的努力，是留在农村还是走出大山，我看到了人们的抉择，多种因素的考虑不是简单模型的计算而是人类复杂的思考。我们组调研的主题正是外出务工，有可能再过几年，像我的老家一样，这里的年轻人都凭借自己的体力去城市打工，留下的是一座空空的乡村，荒废的土地，不知他们年老回到这里时是什么情况，也不知道空心化的农村又会怎么样。

《真实世界的经济学》是周其仁老师开的一门经济学课，他让我们跳出课本上的经济学定律去思考真实的世界，牛街的社会实践正好是一次机会。我收获最大同时也是印象最深的不是平时的访谈调研，而是某一天晚上和负责接送我们的司机师傅的聊天，他们讲述了公交公司和他们之间发生的利益冲突一事，具体情况这里不多说，但通过这件事，我知道了经济利益的分配不是一件能瞬间完成的事，不是一件成本低的事，甚至不是一件和平的事，信息不对称引起的冲突对抗在这个地方更为突出。令我更触动的是我们竟然没有任何办法来帮助他们解决好这件事，政府有政府的难处，公司有公司的难处，渠道办法都是缺少的。

最后，我想借用下徐高老师的一句话，我们看到的一条条统计数据，看到的宏观经济变化，应当意识到这背后是一个个为了生活而奋斗的人。每个人任何一个经济决策都不是小事，汇聚起来的经济波动也不是小事，通过这次牛街之行，我更深地理解了这一点。

迟 誉

我始终相信，直接经验有超越间接经验的深层次意义。我们会说，实地调研让我们接触到了"真实"的世界——难道说间接的文字不是"真实"的？我认为，我们所说的"真"，其对立面并非"假"，而是"失真"。信息经过传递会发生磨损和畸变，有关社会和人的信息更是如此。要把复杂的社会现实和关于社会现实的分析通过另一种方式表达，过程中必然会经过抽象和提炼的环节，这是任何媒介和语言都无法避免的。我们接触的任何间接材料都有"失真性"，都不是对特定时空的完全复刻。抽象和提炼有方向和程度之分，方向取决于我们关心的问题，程度取决于我们的需要和处理信息的能力。统计数据就是一种抽象的方式，数据让我们以易获取的手段得到关于社会现实的知识并加以分析利用。但是，在这抽象和提炼的过程中，什么最容易被丢掉？人的主观世界是丰富的，往往是最难以用言语表达的，所以我们容易忽略的是人的主观感受和思考，又往往不由自主地添加自己的主观想象。实地调研为什么有真实感？就是因为我们在观察和访谈中身临其境，直接感受到对方在想什么。

如果秉持这样的信念，我应该在调研问题之外多听牛街村民的"故事"。同样一个事情，在我们看来带有某种意义，但在当事人、本地人的眼里可能就是完全不同的另外一个故事。牛街人如何理解自己和周围发生的一切、如何看待自己的生活、如何建构自己的话语和叙事，才是值得我们关心的，这几天的田野调查就是放下自己的主观建构、仔细把握客观现实和牛街村民主观认知的过程。在这一过程中，社会现实本身和当地人的主观意识都可能带给我们直观的刺激。当地的现实和我们熟悉的日常的现实是如此的不同或者如此的雷同，当地人的想法和我们熟悉的人的想法是如此的不同或者如此的雷同。基于不同语境的认知在同一时空内相互碰撞，这是我理解的田野调查的魅力；在这种意义上，他人的生活就是课堂，以"他者"的目光看待生活就是学习。例如，我们希望牛街有发展、希望牛街村民能过上更好的生活，但前提是，我们要知道牛街人想要的是什么样的生活乃至为什么想要这样的生活，我们应当保持谦虚的心态，而不能完全凭自己的想法臆想出一个美好的目标，这也是我理解的"人民立场"。我认为理想的社会调查者应当具有很强的共情能力，能够挖掘出一般客观现实背后丰富的主观内涵，显然我自己做得还很不够。

崔　珺

第十一章 考察感想

本次弥渡之行是我作为一个城市孩子第一次深入山区和农村的生活。其实，由于我爷爷奶奶年轻时在贵州做三线工程，所以我已经对四五十年前山区人民艰苦贫困的生活有所耳闻。我爸爸作为成功走出大山的北漂也经常给我讲述他们这一代人年轻时的故事。我感受到的是山区百姓的物质匮乏，交通、通讯不便，以及走出大山的强烈意愿，早就没有什么田园牧歌的期待。这一次自己品味山区的生活，总算是让我圆了一个念想。我们组的研究主题又正好是非农就业，主要调研外出务工情况，会接触到很多想要走出去的年轻人，尤其是那些想通过教育改变自己命运的人。进山看到真实的世界，接触一个个真实的人，比窝在屋里看数据或者听新闻更有说服力。我也更加清楚想要经世济民是少不了到真实生活中看一看的。

这一次弥渡之旅，我发现弥渡的县城、牛街的村子建设的还是非常漂亮的。牛街村家家户户都有电视机，有许多装修得很精致的房子，甚至还有一条"商业街"。交通条件其实也比我预计的要好，普通话的普及程度也很高，尤其是这里的网络让山里和山外其实没有什么分隔。一言以蔽之，这里远远没有我想象中的闭塞，也没有想象中贫穷，这里的人和我们很相似。我真切地感受到了这里扶贫项目的实施成果。在党和国家的扶持下，四五十年前的那种山区的落后面貌也许只会出现在我爸这一代人的记忆中了。他们怀念的大多是无忧无虑的童年，而不是眷恋家乡的青山绿水——须知青山绿水也是穷山恶水，而且看多了也觉得眼晕。

然而，我也看到了村子里赶集时的冷清，村民们谈到雨水和猪价时的无奈或强颜欢笑；听到司机们的诉苦，"末代老农民"的自嘲。如今的农村虽然变好了，但是城乡收入和生活条件差距依然巨大，城市也是年轻人向往的地方。农业就是靠天吃饭，偏偏今年旱了；养猪就像是在赌博，偏偏今年跌了，都让人苦涩心酸。"乡下人"缺乏话语权和法律知识，以至被大公司"欺负"，唯有寄希望于记者或是北京来的学生。至于以后年轻人进城之后"农民"会怎样，以后会如何种地，未来在乡村空心化这么严重的趋势下怎么振兴乡村，对年轻人而言乡土还回得去吗，那更是深奥的问题，老实说我不知道答案。

唉！都不容易。

最后，谈谈未来。我相信对于当今年青一代人来说，教育依然是改变自己命运的决定因素。如果外出，他们未来的生活也许会固定在城市中，摆脱老一代人"农民工"的标签。我真切地祝福他们如果选择外出都能找到光明的前程，但是不希望他们忘记上一代人的艰辛和自己的故乡。

岳旻昊

第十一章 考察感想

在弥渡调研的一周,大概是混杂了惊喜、收获等多种感受的。但若要给自己的感想加一个关键词,那大概是"反思"。

首先是对于自己调研过程本身的反思。这次的弥渡调研是我第一次这样走进《真实世界的经济学》,坦白地说,事后看自己的调研过程,我并不十分满意。或许是因为行前知识储备确实缺乏,在调研前以至调研中,我始终未能将我们的主题"非农就业"放置于中国农村脱贫致富的整体图景下进行思考,而是将其视为一个独立而割裂的发展模块进行探索。我只是来到农户家中,机械地抛出事先准备在提纲中的问题,按部就班地询问他们创业的历史、面临的政策环境、如今的经营状况……

在调研结束后,偶然翻开曾经听讲座的笔记,我才恍然大悟本地非农就业在农村发展中所处的位置及其重要意义。扶贫最重要的手段可被概括为三种,即直接给予补贴,鼓励外出务工,发展本地产业。三种方式中,补贴的本质是一种转移支付,并未提升农户的"自生能力";外出务工或许是最行之有效的途径,但总会存在由于主观或客观原因无法外出务工的家庭;于是,发展本地产业成了剩下的选择,同样也是成效最为褒贬不一的举措。而我们所调查的"本地非农就业"正与这有着千丝万缕的联系。

如果先前就能带着这样的问题与框架去进行调研,或许我们能有更多有意义的发现。想起徐高老师无数次强调过的脑海中框架的存在对于思考问题的重要性。在调研之前，脑海中也应该对自己调研的问题形成框架，让调研成为一个猜想—验证的过程。在调研过程中，我十分钦佩一些同学扎实的理论知识以及利用理论知识思考现实问题的能力。如果能有下一次调研的机会——我相信自己一定会做得更好。

除了对调研方法的反思以外，这次实践也引发了我对于自己长久以来视野与心态局限性的反思。作为一个在省城出生长大的孩子，这次调研让我能够看见一个世界，并打破"同理心之墙"，去了解那里人们的喜怒哀乐与思维方式。我曾觉得易地搬迁就是实现扶贫的最佳与唯一方式，但没有考虑到村民对乡土的留念和赡养老人等客观上使其无法外出的原因。我曾认为就应该让孩子去大城市接受更好的教育，并将教育资源的聚集视为无法避免与理所应当，却看不到山路的坎坷、奔波的劳累……贫富差距是每一个在发展的经济体都无法避免的境遇。如何做到"二元"却不"割裂"，除了转移支付等必要的政府政策以外，还需要像《故土的陌生人》的作者所说，"保持跟与自己不同的人交谈的能力和习惯，保持同理心"。

周雨琢

之前我从未来过云南，也似乎从未来过乡下。

虽然小时候的寒暑假都会回老家过一段乡村生活，但现在回想起来除了那恼人而永不灭绝的蚊子更多的是田园牧歌般的格调。日诵的唐诗三百首、田野奔跑时不知名的小花、吱呀作响的电风扇、爷爷凌乱的掌纹……而对于乡村，我好像从始至终都身处其中又置身事外。

我笃信构成整体意象最鲜活的部分是那里的人们。我来到这里，行路、观景、交谈，这些如切片般地了解或许不能拼凑成"全部的真实"，却足以令我对原本乡村贫瘠的想象扩充维面。

他们的多元难以言喻。有我们上山在田地里找到的、勤劳到创造年收入七八个来源的乡村"企业家"，有加工材料时被切断手筋打着石膏与我们谈论创业理念理想的铝材店老板娘，亦有承包政府工程厂前厂后规模可观、对收入却始终支支吾吾实际却年流水百万的半垄断"包工头"，亦有90岁峥嵘岁月而在看见我们的瞬间小跑下山为同学们买饮料而革命理想坚定的老人，自然也有囿于"低层次平面垦殖"在小农经济里打转，随遇而安的农户家庭。毫无例外的是，他们都质朴而淳厚，丰年留客足鸡豚。

且行且歌，初始被蚊蝇、崎岖山路等所困扰，但也常常思量，这些可亲的人民就生活在这样的大山之中，无从抱怨，无所诟病。加之这里的云天蔚蓝澄澈、山景瑰丽仰止、星空璀璨烂漫，猫猫狗狗牛牛猪猪，都与人同结欢好，潇然山石草木，当为城市生活不可得之妙趣。

发轫于农业的文明似乎有一种忠诚的基因，在最基层最广阔的乡野农村，人们无论如何都葆有对土地的深情厚谊。时代在改变，人员在流动，文化在更迭，可是他们的故事依然能在土地上赓续，即使山河万里、族系百代。

不太好用薄薄几页汇报或者简化的评注来概括这片热土，它浑厚而清透、现实又浪漫、宿命感和反抗感共存，而我以见闻经历写下这小小的文字，对这片土地和土地上生活的人们表示深深的感激与敬意。

赵惠媛

✦✦✦✦✦✦✦✦✦✦✦✦✦

短短的十天，说长不长，说短不短，与一群志同道合的朋友做着志同道合的事情，我想这一段时光是大学带给我最好的馈赠了吧。

这一段时光与在校园之内全然不同，如果说校园之内的生活是一段温情脉脉的恋情，小火慢炖才能熬出真情；那么这一段社会调查就是一段心心相印的热恋，大火烹饪出真材的味道。梅贻琦校长说过："所谓大学者，非谓有大楼之谓也，有大师之谓也。"我想说，所谓大学者，一师三友，促膝谈心，志同道合，足矣。

回顾起来，在牛街村调查的时光中，每日拜访询问已然成为必修课，乃至过了好久同学们聊起天依旧会开玩笑说，进了家门就开始盘问:"您家几口人?"这几天虽然看似枯燥乏味,每日与长辈聊天,每日走山路调查,每日到了晚上一沾床就能睡着,但是从身边朋友的表情中,可以看到,每个人的脸上都洋溢着累且快乐的神情,每个人都是那么渴望对当地生活、当地文化、当地经济有一个全方位的了解。

累是一回事,晒是一回事,但是收获又是另一回事了。犹记得,在调查家户时,我们为崎岖陡峭的山路而挥洒汗水;在与当地村干部和个体工商户的交谈中,我们为受访者身上所表现出的"企业家精神"而惊喜不已;在每晚小组交流时,我们为观点的碰撞而受益匪浅。牛街村的调研让我明白了当地人民的勇敢、智慧与朴实,更领着我们拼接出当地非农就业的发展图景和兴衰背后的逻辑。

本想再多写一些关于云南的回忆,怎料一时语塞,虽还不至于潸然泪下,唉,罢了,就说到这儿吧,回忆就留给回忆吧,我只知道自己曾经有过这样一段挥之不去的美好。

吴　裕

来到曾经的贫困县,和村民的交流中,最令人印象深刻的还是脱贫攻坚的伟大成果。我们见到,一些昔日维生尚成问题的贫困农户,住房得到翻新,还添置了好几件电器。最显著而重要的改变，我想，当属交通条件的改善。以往，深处大山间的牛街与外界交通不便，修路之后，交通条件得到改善，使外面的电器、日用品"走进来"，里面的生猪、烤烟"走出去"成为可能。在今天的牛街，网购逐渐成为"家常便饭"，购买家用电器也不再需要驱车前往县城。当然，在牛街，脱贫攻坚和乡村振兴还面临着很多挑战。我们发现，尽管得到了明显的改善，但当地的交通问题仍然不可忽视。沥青路还没有覆盖上山的"最后一公里"。就我们的调研主题而言，当地的信贷中也存在潜在风险，一些农户收入微薄但债台高筑，贷款消费的现象也相对普遍，金融支持政策下的信贷优惠使部分农户享受了与其收入不成比例的消费水平，杠杆率远超金融机构设置的杠杆上限。我想，归根结底，牛街能不能摆脱政策依赖，真正实现乡村振兴，取决于其能否形成"走得出去"的产业。

"理性"是经济分析的出发点，然而，现实世界的人在多大程度上是"理性"的？基于"理性人"的经济学分析，是否有脱离实际的嫌疑？调研中，我们发现，多数农户还是很"理性"的。这里所谓的"理性"，并不是说农户在决策时会如同经济学家一般，实现周密而复杂的最优化，而是指，一个面临相同"外生条件"和选择的理性人做出的决策，与现实中农户的决策惊人地契合。有的农户在多年的养猪经历中总结出了猪周期，甚至发明了"生猪期货"，并成功借此抵御了猪价下跌的冲击；有的农户既养猪，也代销猪饲料，这样，在猪周期的每次震荡中，他总能从二者之一中盈利，从而对冲了生猪供给波动带来的猪价风险。课堂中学过的复杂模型竟然在这个小山村中得到复现实在令人震撼。理论源于实际，调研中的所见让我更加坚信，经济学研究从来不是空中楼阁，它根植于现实世界，并具有对现实世界的解释和指导作用。

丁煦宁

今年对于我而言，算是第二次在云南弥渡进行社会实践，相同的是对这里飞速发展的感叹，不同的是今年到牛街村和康郎村更深入而独特的体验。

这两个村地理位置更加偏远，交通更加闭塞，从我们尚未开始调研当天的讨论便看到了大家对于这一环境的无奈，但当地农民并没有因此而纷纷背井离乡或者故步自封，从他们效仿当地养猪户等做法都能看出对美好生活的向往。这希望的种子在中国共产党政策的照料下得以生根发芽，无论是修路、引水，还是医保、贴息贷款，政府从方方面面切实为农民们谋福利。各级村干部以身作则，在他们的不懈努力下才能有如今的成果，村干部处处为村民着想，这是我们在当地与村委会的交谈中切身体会到的。

从实践本身的角度来考虑，这次调研让我看到了更多经济学想要去完成的使命。我们所谓的"经世济民"并非一句空话，很多调研的数字、报告背后隐藏的其实是许多盼望美好生活的家庭，而我们所要做的正是在这些数字、报告中用经济学理论来寻找解决的办法，而并非一味地追求"显著性"或者研究的独特性而忽视经济学研究本身的意义。其实经济理论也正是来自这些真实而朴素的经济现象背后。在当地，有用类似期货方式来交易的"金融专家"，有靠质量和口碑立足市场的"商业人才"，我们不光要饱览各种前沿的经济理论，更要从现实出发，看看中国这片土地上有一些怎样的经济现象，这才是我们所应坚持的"初心"。

最后，非常感谢与我们一起实践的老师。几位老师与我们相伴而行，用自己的经验为我们铺垫了许多研究的方向，也使我们产生许多深刻的想法。同时还要感谢一起实践的同学们，我想我一定不会忘记那些在并不大的会议室里激烈讨论的几个夜晚，那里有我们思想碰撞的火花，更多的是我们所一致向往的经济学理想和家国情怀，这必将成为我们宝贵的财富。

李袁颐

在牛街村和康郎村，这片土地、土地上的人民、领导人民走向新生活的中国共产党都给我留下了深刻的印象。

这是一片苦难的土地，也是一片希望之地。从来没有料到在我国的西南，竟然还有降水如此匮乏的地区。在部分村庄，即使通了自来水，每天水管里也只有四小时出水。我也是第一次体会到真正的交通不便。从弥渡县进入牛街乡70千米的车程却要走两小时，一路上都是崎岖不平的山路，而这已经是改良了的柏油路了，完全无法想象在只有土路，甚至没有修建公路之前，这里的交通条件是怎样的。但是每次看见河谷两岸、山坡上的农田，看见田里种植的水稻、玉米和烟草，都会产生一种宁静、踏实的感觉。街道两旁林立的商店和快递点，入户拜访的每家每户的彩色电视、冰箱，让我不禁感慨村民们迎来了更好的生活。

基层群众无疑展现了一幅形态万千的众生相，但勤劳勇敢、积极进取是这幅画像的主流。刚刚脱贫，至今没有改变思路的村民确实存在，但我所看见更多的是直言"不能光靠政府，主要还是靠自己"的普通农民；是主动参加牛街志愿队的年迈村民；是尝试核桃树和药材复合种植方式的探索者；是通过长期总结经验，巧妙利用"猪周期"的养殖户；是周游各大城市，决心并践行品质至上理念和现代化管理方式的超市店主……他们展现出无限的生机和力量。

当地人民能够以这样的状态开辟新的生活，离不开党组织的领导。党组织是村民的指向标，也是村民的凝结剂，可以看见党组织在乡村生活的大小方面都发挥着作用。当地用水紧张，水库中的水如何引流、如何分配，各村组有不同的诉求，党组织在其中发挥了重要的协调作用。牛街乡农村信用社包括行长在内一共只有七名职员，要负责全乡每一户的贷款业务，任务繁重，而近几年村党组织的建设进一步加强，村支书能够为信用社提供村民的信息，提高了信用社的工作效率，促进了信贷扶贫和信贷助力乡村振兴的步伐。

经历过苦难而逐渐苏醒的土地、土地上整装待发的人民、人民中的领袖，上演一幕史诗的所有要素已经齐全，甚或已经在这当中拉开帷幕了。这仅仅是牛街和康郎两个村，而放眼中国，还有着更广阔的乡村大地，乡村与城市也有着千丝万缕的联系。相信了解乡村、深入乡村，能够帮助我们更好地预见这一史诗的走向，甚至能让我们成为史诗的众多角色之一。

林轶凡

认识渐丰，乐在其中

写下这篇感想时，离开云南已有半月。回望十日云南见闻，一个个关键词串成的记忆奔入脑海。

关键词1：乐趣

读万卷书，行万里路。书中自有黄金屋，路上常寻快意风。非为不苦，乐在其中。

美丽风景是一乐。彩云之南，令人向往。高山深林，遍地青苍。行走在田野见到的是乡间的风景，蹲坐在农户家见到的是乡亲的风采。无论是山头上俯瞰的美景，还是山脚下仰望的壮观，都自有其乐。

田园生机是一乐。这里处处生机。总有黑色的小不点陪你用餐，总有二师兄为你唱歌，若留一扇窗，半夜醒来还能见到虫虫乐园。玩笑归玩笑，真正的生机在乡亲们的脸上——那些充满生命力的笑容，才是最有乐趣的田园风景。

调研访谈是一乐。一路上，边走边看，到家就谈。平日矜持的城里人，到了乡下就拉开了话茬，像是有问不完的问题。调查研究的乐趣不只在聊天。长些见识，听些故事，也很有乐趣。

调研一行，总有值得驻足的风景与值得回味的收获。这次调研，同样满载收获、充满独有的乐趣。

关键词2：认识

乐趣之中加深的是认识。来此之前，牛街只是一个需要地图搜索的地名。来此之后，牛街才成为一方小天地。通过调研，我们认识了牛街。我们认得了牛街的地、房和路，见识了云南话，了解了牛街的现状。我们知道了买早点要去那家米线店，买摩托要去客运站。更重要的是，我们认识了牛街的人。这不但让我们知道了找谁买核桃，更让我们了解到这里的风土人情。

我们进一步认识了经济学。在这里，"非理性"现象出现，围绕经济学的争论发生。在田间地头，我们认识到经济学作为一门学科的洞察力和适用范围。

最重要的是，我们进一步认识了我们。互相拉近了关系，更认识到我们肩上的责任。见识到前人已取得的丰硕成果，更认识到属于我们的时代使命。在经济建设与乡村振兴一线，我们看到的不是城乡差距，而是乡村潜力；不是地区差异，而是当地未来。

这一行，我们认识了牛街，认识了土地，认识了经济学，认识了我们。

关键词3：感谢

当以上这些涌入脑海，最后浮现的关键词是感谢。谢谢老师们、工作人员们的付出，让此行成行且富有意义；谢谢大家的互相支持，让调研更加饱满丰富；谢谢乡亲们的全力支持，让调研得以顺利进行；更要感谢这个时代，用扶贫的汗水换就眼前的图景，让山乡不再遥远，让振兴就在眼前。

乐趣颇多，认识渐丰。感谢之余，调研之后，是扎根实践，谋求发展，把握当下，拥抱明天。乡村振兴，经济发展，时代青年，共创新篇。

何俊杰

"不像你们东部的农村，都是大平原……"一位烟站的工作人员，同时也是种植烟草的农民，在激动之时脱口而出。

这句话瞬间击中了我,不无凑巧的是,我正是在"东部的农村"长大的。眼前的景象与童年的回忆逐渐重叠起来——同样的土路、同样的瓦房、同样辛勤劳作的农民,而不同之处正如访户所言,"都是大平原"。

六天的牛街生活,我第一次真切地感受到"地理"二字,在此之前,我从未到过西南地区,更从未见过绵延的群山与蜿蜒的山路。地理因素对牛街的影响是多方面的。狭窄的山谷使得绝大部分的耕地只能在山坡上,没有平原上的重型农业机械,只有手扶的播种机;闭塞的交通使得货物与人员往来极为困难,村民想要外出务工,至少也要到70千米外的县城;干旱的天气使得花椒与核桃之类的经济作物甚至难以收获。更遑论1986年的那场大水给牛街人民带来的伤痛。在那以前,牛街山清水秀,历史上还与茶马古道有着紧密的联系;一场大水冲毁了山下的水田,冲毁了河道,使得大量年轻人背井离乡。时至今日,山上裸露的沟壑依旧刺眼,而酿成大水的原因却是牛街百姓开垦荒山——这多少有些讽刺,大自然给牛街人开了一个可怕的玩笑。

初到牛街,镇长欢迎我们时说,希望能为当地的发展做贡献,当地的百姓也热情地招待我们。然而,尽管牛街仍有发展的潜力,可在这样的条件下,我能做的又实在有限。

"您觉得二三十年后还有多少人种田呢?"最后一个下午,我有些小心地向村委会的一位老伯提问。"二十年后……都不用二十年,过几年就没人种地了",老伯的语气有几分无奈,更有几分坦然,"以后土地就流转出去了"。然而,且不论牛街的土地本身难以流转,东部的年轻农民几乎总能在本地抑或是长三角的企业找到待遇不错的工作,而将土地流转以后,往往能获得一笔不菲的租金,用作今后的安家费;相比之下,牛街人几乎只能从零开始,而县城的工作,也"养不活人的"(当地人语),世界的参差不齐在这一刻是如此真实,牛街的未来在哪里?

中国社会是如此复杂多样,而牛街无疑是广大中西部农村的一面镜子。所幸的是,牛街也在进步。大力的扶贫政策、基础设施的快速建设、产权意识的出现、普惠金融的完善、农业合作社的兴起等,都是看得见的改变。这既是牛街实现乡村振兴的第一步,也是整个中国乡村的缩影。

孙启腾

中学时看过几集《平凡的世界》,读完了《秦腔》,知道了在现代化大潮下农村受到的冲击。但如果仅限于此,不免是城市人一厢情愿的臆测。牛街乡的调研让我看到了一个真实的中国现代乡村。

确实,和预想的相同又不同。从县城前往乡镇府的两个多小时的山路已经多少揭示了,这是个不发达的村庄。户均几万的年收入即使在乡村中也算不太多,种地不挣钱,养猪受到猪周期的影响很大,年轻人大多外出务工……但同时,即使五十来岁的村民也会玩抖音、快手,晚上能看到大妈跳广场舞。这是个在现代化中前进的但仍不发达的村庄。

这里有很多问题。资源禀赋不足、没有明显的区位优势是最根本的问题。村庄中土地产量不高,山林也不富饶,只有河谷周边的土壤肥沃,又交通不便。这里生产方式也不先进,种植受地形限制而碎片化,养殖也是每家各自经营。物质基础的落后与生产方式的落后交相作用,限制了村庄的发展。事实上,这里几乎没有我关心的土地流转的事例——老乡们倒是愿意流转给别人,但是没人愿意来流转这些土地。

但这片土地上的人们仍然在顽强地生活。年轻人外出打工,多半是要回来的。老人种田,其实压力并不是很大——我问过,一个五十岁左右的老人一年可以打理二三十亩地。脱贫攻坚已经取得了一些成效,村干部们也背负着带领老乡们实现共同富裕的责任。甚至在集约经营和土地流转方面,本地也有富有进取精神的企业家正在联系核桃种植户进行核桃的集约化加工与出售,发展核桃电商平台;更进一步地,准备流转几百亩土地种植魔芋,将农户聘为工人。最让我欣喜的是乡里有一所民族中学。我问过一些比我小几岁的在上学的学生,父母一般重视对孩子的教育,从没有听说过农忙时让孩子回去帮干农活的。一天经过中学,正好是学校放暑假。前面都是孩子,车一段时间没有动。我看着许多的学生,和城市里的学生没有什么不同，大多都有父母来接。重视教育的地区不会没有希望。

有同学和我原来一样，担心年轻人外流造成空心村现象，但现在看来没有这个必要。大多年轻人不会选择定居在县城或者更远的城市，打工一段时间后会回乡。外面世界的经历、人脉、想法如果被带回村中，对村子至少是没有坏处的。走出去是为了将来走回来，回来时外面的世界和想法也被一同带回。

这大约是中国无数乡村的一个缩影，平凡且不发达，有许多问题困扰着不富裕的人们。但是在这之中，人们凭借自己的工作，将村外所见带回村中，向往将来美好的幸福生活。

吴龚天

参考文献

蔡华：《汉族父系制度与中国亲属法的缺失》，《中南民族大学学报》（人文社会科学版）2008 年第 5 期。

费孝通：《乡土中国·生育制度·乡土重建》，商务印书馆 2011 年版。

费孝通：《乡土中国》，北京出版社 2005 年版。

费孝通：《家庭结构变动中的老年赡养问题——再论中国家庭结构的变动》，《北京大学学报》（哲学社会科学版）1983 年第 3 期。

费孝通：《乡土中国》，北京出版社 2005 年版。

郭茂灿：《试论字辈在村庄里的特点和功能》，《社会》2004 年第 5 期。

郭红东、周惠珺：《先前经验、创业警觉与农民创业机会识别——一个中介效应模型及其启示》，《浙江大学学报》（人文社会科学版）2013 年第 10 期。

李全生：《义缘关系：干亲结认现象初探》，《烟台大学学报（哲学社会科学版）》2016 年第 3 期。

刘正桥、张亚斌：《中国交通基础设施与农村经济增长的实证研究》，《财经理论与实践》2013 年第 3 期。

钱杭：《宗族建构过程中的血缘与世系》，《历史研究》2009 年第 4 期。

谢建社：《社会变迁下农村宗族的"路径依赖"》，《上海大学学报》

（社会科学版）2004年第2期。

王跃生：《家和家人的范围、层级和功能分析》，《开放时代》2020年第2期。

王曙光，王东宾：《双重二元金融结构、农户信贷需求与农村金融改革——基于11省14县市的田野调查》，《财贸经济》2011年第5期。

王毅杰、袁亚愚：《对建国以来我国乡村家族的探讨》，《开放时代》2001年第11期。

汪良军、杨蕙馨：《创业机会与企业家认知》，《经济管理》2004年第15期。

郑晓江：《由"血缘人"到"公民"：创建和谐社会的重要基础》，《江西师范大学学报》（哲学社会科学版）2005年第5期。

朱明芬：《农民创业行为影响因素分析——以浙江杭州为例》，《中国农村经济》2010年第3期。

Coleman J S., *Foundations of Social Theory*, Harvard university press, 1994.

Coleman J S., Social Capital in the Creation of Human Capital, *American Journal of Sociology*, 1988, 94: S95–S120.

Putnam R D., *Bowling Alone, The Collapse and Revival of American Community*, Simon and Schuster, 2000.

Robert, E, Lucas, et al., On the Mechanics of Economic Development, *Journal of Monetary Economics*, 1988.

Yusheng Peng, "Kinship Networks and Entrepreneurs in China's Transitional Economy", *American Journal of Sociology*, 2004, 109（5）.